Changes in the Voting Behavior of Japanese Society

平野　浩
変容する日本の社会
と投票行動

木鐸社

〔シリーズ21世紀初頭・日本人の選挙行動〕

序文

　投票行動の研究には，普遍性，固有性，歴史性が詰まっている。
　民主主義を標榜する体制では，投票はほぼ普遍的に見られるシステム運営の方法である。それは政治参加のもっとも一般的な手段であり，また世論の重要な露頭でもある。しかも制度設計が結果に大きく影響するため，投票による民意の代表のあり方を巡って論争が絶えない。つまり社会的な重要度が著しく高い。
　一方，個々の投票の機会には，著しい固有性が存在している。本シリーズがカバーしている2001年の参院選，2003年の衆院選，2004年の参院選，2005年の衆院選は，いずれも小泉政権下の国政選挙であるが，それぞれで展開されたドラマも政策の争点も，みなユニークである。2001年には誰もまだ小泉旋風を体験しておらず，「自民党をぶっ壊せ」という主張の破壊力は見えていなかった。2003年にはマニフェストが全く新しい焦点となった。2004年は萎む期待の政治の中で戦われ，2005年には郵政民営化争点をめぐって賭に出た首相に多くの有権者が反応する選挙となった。
　この固有性は換言すれば歴史性でもある。アメリカの大統領選挙の全国調査が既に半世紀以上にわたって継続され，それだけで計量的手法による現代政治史研究が可能となったように，我が国の投票行動研究でも近未来にそれが可能になるだろう。じっさい，本研究は日本人の投票行動についての過去の研究資産を多く引き継いでいる。手元には1976年JABISS調査，1983年JES調査，1993-96年JES Ⅱ調査，そして2001-2005年JES Ⅲ調査という30年近いデータの蓄積が既にある。
　このように普遍性，固有性，歴史性という三つの視点を現時点でより具体化させる形で，本シリーズ『21世紀初頭・日本人の選挙行動』は執筆された。選挙制度の変更が定着し，加えて行政改革の結果として首相権限が強化された状況下で，出自の自民党に反旗を翻すようなスタンスを取り，その反響のどよめきにも乗る形で未曾有の支持を獲得し続けた首相による4度の国政選挙では，何が生じていたか。21世紀という時代の区切りと同期するように，日本人の選挙行動は変化したのか，変化を望んだのか，あるいはどのような新しい特徴が生じたのか，そうした固有性，歴史性を踏まえつつ，われわれは検討を進めた。一方で普遍性という視点からは，政治のリアリティの構造，

政治参加のあり方，投票の階層性や政治的な対立軸の変容，民主主義のインプットとアウトプットにおける機能の検証にも各巻の執筆は重きを置いた。シリーズの三冊は以下のように題される。

池田謙一『政治のリアリティと社会心理：平成小泉政治のダイナミックス』
小林良彰『市民社会における選挙過程の動態
　　　　　－選挙行動における連続と変化』
平野　浩『変容する日本の社会と投票行動』

　各巻著者の三人は，文部科学省科学研究費特別推進研究（平成13－17年度）「21世紀初頭の投票行動の全国的・時系列的調査研究」のメンバーであった。このプロジェクトの概要は池田の巻の1章に説明されているが，小泉の国政選挙を全てカバーし，しかも基本的に同一の有権者を対象としたパネル調査を行ったもので，2003年の統一地方選挙まで含めて計9回の全国調査を実施している。そのうち7回までは訪問面接調査であり，7回全てに回答した有権者(回答者)は537名，6回以上の回答者1,064名，5回以上の回答者1,352名という大調査であった。そのデータセットは2006年度末に公開する運びになっているが，本シリーズはこれに大きく依拠しつつ，さらに投票・政治参加やメディアの情報環境に関する外部データ，行政的・経済的・社会資本的な諸指標，選挙運動関連資料までを結合させることで多くの知見を引き出している。
　また，公開のデータセットは次の四つの国際的スタンダードを満たしており，前JESⅡプロジェクトも狙った研究界への貢献をよりいっそう発展させようと願っている。

　1．重要な国政選挙のカバー
　2．全国レベルのサンプリング面接調査
　3．パネル調査および時系列的な調査の継続
　4．英語版の公開と国際比較研究への開放

　1，2，3の点は調査の仕様としてすでに実現されている。また第4の点については調査データの英文版の公開のみならず，2001年には調査票の設計でアメリカの代表的な投票行動研究NESと比較可能な部分を多く設定し，2004年には50カ国以上にまたがる国際比較政治体制プロジェクトの第2波（CSES 2）の調査項目群のデータを取得・公開するなど，日本人の選挙行動が国際比較の視点から十分に位置づけられるよう工夫している。

国際比較の点で，日本のデータはじつはたいへんに「おいしい」。アジアにおいて60年の歴史を持つ日本の戦後の民主主義が，西欧で生まれた民主主義についての仮説の恰好の実験場になりうるからである。同じ民主主義についての仮説が西欧にも，またそれと異なる文化・社会の日本にも当てはまるとすれば，それはその仮説の妥当性を著しく高めるであろう。当てはまらないとすれば，いったいそれは何が原因なのか，日本という固有の文化のためなのか，日本の政治制度のゆえなのか，アジア的な何らかの特徴に淵源があるのか，数々の仮説をさらに誘発するはずである。こうしたことを通じて，日本のデータに関心を持つ海外の研究者がさらに増えることをわれわれは願っている。

　最後になるが，JES Ⅲ プロジェクトが可能となったのは多くの方々のおかげである。5年にわたる科学研究費の取得，追加を可能にしてくださった文部科学省と審査員の方々，調査の実査を担当した中央調査社，なかんずく直接の担当者であった山中博司さん，そして JES Ⅱ やそれ以前のプロジェクトから多大のご指導をいただき，また一方では同僚でもあった綿貫譲治先生，三宅一郎先生，蒲島郁夫先生には，特に記してお礼を申し上げたい。そしてシリーズの三巻本の出版を快諾してくださった坂口節子さんには頭が上がらないことを告白しておこう。この分野における彼女の貢献たるやまことに大である。

　　2006年10月

　　　　　　　　　　　　　三四郎池に遅れた秋の気配を感じつつ
　　　　　　　　　　　　　　シリーズを代表して　　池田謙一

目　次

序章　本書の目的と構成……………………………………………………9

第1部　社会構造・経済状況・政治文化

第1章　有権者の属性と政党支持・投票行動……………………………15
1　はじめに　(15)
2　有権者の属性と支持政党・投票政党　(18)
3　まとめ　(29)

第2章　職業と党派的態度：長期的変動と対立構造の認知……………31
1　はじめに　(31)
2　職業と支持政党・投票政党：その持続と変化　(32)
3　職業利益認知の構造と投票行動への影響　(35)
4　まとめ　(43)

第3章　階層・価値観・ネットワーク……………………………………45
1　はじめに　(45)
2　階層的属性の多次元的構造　(46)
3　媒介的諸変数の定義　(48)
4　媒介的諸変数に対する階層的変数の影響　(52)
5　政党支持に対する階層的属性および媒介的諸変数の影響　(55)
6　投票行動に対する階層的属性および媒介的諸変数の影響　(59)
7　まとめ　(62)

第4章　経済状況と投票行動……………………………………………64
1　はじめに　(64)
2　経済状況認識の形成要因　(65)
3　小泉内閣の業績評価と今後への期待　(66)
4　自民党への投票に対する経済状況認識・業績評価・期待の効果　(70)
5　80年代〜90年代における経済投票　(72)

6　客観的な経済状況の効果に関する分析　（77）
　　7　まとめ　（80）

第2部　ミシガン・モデル再考

第5章　政党支持とその規定要因　…………………………………………85
　　1　はじめに　（85）
　　2　社会的亀裂と利害のネットワーク　（86）
　　3　カルチュラル・ポリティクスと保革イデオロギー　（90）
　　4　日本における政党帰属意識　（98）
　　5　まとめ　（103）

第6章　候補者認知・候補者評価と投票行動………………………… 104
　　1　はじめに　（104）
　　2　候補者認知の形成要因　（105）
　　3　候補者認知と候補者評価　（112）
　　4　候補者の個人的特性の評価と投票行動　（113）
　　5　まとめ　（118）

第7章　争点態度と争点投票………………………………………… 121
　　1　はじめに　（121）
　　2　争点態度の構造　（122）
　　3　争点態度と政党支持・投票行動　（123）
　　4　争点投票のメカニズム　（130）
　　5　近接性モデルと方向性モデル　（136）
　　6　まとめ　（137）

第8章　投票行動における業績評価と期待の役割…………………… 140
　　1　はじめに　（140）
　　2　小泉内閣に対する業績評価と期待の推移　（141）
　　3　業績評価と期待の形成メカニズム　（143）
　　4　業績評価と期待が投票行動に及ぼす影響　（148）

5　まとめ　(156)

第3部　制度とシステム

第9章　選挙制度の改変と2票の使い分け　…………………………　161
　　1　はじめに　(161)
　　2　分割投票のパターンとその理由　(164)
　　3　03年衆院選における自民・民主両党間の分割投票　(171)
　　4　01年参院選比例区における候補者名投票の分析　(177)
　　5　まとめ　(179)

第10章　政党システムと投票行動　……………………………………　181
　　1　はじめに　(181)
　　2　対立軸認知の論理　(182)
　　3　認知された政治的対立軸の構造——01年　(184)
　　4　認知された政治的対立軸の構造——05年　(187)
　　5　まとめ　(190)

終章　投票行動から見た日本政治　……………………………………………　193

引用文献　…………………………………………………………………………　196

あとがき　…………………………………………………………………………　200

索引　………………………………………………………………………………　201

序章
本書の目的と構成

　本書は「有権者の投票行動を分析した本」である。しかし「投票行動の本」にはしたくないと考えている。むしろ有権者の投票行動の分析を通じて，なぜ日本の政治は毎日我々が目にするようなものであるのかを考える本にしたいと思う。

　それでは，毎日我々が目にしている政治とはどのようなものであろうか。一口で言えば，一方における変化への圧力——言うまでもなく，その背景には国際関係，社会や経済の構造，科学技術などの急激な変化がある——と，他方における日本政治に固有の論理が持つ歴史的な「慣性（inertia）」とのせめぎ合いの中から生ずる，一見，論理的な整合性に欠ける相互に矛盾した動きの同時進行である。例えば，90年代以降，非自民政権の成立，社会党の党首を首班とする内閣，連立政権の常態化など，それ以前には考えられなかったような状況が次々に生ずる一方で，依然として自民党と他の政党との位置関係によって日本の政治は語られる傾向にある。また，冷戦の終結によるイデオロギー政治の後退と社会・経済的な構造変動により，「市場志向か再分配志向か」といった経済的争点への関心度が高まる一方で，55年体制下での最大の政治的争点であった憲法・安全保障問題は，今日においても政治的な対立軸としての力を失ってはいないように見える。さらに05年のいわゆる「郵政選挙」における「刺客」候補の擁立に見られるように，選挙制度の改変に端を発する政党組織や選挙における争点の「全国化（nationalization）」が顕著となる一方で，自治体を結節点とする地域的な「利益政治」の構造も緩んではいないように思われる。

　こうした状況の下での様々な政治参加の形態の中で，投票行動は多くの人々が定期的に行っているものとしてはほぼ唯一のものであり，個々の有権者の行動の影響力は極めて微々たるものであるにもかかわらず，それが積分さ

れることによりマクロな政治的帰結をもたらす。日本の有権者がなぜ，どのように投票行動をとっているのかを知ることは，日本の政治がなぜ，どのようにして現在あるようなものとなっているのかを知ることに繋がる[1]。

こうした目的の下で投票行動を分析するには体系的なアプローチを取らざるをえない。なぜなら投票行動は，それぞれの有権者がこれまでに接触し，あるいは現在その中で生活している政治的，社会的，経済的，文化的な環境の結節点であり，投票行動の中にはこれらの要因の影響が固定されているからである。加えて投票行動は真空の中で行われているわけではなく，ゲームのルールとしての選挙制度，選択肢の構造を規定する政党システム，そして個々の選挙が置かれた政治的コンテクストといった舞台装置の上で演じられるものであるからである。さらに，投票する政党や候補者を決めるための最終的な意思決定は，複雑な心理的メカニズムの影響下になされるものであるからである。

そこで本書では，まず第1部（第1章～第4章）において，マクロな社会構造や経済状況，あるいは政治文化のようなものが有権者の投票行動にどのように反映しているのかを明らかにする。具体的には，第1章において有権者の社会経済的な属性と支持政党・投票行動の関連を概観した上で，第2章で，そうした属性の中でも特に日本における投票行動との関連が大きいとされる職業の影響について，過去30年間の変化を追いながら，それが日本の政治という観点からどのような意味を持つものであるのかについて考察する。続く第3章では，より視点を広げ，有権者が置かれた階層的地位と党派的態度や投票行動との関連を探る。ここでは階層構造を多次元的なものと捉えて分析を行い，さらに階層的地位と党派的態度を媒介する要因としての階層帰属意識，価値観，団体加入，人脈などの効果についても検討を加える。最後の第4章では，マクロな経済状況と投票行動との関連を「経済投票」に関するモデルに基づき明らかにする。

第2部（第5章～第8章）では，投票行動を内的に規定する社会心理学的要因について，いわゆるミシガン・モデルの枠組に沿って分析していく。すなわち，まず第5章では，こうした内的要因の中でも最も重要な変数と考え

---

[1] 同時に，個々の人間にとって「政治」というものが何を意味しているかについての洞察をもたらす。これは本書の今ひとつの隠れたテーマである。

られる政党支持について「利害政治」と「文化政治」という二つの側面から考察し，さらに「政党帰属（PID）」という観点からも再検討を加える。続く第6章では候補者認知と候補者評価が投票行動に及ぼす影響を分析する。ここでは従来全国規模の調査ではほとんど行われてこなかった，個々の候補者の特性に関する評価バッテリーを用いて，候補者のどのような側面が投票行動に影響を与えているのかを明らかにする。次の第7章では，政策争点に対する態度の影響，すなわち争点投票のメカニズムを分析する。分析方法はシンプルなものであるが，有権者自身の態度自体が重要なのか，政党と自分との政策的位置関係が重要なのか，といった理論的に重要なポイントについて考察を行う。最後の第8章では，内閣に対する業績評価と期待に関する分析を行い，こうした業績評価や期待がどのように形成され，投票行動にどのような影響を及ぼすかを明らかにする。

　第3部（第9章～第10章）では，選挙制度や政党システムといった投票行動を外的に拘束する要因に目を向ける。すなわち第9章では衆参それぞれの選挙制度の下で，有権者が2票をどのように使っているのかを，分割投票のメカニズムを中心に考察する。第10章では，日本の政党システムと有権者の投票行動が相互にどのような規定関係にあるのかを，政治的対立軸の認知に注目しながら検討する。

　以上の各章の分析は，主としてJES Ⅲ調査によって得られたデータに基づくものである。この調査は文部科学省科学研究費特別推進研究（平成13－17年度）「21世紀初頭の投票行動の全国的・時系列的調査研究」（研究代表者：池田謙一，研究分担者：小林良彰，平野浩）の一環として行われたもので，小泉内閣下で行われた4回の国政選挙，すなわち01年参院選，03年衆院選，04年参院選，05年衆院選のそれぞれ選挙前と選挙後，それに03年統一地方選を含めた前後9回に及ぶパネル調査である[2]。また，時系列的な比較を行う目的で，JES Ⅲプロジェクトに先行する諸研究，すなわちJABISS, JES, JES Ⅱの各プロジェクトによる調査データをも適宜利用した[3]。

---

[2] 01年参院選の選挙後調査が電話調査，03年統一地方選調査が郵送調査である以外はすべて面接調査である。JES Ⅲ調査に関する詳細については池田他（2006），池田（2007）第1章を参照。

[3] JABISS調査は綿貫譲治，三宅一郎，スコット・フラナガン（Scott Flanagan），

本書が日本政治の理解の一助となれば幸いである。

ブラッドレー・リチャードソン（Bradley Richardson），公平慎策によって1976年12月の第34回衆議院選挙の前後に実施された2波のパネル調査である。また，JES調査は綿貫譲治，三宅一郎，猪口孝，蒲島郁夫によって1983年6月の第13回参議院選挙の直後，および同年12月の第37回衆議院選挙の前後に実施された3波のパネル調査である。いずれの調査も面接法によって行われたもので，データはレヴァイアサン・データバンクを通じて提供を受けた（JESデータについてはSPSS版，JABISSデータについてはオリジナル版を使用した）。JES II 調査は蒲島郁夫，綿貫譲治，三宅一郎，小林良彰，池田謙一によって，1993年7月の第40回衆議院選挙の前後，1994年2月，1995年2月，1995年7月の第17回参議院選挙の直後，1996年10月の第41回衆議院選挙の前後に実施された7波のパネル調査で，非選挙時に行われた第3波，第4波が郵送調査である以外は，すべて面接調査によるものである。データは日本選挙学会ＨＰから入手できるクリーニング版Ⅰを利用した。データの利用をお認めいただいた方々に感謝する。

第1部

社会構造・経済状況・政治文化

第 1 章

有権者の属性と政党支持・投票行動

1 はじめに

　投票行動に関する実証的な研究書の第1章が，有権者の基本的な属性と投票行動との関連を取り上げるのは，極めて自然なことのように見えるかもしれない。年齢，性別，職業，学歴といった客観的な特性からその人の社会的行動を説明することにはそれなりの根拠が存在するであろうし，一般的にこうした基本的属性に関する質問は，より心理学的な認知や選好に関する質問に比べて，測定におけるエラーも少ないと考えられる。

　実際に，JABISS 調査の報告である Flanagan et al. (1991) では，第2章（執筆は綿貫譲治）が "Social Structure and Voting Behavior" というタイトルで，すべて有権者の属性と投票行動の分析に充てられている。同様に JES 調査の報告である綿貫ら（1986）でも，第2章「社会構造と価値対立」（執筆はやはり綿貫譲治）の前半が社会的属性と投票行動の分析に充てられている。

　しかし，いずれの書においても，こうした分析がその後の議論の中心となったり，分析としての発展が見られたりするわけではない。もちろん，それには理由がある。Watanuki (1991) がレビューしているように，戦後日本の有権者の投票行動を説明するモデルとしては，ヨーロッパ的な社会的亀裂 (social cleavage) モデルも，アメリカ的な社会経済的地位 (socioeconomic status = SES) を背景とする政党帰属モデルも妥当なモデルではないことが繰り返し論じられてきた。言い換えれば，階級的あるいは階層的な属性による投票行動の説明力は一貫して低いものであった。しかも，そうした属性の説明力は，すでに1960年代から JABISS 調査の行われた1970年代中葉にかけてさらに低下を示しており，その程度は都市部において著しい。この属性による説明力の低下はその後も続いた。JES II 調査の報告中の一巻である小林

（編）（1997）の中で河村和徳は，有権者の社会的属性の影響に関するパスモデルを検討し，JABISS データ（76年）から JES データ（83年）を経て JES Ⅱ データ（93年および95年）へと，社会的属性の効果が一貫して低下していることを明らかにした（河村，1997）。また全5巻の JES Ⅱ 報告全体をレビューした平野（1999）も，JES Ⅱ データの分析を通じて明らかにされたことの一つが，従来から弱いとされてきた社会的属性の影響がさらに低下しつつあることであると指摘している。

　もちろん，すべての属性が同様に小さな影響力しか持たないわけではない。相対的に大きな説明力を持つ属性の一つが年齢である。日本を含む7カ国に関して，有権者の社会的属性と党派性の関連を分析した三宅（1998）は，社会的属性の効果が最も小さいのは日本（およびスキャンダル下の特殊事情にあるイタリア）であるとしつつ，その日本について敢えて最も影響力のある要因を挙げるならば年齢（世代）であるとしている。こうした年齢の効果は，比較対照とされた欧米諸国では見られない日本独特のものであるが，その理由として，戦後日本の有権者の党派性を規定してきた要因の一つが価値観の対立であったことが指摘できる。これは Watanuki（1967）が「文化政治（cultural politics）」と呼んだもので，いわゆる保革イデオロギーの背後には，戦前的な価値観と戦後的な価値観の対立があり，それゆえ年齢（世代）が党派性を規定する要因となったとするものである。ただし，戦後60年以上を経た今日，こうした価値対立に由来する世代間の対立の構図にも当然変化が生じているはずである。今後の変化の方向を展望する意味でも，現状を確認しておく必要があるだろう。

　また日本において相対的に明確な影響力を示す今一つの社会的属性が職業である。ただし上述のとおり，この場合の職業の影響は階級的あるいは階層的な構造に沿った対立の構図を示しているのではなく，これがしばしば社会的属性の効果が実際以上に小さいものとされる原因になってきたように思われる。周知のとおり，戦後の日本においては自民党の長期にわたる一党政権が続いたが，それを支えたのは，第一次産業従事者や中小自営業者といった再分配依存セクターと，より市場志向の大企業管理職という，階級的あるいは階層的な観点からは同一の範疇には収まらない諸グループが，それぞれの利益の観点から，「55年連合」とでも呼ぶべき一つの勢力を結果として構成し，自民党を支持するという体制である[1]。しかし今日，こうした連合の基盤は

不安定となり，その先行きも不透明であることから，今後これまでとは異なる職業的な党派性のパターンが出現する可能性も否定できない[2]。他方，小林 (1997) が指摘する通り，投票行動に対する職業の効果は常にある程度見られるにしても，職業構造自体は急激に変化をしないのであるから，それは選挙結果の変動を説明する要因にはなりえないという議論もありうるだろう。しかし今日，特定の職業集団に相対的に大きなコストやリスクを負わせるような政策が選挙の争点となる可能性は以前に増して高まっている。そうなれば，職業構造自体は変化しなくても，選挙ごとにそれぞれの職業集団が異なった方向に動くことにより，職業に規定された投票行動が選挙結果の変動をより大きく説明するようになる可能性も否定できない。

以上のような点を考慮すると，日本政治に関する中長期的なパースペクティヴの中で，投票行動に対する社会的属性の効果の現時点における実態を明らかにしておくことには大きな意味があると考えられる。

同時に，本書においては，次のようなより短期的な視点からも有権者の属性と投票行動との関連が関心の対象となる。すなわち，小泉内閣の下で，新たな自民党支持層の形成と変容がどのように生じたか，である。より具体的に言えば，01年参院選において形成されたように見える満場一致的な小泉連合 (Hirano, 2004a) が，その後03年の衆院選，04年の参院選においてどのような変質あるいは弛緩を見せたのか，さらにその後，小泉自民党が（少なくとも議席上は）大勝利を収めた05年衆院選時には，再び広範な「小泉連合」が形成されていたのか，仮に形成されていたとしても，それは01年当時のものと同質のものであったのか否かについて検討を加えたい。

そこで以下，本章では，01年，03年，04年，05年の4回の国政選挙時における回答者の属性と支持政党，投票政党との関連を見ていきたい。取り上げる属性は，①性別，②年齢，③学歴，④年収，⑤職業の五つである。このう

1　この第一次産業従事者，自営業者，管理職といったグループが自民党支持層を形成した点について，三宅 (1985) は，これらの人々に共通する「自前意識」という概念を用いて説明している。これに関しては，次章で改めてその妥当性を検討する。

2　伊藤 (1998) は，すでにこうした連合が解体しつつあり，代わって大企業労使連合と再分配依存セクターとの対立の構図が顕著になりつつあると論じている。

ち職業については，次章で，より長期的なパースペクティヴの下での分析が行われ，性別を除く四つの属性については，第3章において社会階層と政党支持・投票行動の関連という視点から，より詳細な分析が行われる。

2　有権者の属性と支持政党・投票政党

(1) 性別

まず性別と支持政党・投票政党との関連を見ていこう。表1-1～表1-3は，4回の選挙に関して，性別ごとに支持政党，比例代表／比例区での投票政党，小選挙区／選挙区での投票政党を見たものである。

表1-1　性別と支持政党

01年	自民	民主	公明	社民	共産	他	なし
男性(958)	46.2	13.5	3.8	4.8	3.5	2.9	25.2
女性(1021)	41.4	6.4	5.9	4.0	3.4	1.3	37.6
03年	自民	民主	公明	社民	共産	他	なし
男性(1076)	45.4	18.7	4.4	3.3	3.1	0.3	24.9
女性(990)	46.0	9.1	6.7	2.7	2.8	0.1	32.6
04年	自民	民主	公明	社民	共産	他	なし
男性(1019)	41.1	23.5	3.2	2.1	3.3	0.0	26.8
女性(1035)	43.0	12.8	7.1	1.6	2.3	0.0	33.2
05年	自民	民主	公明	社民	共産	他	なし
男性(692)	49.3	24.7	3.5	1.7	3.8	0.1	16.9
女性(718)	45.0	17.5	7.8	2.2	2.6	0.6	24.2

数字は％，（ ）内はN
「その他」については，01年は自由党，保守党，03年は保守新党，05年は国民新党，新党日本をそれぞれ含む。

表1-2　性別と比例代表／比例区での投票政党

01年	自民	民主	公明	社民	共産	他
男性(455)	48.4	19.8	9.0	5.5	5.5	11.9
女性(448)	51.8	14.5	11.4	6.5	4.9	10.9
03年	自民	民主	公明	社民	共産	他
男性(803)	42.3	42.1	7.2	3.6	4.7	―
女性(715)	49.5	30.5	12.4	3.2	4.3	―
04年	自民	民主	公明	社民	共産	他
男性(730)	37.3	44.1	7.4	4.9	4.8	1.5
女性(726)	36.2	37.1	16.5	2.6	5.8	1.8
05年	自民	民主	公明	社民	共産	他
男性(677)	47.0	32.3	8.3	3.5	5.5	3.4
女性(669)	43.6	30.8	14.1	4.8	4.5	2.2

数字は％，（ ）内はN
「その他」については，01年は自由党，保守党，05年は国民新党，新党日本をそれぞれ含む。

支持政党に関しては，男性の支持率の方が一貫して高いのが民主党で（05年を除いてほぼダブルスコア），共産党支持もやや男性優位である。逆に，女性の方が一貫して多いのが支持なしで，公明党支持も女性優位である。こうした結果から，民主党は男性に関しては非自民支持者の受け皿としての役割をある程度果たしているものの，女性に関してはそうした役割を必ずしも十分に果たしてはおらず，女性はむしろ支持なしに留まることが多いことが見て取れる。また自民党と社民党に関しては明確な傾向は見られない。ただし自民党については，01年と05年という，いずれも小泉首相への高い支持を背景に自民党が勝利を収めた選挙

時に，男性の支持率の方が高くなっている。

次に比例代表／比例区での投票政党を見ていくと，やはり，民主党投票は男性優位である。その傾向は03年で特に顕著となるが，05年には（男性の投票率が低下したことにより）僅かな差となっている。これに対して自民党に関しては，01年から03年にかけては女性の投票率の方が高いが，04年に僅かではあるが男性の投票率が逆転し，05年にも男性優位が続いている。公明党投票は政党支持と同様に女性優位であるが，社民党と共産党に関しては明確な傾向は見られない。

表1-3　性別と小選挙区／選挙区での投票政党

01年	自民	民主	公明	社民	共産	他
男性(456)	46.5	22.8	3.9	2.4	6.1	18.2
女性(448)	53.8	14.1	5.8	2.7	6.0	17.6
03年	自民	民主	公明	社民	共産	他
男性(778)	49.2	36.8	1.5	2.6	4.2	5.7
女性(692)	55.2	27.9	2.9	3.0	5.3	5.6
04年	自民	民主	公明	社民	共産	他
男性(724)	39.6	42.1	1.2	1.7	5.9	9.4
女性(723)	40.4	35.5	4.8	1.5	7.3	10.4
05年	自民	民主	公明	社民	共産	他
男性(672)	52.2	34.1	1.6	0.7	5.2	6.1
女性(662)	51.5	36.0	3.5	0.6	4.8	3.6

数字は％，（　）内はN
「その他」については，01年は自由党，無所属，03年は保守新党，無所属，04年は無所属，05年は国民新党，新党日本，無所属をそれぞれ含む。

最後に小選挙区／選挙区での投票政党を見ていくと，自民党に関しては比例代表／比例区と同様に，01年と03年では女性の投票率の方が高いが，04年にはほぼ並び，05年には僅かながら男性の投票率の方が高くなっている。民主党に関しても比例代表／比例区とほぼ同様に，04年までは男性優位だが，05年には女性が僅かだが逆転している。またここでも公明党投票は女性優位で，社民，共産両党に関しては明確な傾向が見られない。

以上の結果は，同じように小泉首相の高い人気に支えられて自民党が勝利した01年と05年の選挙ではあるが，有権者の性別と投票行動の関連から見た場合，そこには大きな違いがあることを示している。すなわち，01年においては，政党支持で見ると自民党支持率は男性の方が高かったにもかかわらず，投票政党で見ると，比例区，選挙区とも自民党投票率は女性の方が高かった。この選挙での「小泉ブーム」を支えたのは，支持なし層を含む女性有権者であったことが分かる。これに対して05年選挙では，比例代表，小選挙区とも，自民党投票率は男性の方が高い。逆に，民主党に関して，政党支持率では男性の方がかなり高いにもかかわらず，投票率については比例代表で男女ほぼ同じ，小選挙区ではむしろ女性の方が高い。すなわち，05年選挙で自民党の勝利に貢献したのはむしろ男性で，女性（支持なし層を多く含む）に助けら

れたのはむしろ民主党であった。01年参院選が、就任後間もない小泉首相の個人的なパフォーマンスに注目が集まった選挙であったのに対し、05年衆院選が郵政民営化という政策争点を中心とし、しかも「刺客」に代表される闘争としての側面が強調された選挙であったことが、こうした結果に関連しているかも知れない。

(2) 年齢

年齢と支持政党・投票政党との関連を見たものが表2-1〜表2-3である。まず支持政党に関しては、自民党の支持率は年齢が上がるに連れて上昇し（ただし、30代と40代の差はあまりなく、03年〜04年では30代の支持率の方が高い）、逆に支持なし率は年齢が下がるにつれて上昇するという傾向が一貫して見られる。民主党に関しては、04年までは40代〜60代での支持率が相対的に高かったが、05年には年齢層による差がほとんど見られなくなった。他の政党に関してはあまり明確な傾向は見られないが、公明党では03年以降40代以下の支持率が相対的にやや高い。

次に比例代表／比例区での投票政党に関しては、支持率ほど明確な傾向ではないが、自民党は50代以上、特に60代〜70代での投票率が一貫して高い。逆に40代に窪みがある。民主党は50代以下の投票率が相対的に高く、60代以上で相対的に低くなっ

表2-1　年齢と支持政党

01年	自民	民主	公明	社民	共産	他	なし
20代(206)	22.8	9.2	4.9	1.0	3.4	1.5	57.3
30代(267)	33.3	7.9	6.0	2.2	1.9	1.9	46.8
40代(334)	39.5	10.2	3.9	5.4	3.3	3.3	34.4
50代(431)	43.4	10.0	4.6	4.4	4.6	2.3	30.4
60代(433)	52.0	12.5	5.5	4.6	3.9	1.9	19.6
70代以上(308)	60.4	7.5	4.2	7.1	2.9	1.3	16.6
03年	自民	民主	公明	社民	共産	他	なし
20代(132)	23.5	9.8	10.6	0.8	2.3	0.0	53.0
30代(220)	36.4	8.2	6.4	0.9	1.8	0.0	46.4
40代(296)	32.4	14.2	8.1	3.4	3.7	0.3	37.8
50代(459)	44.4	17.4	4.1	2.6	4.1	0.4	26.8
60代(539)	53.1	17.1	4.5	3.5	2.6	0.0	19.3
70代以上(420)	58.6	11.0	4.3	4.5	2.4	0.2	19.0
04年	自民	民主	公明	社民	共産	他	なし
20代(201)	22.4	14.9	7.0	0.5	0.5	0.0	54.7
30代(390)	32.8	16.7	5.9	2.1	1.3	0.0	41.3
40代(278)	30.6	20.5	9.0	1.1	4.0	0.0	34.9
50代(388)	44.3	18.6	4.4	2.3	2.6	0.0	27.8
60代(429)	53.1	19.8	4.0	1.6	4.4	0.0	17.0
70代以上(368)	56.0	16.8	2.7	2.7	3.3	0.0	18.5
05年	自民	民主	公明	社民	共産	他	なし
20代(75)	21.3	21.3	6.7	1.3	1.3	0.0	48.0
30代(218)	33.9	22.5	8.7	0.9	3.2	0.9	29.8
40代(224)	34.8	22.8	8.0	0.9	3.6	0.0	29.9
50代(261)	49.4	20.7	5.0	3.8	2.3	0.4	18.4
60代(308)	56.2	20.1	4.2	1.6	4.5	0.3	13.0
70代以上(324)	59.9	20.1	3.7	2.5	2.8	0.3	10.8

数字は%、（　）内はN
「その他」については、01年は自由党、保守党、03年は保守新党、05年は国民新党、新党日本をそれぞれ含む。

ている。ただし，20代から50代のどの層で投票率が高いかは選挙によって異なり，一定していない。公明党はやはり40代以下の投票率が相対的に高い。

小選挙区／選挙区での投票政党についても，自民党ではやはり60代以上の投票率が相対的に高い。また03年と04年で40代に窪みが見られる。民主党でも03年以降50代以下の投票率が相対的に高いが，全体としてあまり明確な傾向は見られない。また公明，社民，共産の各党についても明確なパターンは認められない。

以上のように，現在でも自民党への支持率・投票率は60代以上で高いが，40代に窪みが見られるなど，年齢の上昇

表2-2　年齢と比例代表／比例区での投票政党

01年	自民	民主	公明	社民	共産	他
20代(52)	42.3	15.4	17.3	1.9	7.7	15.4
30代(100)	43.0	17.0	17.0	5.0	4.0	14.0
40代(168)	42.9	18.5	10.1	11.3	3.6	13.7
50代(204)	49.0	20.6	8.8	5.4	5.9	10.3
60代(226)	57.1	15.5	8.8	4.4	5.3	8.8
70代以上(153)	56.2	14.4	7.2	5.2	5.9	11.1
03年	自民	民主	公明	社民	共産	他
20代(68)	32.4	45.6	16.2	1.5	4.4	―
30代(125)	37.6	47.2	10.4	2.4	2.4	―
40代(213)	30.5	43.2	16.0	5.6	4.7	―
50代(340)	42.1	41.2	7.4	2.9	6.5	―
60代(441)	50.1	34.0	7.7	3.4	4.8	―
70代以上(331)	59.2	25.4	9.1	3.3	3.0	―
04年	自民	民主	公明	社民	共産	他
20代(99)	26.3	47.5	16.2	4.0	1.0	5.1
30代(229)	26.2	49.8	13.1	3.1	5.2	2.6
40代(190)	25.3	45.8	17.9	2.6	6.8	1.6
50代(282)	36.5	41.5	9.9	2.8	7.1	2.1
60代(354)	42.4	37.0	11.3	3.7	4.8	0.8
70代以上(302)	49.0	31.5	8.6	6.0	4.6	0.3
05年	自民	民主	公明	社民	共産	他
20代(67)	37.3	32.8	16.4	4.5	4.5	4.5
30代(184)	41.3	34.2	14.1	2.7	6.5	1.1
40代(215)	33.5	37.7	14.4	5.6	6.5	2.3
50代(253)	43.9	34.8	8.3	5.5	4.7	2.8
60代(310)	52.6	26.8	9.0	3.2	4.5	3.9
70代以上(317)	51.4	27.8	10.4	3.8	3.8	2.8

数字は％，（　）内はN
「その他」については，01年は自由党，保守党，05年は国民新党，新党日本をそれぞれ含む。

に従って直線的に支持も上昇するという形にはなっていない。他方，民主党への支持率・投票率も50代以下で相対的に高いとは言え，年齢層別の特徴はあまり見られない。したがって，現在の60代以上の有権者が徐々に選挙の舞台から退場していく十数年後には，戦後日本の有権者の投票行動を特徴付けていた年齢（世代）の効果がかなり弱いものになっているのではないかと思われる。

(3)　学歴

次に学歴と支持政党・投票政党との関連を見たものが表3-1～表3-3である[3]。まず支持政党については，自民党と公明党で学歴が上がるほど支持率が下がる傾向が見られる。このうち少なくとも自民党に関しては，支持者

表2-3　年齢と小選挙区／選挙区での投票政党

01年	自民	民主	公明	社民	共産	他
20代(52)	36.5	19.2	9.6	0.0	5.8	28.8
30代(101)	39.6	16.8	9.9	0.0	5.0	28.7
40代(166)	50.6	16.3	3.6	4.2	3.6	21.7
50代(200)	49.0	21.5	3.5	2.0	8.5	15.5
60代(228)	57.5	18.4	4.8	1.8	4.4	13.2
70代以上(157)	51.6	17.8	3.2	5.1	8.9	13.4
03年	自民	民主	公明	社民	共産	他
20代(65)	47.7	40.0	0.0	1.5	4.6	6.2
30代(120)	48.3	36.7	2.5	3.3	1.7	7.5
40代(203)	41.4	36.0	4.4	5.4	6.9	5.9
50代(333)	48.0	35.1	1.5	1.8	6.3	7.2
60代(425)	52.5	33.9	2.1	3.1	4.2	4.2
70代以上(324)	64.5	23.1	1.9	1.9	3.7	4.9
04年	自民	民主	公明	社民	共産	他
20代(96)	30.2	38.5	6.3	0.0	10.4	14.6
30代(221)	31.7	45.2	5.9	1.8	5.4	10.0
40代(186)	26.9	44.6	5.9	2.7	9.7	10.2
50代(284)	41.5	39.4	0.7	1.8	6.7	9.9
60代(354)	46.3	36.7	2.0	2.0	6.2	6.8
70代以上(306)	48.4	32.7	1.6	0.7	4.9	11.8
05年	自民	民主	公明	社民	共産	他
20代(67)	43.3	41.8	3.0	1.5	6.0	4.5
30代(181)	45.3	39.8	3.9	1.1	5.0	5.0
40代(209)	45.5	37.8	2.4	1.0	8.1	5.3
50代(253)	47.0	41.5	1.2	0.8	4.0	5.5
60代(311)	56.3	31.8	3.5	0.3	4.2	3.9
70代以上(313)	61.3	26.8	1.9	0.3	4.5	5.1

数字は％，（　）内はN
「その他」については，01年は自由党，無所属，03年は保守新党，無所属，04年は無所属，05年は国民新党，新党日本，無所属をそれぞれ含む。

の年齢の影響を考慮する必要がある。逆に民主党に関しては学歴が上がるほど支持率も上昇する傾向が読み取れる。03年までは短大卒の層に明確な窪みが見られたが，この層における支持率も次第に上昇し，05年では短大卒は大学卒に次ぐ支持率となり，かつ中学卒から短大卒までの差があまりないという形になった。また支持なしの率も基本的に高学歴ほど高い。ただし，04年を除いて支持なしの率が最も高いのは短大卒であるが，これはこの層に女性が多いこととも関連しているであろう。なお，ここでも社民，共産両党に関してはあまり明確な傾向は見られないが，01年の共産党を除いて大学卒の支持率が一貫して最も高い。

　比例代表／比例区での投票に関しても，自民党は学歴が上がるにつれて投票率が下がり，民主党は学歴が上がるにつれて投票率も上がる（ただし05年では高校卒以上での差はほとんどなくなる）。公明党は大学卒の投票率が相対的に低く，逆に社民党は一貫して大学卒の投票率が最も高い。共産党は短大卒の投票率が相対的にやや高い。

　また小選挙区／選挙区での投票においても，自民党は学歴が上がるほど投票率が下がり民主党は学歴が上がるほど投票率も上がるという傾向が認めら

　3　中退・在学中も卒業とみなし，旧制は新制に読み替えてある。短大卒は高専卒および専修学校卒を含み，大学卒は大学院修了を含む。

れる。公明党が大学卒の投票率が低いこと，社民党は大学卒の投票率が高いこと，共産党では03年以降短大卒の投票率が相対的に高いことなども比例代表／比例区と同様である。

先にも触れたように，学歴と支持政党・投票政党の関連を見る場合には，年齢の効果をコントロールする必要がある。これについては3章でより詳細な分析を行う。

(4) 年収

年収と支持政党・投票政党との関連については表4-1〜表4-3に示す通りである（以下，便宜的に400万円未満を「低」，400万円以上800万円未満を「中」，800万円以上を「高」と表記）4)。

まず支持政党に関して，自民党支持率は03年を除いて「高」＞「低」＞「中」だが，グループ間の差は小さい。また民主党では年収が高いほど支持率も高くなる傾向が見られるが，

表3-1 学歴と支持政党

01年	自民	民主	公明	社民	共産	他	なし
中学卒(460)	54.1	4.8	7.4	5.4	3.7	1.1	23.5
高校卒(896)	44.4	9.8	5.4	3.8	3.6	1.6	31.5
短大卒(289)	37.4	8.3	3.8	2.8	3.1	3.8	40.8
大学卒(315)	32.7	19.4	1.0	6.3	3.2	3.2	34.3
03年	自民	民主	公明	社民	共産	他	なし
中学卒(463)	56.2	9.5	7.8	3.5	2.8	0.0	20.3
高校卒(949)	46.4	15.1	5.2	3.3	3.1	0.4	27.4
短大卒(281)	43.1	7.8	5.3	2.5	1.8	0.0	39.5
大学卒(349)	32.1	23.2	3.4	4.6	4.0	0.0	32.7
04年	自民	民主	公明	社民	共産	他	なし
中学卒(380)	51.3	15.8	7.1	2.4	3.4		20.0
高校卒(956)	45.1	17.7	5.1	1.6	2.0		28.6
短大卒(327)	37.6	15.9	5.5	1.5	3.4		36.1
大学卒(361)	29.1	23.3	2.8	2.5	3.9		38.5
05年	自民	民主	公明	社民	共産	他	なし
中学卒(271)	57.9	18.8	6.6	1.5	3.3	0.4	11.4
高校卒(647)	49.9	18.1	6.2	2.5	2.5	0.5	20.4
短大卒(228)	39.5	20.2	5.3	0.9	3.1	0.0	31.1
大学卒(237)	35.4	32.9	3.4	2.5	4.2	0.4	21.1

数字は％，（ ）内はN
「その他」については，01年は自由党，保守党，03年は保守新党，05年は国民新党，新党日本をそれぞれ含む。

表3-2 学歴と比例代表／比例区での投票政党

01年	自民	民主	公明	社民	共産	他
中学卒(197)	60.4	9.6	12.2	4.1	5.6	8.1
高校卒(425)	48.9	17.9	12.7	4.9	4.2	11.3
短大卒(129)	46.5	18.6	7.0	9.3	4.7	14.0
大学卒(144)	41.7	25.0	3.5	9.0	7.6	13.2
03年	自民	民主	公明	社民	共産	他
中学卒(341)	56.9	24.9	12.0	2.9	3.2	—
高校卒(714)	46.6	37.1	9.5	2.9	3.8	—
短大卒(192)	39.6	38.0	13.0	2.6	6.8	—
大学卒(255)	32.5	50.6	4.7	5.5	6.7	—
04年	自民	民主	公明	社民	共産	他
中学卒(283)	44.2	29.7	16.6	4.2	5.3	0.0
高校卒(677)	39.7	39.6	11.7	2.8	4.1	2.1
短大卒(233)	29.2	44.6	14.6	3.0	7.7	0.9
大学卒(244)	28.3	52.5	4.1	5.7	6.1	3.3
05年	自民	民主	公明	社民	共産	他
中学卒(259)	53.3	24.3	13.6	4.2	3.5	1.2
高校卒(616)	46.1	33.9	11.5	2.6	3.7	2.1
短大卒(211)	41.7	31.3	10.4	5.2	8.1	3.3
大学卒(234)	39.3	34.6	6.8	7.3	6.4	5.6

数字は％，（ ）内はN
「その他」については，01年は自由党，保守党，05年は国民新党，新党日本をそれぞれ含む。

表 3-3　学歴と小選挙区／選挙区での投票政党

	自民	民主	公明	社民	共産	他
01年						
中学卒(201)	57.2	12.4	7.0	2.0	7.0	14.4
高校卒(428)	52.8	20.1	4.9	2.1	6.3	13.8
短大卒(121)	48.8	18.2	4.1	0.8	2.5	25.6
大学卒(145)	33.1	23.4	2.8	6.2	7.6	26.9
03年	自民	民主	公明	社民	共産	他
中学卒(335)	63.6	22.1	3.0	2.1	3.6	5.7
高校卒(696)	52.6	32.3	2.0	2.7	4.0	6.3
短大卒(181)	49.2	31.5	2.8	3.3	8.3	5.0
大学卒(245)	37.6	47.8	1.2	3.7	5.7	4.1
04年	自民	民主	公明	社民	共産	他
中学卒(288)	49.7	28.5	2.1	0.3	6.6	12.8
高校卒(675)	42.7	38.2	3.3	1.3	5.3	9.2
短大卒(225)	32.4	41.8	4.9	2.2	10.7	8.0
大学卒(240)	28.3	49.6	2.1	3.3	6.7	10.0
05年	自民	民主	公明	社民	共産	他
中学卒(255)	61.6	26.3	3.1	0.4	3.9	4.7
高校卒(611)	52.4	35.2	2.6	0.7	3.9	5.2
短大卒(212)	45.3	38.2	2.8	0.9	7.5	5.2
大学卒(232)	45.7	43.5	1.7	0.9	6.0	2.2

数字は％，（　）内はN
「その他」については，01年は自由党，無所属，03年は保守新党，無所属，04年は無所属，05年は国民新党，新党日本，無所属をそれぞれ含む。

やはりその差は大きなものではない。公明党と共産党は「高」での支持率が低く，社民党は「低」での支持率が高い。支持なし率は03年を除くと「中」で高く，その点で自民党支持率のパターンと対照的である。

比例代表／比例区での投票についても，やはり自民党投票率は03年を除いて「高」＞「低」＞「中」，民主党投票率は01年を除いて年収が高いほど高い。しかしここでもそれらの差は大きなものではない。公明党は「高」での投票率が低く，社民，共産両党に関しては明確な傾向が認められない。

また小選挙区／選挙区での投票に関しては，自民党投票率は04年以降は「高」＞「低」＞「中」のパターンが見られるが，それ以前は明確な傾向が見られない。民主党に関しては（政党支持や比例での投票とは異なり）03年を除いて「中」で最も投票率が高い。他の政党については明確な傾向が見られない。

以上のように，年収に関しては，支持政党や投票政党との関連が他の属性

4　年収に関する質問文は「去年１年間のお宅の収入はご家族全部あわせると，およそどのくらいになりますか。ボーナスや臨時収入を含め，税込みでお答えください」である。以下，本書で用いる年収は，すべてこの税込みの世帯年収である。また質問票における選択肢は，200万未満，200万以上～400万未満，400万以上～600万未満，600万以上～800万未満，800万以上～1000万未満，1000万以上～1200万未満，1200万以上～1400万未満，1400万以上～2000万未満，2000万以上，の９段階となっていたが，これを回答分布も考慮して，表にあるような三つのグループに大きくまとめた。

ほど明確ではない。これには回答にDK・NAが比較的多いこと，有効な回答の場合にもその信頼性が他の属性ほど高くない可能性があること，などが影響しているかもしれない。しかし，その点を割り引いても，やはりこの結果には日本における政党支持や投票行動——特に自民党に対する支持や投票——の特徴が現れていると言えるであろう。すなわち，所得階層の上昇と自民党への支持が直線的な関連を持たず，むしろ高所得層と低所得層が——それぞれ異なる理由からであろうが——中所得層よりも自民党を支持し自民党に投票しているのである。

表4-1 年収と支持政党

01年	自民	民主	公明	社民	共産	他	なし
～400(436)	46.8	8.0	8.0	6.4	3.9	1.4	25.5
400～800(551)	42.5	12.0	5.3	4.7	2.4	3.4	29.8
800～ (359)	49.9	13.4	1.7	4.2	4.2	2.2	24.5
03年	自民	民主	公明	社民	共産	他	なし
～400(558)	45.7	14.5	6.8	5.0	3.0	0.2	24.7
400～800(572)	48.6	14.7	7.3	2.4	3.7	0.3	22.9
800～ (356)	47.5	16.3	2.8	2.2	2.8	0.0	28.4
04年	自民	民主	公明	社民	共産	他	なし
～400(544)	44.5	18.9	5.0	3.1	3.5	0.0	25.0
400～800(557)	42.9	18.7	6.3	1.8	2.7	0.0	27.6
800～ (271)	47.2	23.2	3.7	0.7	0.7	0.0	24.4
05年	自民	民主	公明	社民	共産	他	なし
～400(365)	49.0	21.1	6.8	3.0	2.7	0.3	17.0
400～800(413)	45.5	22.8	6.1	1.9	3.4	0.2	20.1
800～ (205)	50.7	24.4	3.4	2.0	1.0	0.5	18.5

数字は%，( )内はN
「その他」については，01年は自由党，保守党，03年は保守新党，05年は国民新党，新党日本をそれぞれ含む。

表4-2 年収と比例代表／比例区での投票政党

01年	自民	民主	公明	社民	共産	他
～400(202)	49.0	15.3	13.4	5.9	7.4	8.9
400～800(293)	44.4	20.1	11.3	6.1	2.7	15.4
800～ (199)	55.3	16.1	3.0	6.5	8.0	11.1
03年	自民	民主	公明	社民	共産	他
～400(420)	45.7	34.3	10.5	5.0	4.5	—
400～800(451)	45.0	37.5	10.6	2.7	4.2	—
800～ (280)	43.6	39.6	7.5	4.6	4.6	—
04年	自民	民主	公明	社民	共産	他
～400(415)	37.1	36.4	13.7	5.3	5.8	1.7
400～800(420)	36.4	41.7	11.9	2.6	6.0	1.4
800～ (195)	40.5	43.1	10.3	3.6	2.6	0.0
05年	自民	民主	公明	社民	共産	他
～400(343)	45.5	29.2	12.5	4.4	3..8	4.7
400～800(391)	43.2	32.5	11.5	4.6	6.4	1.8
800～ (209)	49.3	34.0	7.2	5.3	2.9	1.4

数字は%，( )内はN
「その他」については，01年は自由党，保守党，05年は国民新党，新党日本をそれぞれ含む。

(5) 職業

最後に，職業と支持政党・投票政党との関連を見たものが表5-1～表5-3である[5]。

---

5 以下の章の分析も含め，本書で用いる職業変数は，すべて家計維持者の職業である。これ以外にも，本人の職業を用いる（「専業主婦」などが含まれる），あるいは本人が有職の場合には家計維持者でなくてもそれを用いる，といった方法も考えられる。しかし本書では職業の影響に関して「主として経済的な職業利益が家計を通じて個々の有権者に影響を与える」という経路を重視

表4-3　年収と小選挙区／選挙区での投票政党

01年	自民	民主	公明	社民	共産	他
～400(202)	51.5	15.3	6.9	3.5	6.4	16.3
400～800(293)	49.1	22.2	3.1	3.1	3.1	19.5
800～　(193)	50.3	16.1	3.1	2.1	10.9	17.6
03年	自民	民主	公明	社民	共産	他
～400(412)	51.9	32.8	1.9	3.9	4.6	4.9
400～800(442)	52.5	31.0	2.9	2.7	4.5	6.3
800～　(269)	49.4	37.9	1.5	3.0	4.1	4.1
04年	自民	民主	公明	社民	共産	他
～400(410)	41.2	34.9	3.4	1.0	5.9	13.7
400～800(412)	38.6	41.5	4.4	1.7	7.8	6.1
800～　(199)	46.7	36.7	1.5	2.0	3.5	9.5
05年	自民	民主	公明	社民	共産	他
～400(335)	53.7	31.9	2.1	1.2	3.9	7.2
400～800(390)	49.0	39.5	3.1	0.5	5.1	2.8
800～　(209)	57.9	33.5	2.9	1.0	2.9	1.9

数字は％、（　）内はN
「その他」については、01年は自由党、無所属、03年は保守新党、無所属、04年は無所属、05年は国民新党、新党日本、無所属をそれぞれ含む。

まず支持政党に関してであるが、自民党支持率は一貫して農林水産業において最も高く、60％台から70％台を示している。これに自営の二つのカテゴリー（商工自営および自由業）が続き、無職を除くと管理職がそれに次ぐ[6]。すなわち上述の「55年連合」を形成する三つのグループは、ここでも自民党支持率において上位を占めている。ただし、管理職と販売・サービス・労務（以下、労務職と略記）、専門技術職（以下、専門職と略記）などとの差は次第に縮まり、05年では僅かながら労務職には逆転され、専門職にもほぼ並ばれている。他方、自民党支持率が相対的に低いのは専門職、事務職、労務職であるが、上述のように05年では事務職を除いて管理職との差がなくなっている。

他方、民主党に関しては、04年を除いて管理職の支持率が最も高く、これに専門職と事務職が次ぐ。ここには、民主党支持の中心となっているのが、これらホワイトカラー層であることが明確に示されている。これらのグループに続くのが労務職、さらに04年以降は商工自営の支持率も上昇している。これに対して農林水産業、自由業の支持率は一貫して低い。公明党に関しては、労務職の支持率が一貫して高いが、全体としてあまり明確なパターンは

しているため、家計維持者の職業を用いることにした。これは年収として世帯年収を用いることとも整合的である。

6　表から分かるとおり、ここでの職業は家計維持者の職業であるにもかかわらず、無職というカテゴリーに含まれるサンプル数が非常に多い。これは回答者の中に退職者とその家族がかなりの割合で存在するためである。このグループの自民党支持率は農林水産業、自営業に次ぐ高さを示すが、そこには年齢のほかに、退職者という現状の影響と、退職前のそれぞれの職業による影響が混在していると考えられ、その解釈には慎重を要する。

見られない．社民，共産両党についても，同様に明確なパターンが認められない．支持なしに関しては，事務職，労務職，専門職での比率が高い（04年では管理職での比率も高い）．逆に農林水産業，自由業（および無職）での比率が低い．

次に比例代表／比例区での投票について見ていくと，やはり自民党については農林水産業，商工自営＋自由業，管理職の3グループ（および無職）での投票率が高い．他方，投票率が高くないのは専門職，事務職，労務職といった管理職以外の被雇用層であるが，05年では管理職よりも専門職，労務職の方が投票率が高く，特に労務職は全体的に管理職に近づいている．

民主党に関しては，管理職，専門職，事務職，労務職といった被雇用層での投票率が高い[7]．逆に農林水産業，自由業での投票率が一貫して低いのも政党支持の場合と同じである．公明党は労務職，専門職，商工自営業での投票率がコンスタントに高く，03年以降は自由業でも増加している．社民，共

表5-1　職業と支持政党

01年	自民	民主	公明	社民	共産	他	なし
農林水産(142)	63.0	3.5	2.1	2.1	2.1	0.7	26.1
商工自営(325)	52.5	4.6	3.4	1.5	4.3	2.5	31.4
管理(103)	44.7	17.5	1.0	0.0	3.9	1.0	32.0
専門(79)	32.9	13.9	2.5	6.3	1.3	2.5	40.5
事務(277)	36.8	13.0	2.5	6.5	4.3	4.0	32.9
労務(558)	37.1	10.8	7.5	3.6	3.6	1.6	35.8
自由(40)	55.0	7.5	0.0	5.0	2.5	5.0	25.0
無職(383)	46.7	11.5	6.8	7.3	3.4	1.6	22.7
03年	自民	民主	公明	社民	共産	他	なし
農林水産(119)	71.4	7.6	0.8	0.8	0.8	1.7	16.8
商工自営(342)	51.5	8.5	6.7	0.9	2.0	0.3	30.1
管理(92)	47.8	20.7	2.2	1.1	2.2	0.0	26.1
専門(98)	40.8	12.2	7.1	3.1	3.1	0.0	33.7
事務(259)	30.5	19.3	5.8	3.5	2.3	0.0	38.6
労務(402)	42.0	14.4	6.2	2.5	3.7	0.0	31.1
自由(46)	54.3	6.5	4.3	2.2	2.2	0.0	30.4
無職(507)	46.5	17.6	4.9	5.5	3.4	0.0	22.1
04年	自民	民主	公明	社民	共産	他	なし
農林水産(133)	71.4	5.3	1.5	0.8	2.3	0.0	18.8
商工自営(321)	49.5	16.5	4.0	0.6	3.7	0.0	25.5
管理(89)	38.2	16.9	3.4	3.4	1.1	0.0	37.1
専門(101)	28.7	29.7	5.0	2.0	5.9	0.0	28.7
事務(273)	35.5	22.2	3.7	2.9	1.8	0.0	34.1
労務(519)	34.7	15.2	8.9	1.5	2.5	0.0	37.2
自由(37)	54.1	10.8	13.5	0.0	0.0	0.0	21.6
無職(410)	46.3	22.4	2.7	3.2	3.9	0.0	21.5
05年	自民	民主	公明	社民	共産	他	なし
農林水産(102)	76.5	6.9	1.0	0.0	1.0	0.0	14.7
商工自営(241)	53.1	18.3	6.6	0.0	3.7	0.0	18.3
管理(73)	41.4	34.2	4.1	1.4	0.0	1.4	17.8
専門(17)	41.2	23.5	0.0	5.9	0.0	0.0	29.4
事務(236)	33.9	25.4	6.8	1.7	3.0	0.4	28.8
労務(354)	42.7	18.6	8.5	2.3	3.7	0.6	23.7
自由(16)	68.8	6.3	6.3	0.0	6.3	0.0	12.5
無職(310)	49.0	24.2	3.2	4.2	3.5	0.3	15.5

数字は％，（　）内はN
「その他」については，01年は自由党，保守党，03年は保守新党，05年は国民新党，新党日本をそれぞれ含む．

7　05年の専門職での投票率は低いが，サンプル数が非常に小さいため，解釈には注意が必要である．

表5-2　職業と比例代表／比例区での投票政党

01年	自民	民主	公明	社民	共産	他
農林水産(64)	70.3	12.5	7.8	4.7	1.6	3.1
商工自営(150)	52.0	14.0	9.3	6.0	5.3	13.3
管理(53)	49.1	17.0	1.9	5.7	7.5	18.9
専門(39)	38.5	20.5	10.3	7.7	12.8	10.3
事務(129)	40.3	22.5	7.0	8.5	5.4	16.3
労務(219)	48.4	17.8	17.4	3.7	3.2	9.6
自由(17)	82.4	11.8	0.0	5.9	0.0	0.0
無職(201)	50.7	17.4	8.5	6.0	6.5	10.9
03年	自民	民主	公明	社民	共産	他
農林水産(99)	72.7	19.2	7.1	1.0	0.0	—
商工自営(248)	49.2	34.7	12.1	0.0	4.0	—
管理(73)	43.8	45.2	4.1	2.7	4.1	—
専門(68)	32.4	45.6	10.3	7.4	4.4	—
事務(183)	38.8	39.9	9.3	6.6	5.5	—
労務(275)	42.2	39.6	11.6	1.8	4.7	—
自由(32)	53.1	25.0	12.5	3.1	6.3	—
無職(400)	46.0	37.0	6.8	5.0	5.3	—
04年	自民	民主	公明	社民	共産	他
農林水産(100)	72.0	14.0	8.0	1.0	4.0	1.0
商工自営(234)	41.9	34.6	12.0	2.1	8.5	0.9
管理(69)	33.3	44.9	10.1	4.3	7.2	0.0
専門(70)	30.0	50.0	11.4	4.3	4.3	0.0
事務(183)	29.0	50.8	9.3	4.9	3.8	2.2
労務(323)	28.8	40.9	19.2	3.4	4.6	3.1
自由(31)	45.2	35.5	16.1	0.0	0.0	3.2
無職(339)	38.3	26.1	8.6	6.2	4.7	0.9
05年	自民	民主	公明	社民	共産	他
農林水産(100)	65.0	20.0	10.0	0.0	1.0	4.0
商工自営(222)	48.2	28.8	10.8	2.7	5.9	3.6
管理(74)	37.8	35.1	9.5	9.5	5.4	2.7
専門(68)	47.1	11.8	5.9	23.5	11.8	0.0
事務(217)	37.3	38.2	12.0	4.1	6.5	1.8
労務(333)	41.4	32.4	14.7	4.2	5.1	2.1
自由(17)	70.6	17.6	11.8	0.0	0.0	0.0
無職(308)	49.4	30.5	7.8	4.5	3.9	3.9

数字は％，( )内はN
「その他」については，01年は自由党，保守党，05年は国民新党，新党日本をそれぞれ含む。

産両党に関しては，あまり明確な傾向は見られないが，事務職，専門職での投票率がやや高く，農林水産業で一貫して低い。

最後に小選挙区／選挙区での投票を見ると，自民党に関してはここでも農林水産業，次いで自由業での投票率が一貫して高く，また03年を除いてはこれに商工自営，管理職（および無職）が加わるという，上に見たのと同様な傾向が見られる（03年の管理職の投票率は専門職，労務職よりも低い。労務職は01年と05年でも僅かだが管理職を上回る）。逆に，03年の専門職を例外として，事務職と専門職での投票率は一貫して低い。

民主党に関しては，ここでも管理職，専門職，事務職といったホワイトカラー層での投票率が一貫して高く（03年の専門職を除く），農林水産業，自由業，商工自営（03年を除く）といった再分配依存セクターでの投票率が低い。なお公明，社民，共産の各党に関しては，明確なパターンが認められない。

以上の結果は，自民党の支持層としての「55年連合」（農林水産業＋自営業＋管理職）が現在においても存在することを示すものであるが，同時にその構造が不安定化しつつある，具体的には，そこから管理職が脱落し，代わって労務職——いわゆるブルーカラー労働者だけではなく，多くの販売・サー

ビス職が含まれる——がそこに加わる可能性をも示唆するものである。このような対立の構図は，伊藤（1998）の言う「大企業労使連合対再分配依存セクター」という構図に近いものであるが，今後そうした方向への変化が加速するのか，あるいは「55年連合」が再強化されるのかは，以下の章で分析されるような今後の日本における政治的対立軸のあり方——具体的には，憲法・安全保障問題と経済システムの問題（市場重視か再分配重視か）のどちらがセイリエントになるか——に大きく左右されると考えられる。従ってここで結論を出すのは早計であろう（第10章参照）[8]。

3 まとめ

以上，本章では，有権者の基本的な属性と支持政党・投票政党との関連について考察した。その結果，①性別による投票傾向の違いは明確に認められるが，男女のいずれがどの政党を支える

表5-3 職業と小選挙区／選挙区での投票政党

01年	自民	民主	公明	社民	共産	他
農林水産(66)	69.7	10.6	1.5	4.5	3.0	10.6
商工自営(155)	55.5	15.5	3.9	1.3	6.5	17.4
管理(49)	51.0	24.5	0.0	2.0	10.2	12.2
専門(35)	34.3	28.6	2.9	0.0	5.7	28.6
事務(122)	34.4	22.1	4.1	4.9	6.6	27.9
労務(229)	51.5	17.9	7.9	1.3	4.4	17.0
自由(18)	55.6	11.1	0.0	0.0	0.0	33.3
無職(201)	50.2	19.9	5.0	3.5	8.0	13.4
03年	自民	民主	公明	社民	共産	他
農林水産(96)	84.4	9.4	0.0	2.1	0.0	4.2
商工自営(242)	50.8	33.5	4.5	0.8	2.9	7.4
管理(69)	42.0	46.4	1.4	2.9	4.3	2.9
専門(66)	57.6	27.3	0.0	4.5	4.5	6.1
事務(172)	40.7	41.3	1.7	4.7	5.2	6.4
労務(269)	50.2	32.0	2.6	1.5	5.9	7.8
自由(31)	61.3	32.3	0.0	3.2	3.2	0.0
無職(390)	49.7	34.1	2.1	4.4	5.9	3.8
04年	自民	民主	公明	社民	共産	他
農林水産(100)	71.0	19.0	0.0	0.0	6.0	4.0
商工自営(235)	43.4	35.3	6.0	1.3	8.1	6.0
管理(68)	38.2	44.1	1.5	1.5	5.9	8.8
専門(67)	22.4	50.7	0.0	4.5	10.4	11.9
事務(181)	30.9	48.6	5.5	2.2	4.4	8.3
労務(319)	35.7	39.2	3.4	1.9	6.3	13.5
自由(29)	72.4	17.2	0.0	0.0	3.4	6.9
無職(342)	40.6	38.9	1.5	1.2	6.7	11.1
05年	自民	民主	公明	社民	共産	他
農林水産(98)	75.5	19.4	0.0	0.0	1.0	4.1
商工自営(225)	56.0	32.9	1.8	0.9	6.2	2.2
管理(74)	47.3	41.9	1.4	1.4	4.1	4.1
専門(16)	37.5	43.8	0.0	0.0	6.3	12.5
事務(217)	44.2	41.0	3.2	0.5	5.5	5.5
労務(326)	49.4	35.3	3.1	0.9	5.8	5.5
自由(18)	72.2	16.7	5.6	0.0	5.6	0.0
無職(305)	51.8	34.8	3.3	0.7	4.3	5.2

数字は%，（ ）内はN
「その他」については，01年は自由党，無所属，03年は保守新党，無所属，04年は無所属，05年は国民新党，新党日本，無所属をそれぞれ含む。

---

[8] こうした対立の構図をより正確に示すためには，販売・サービス・労務職の中のどのような部分がどの政党の支持層になっているかをより詳細に検討する必要があるが，これについては他日を期したい。ただし，いずれにしても明らかなことは，現状において社民，共産両党がこの層の受け皿にはなっていないことである。

かに関しては選挙間で大きな違いが存在する，②年齢に関しては，戦後一貫して認められてきた傾向が存続してはいるが，同様な傾向が十数年後にも存在しているかどうかは不透明である，③学歴と支持政党の間にも明確な関連が認められるが，この点については年齢の効果を考慮する必要がある，④年収と支持政党・投票政党との関連は，他の属性の場合と比べて明確ではなく，従来の議論を裏付ける結果となった，⑤職業の影響は明確に認められるが，そこにおける対立の構図は不安定化している，といった諸点が明らかとなった。

　いずれにしても，有権者の属性は政党支持や投票行動に対して決定的な影響を及ぼすとは言えないまでも，そこには説明可能なロジックに基づくかなり明確な関連が存在している。そこで次章では，こうした属性の中で最も重要と思われる職業に関して，さらに分析を続けたい。

第 2 章

職業と党派的態度：長期的変動と対立構造の認知

1　はじめに

　前章において見た通り，有権者の社会的属性の中でも，職業はその支持政党や投票政党と特に明確な関連を示している。こうした職業の効果を生み出すメカニズムについての最もオーソドックスな説明は，職業利益代表モデル（三宅，1985）である。これは，それぞれの職業に就いている者（あるいはそうした職業に就いている者によって家計を支えられている者）は，自分の職業の利益を推進してくれると考えられる政党に投票するというものである。

　ただし，こうした職業利益に関する意識の内容については，必ずしも明確であるわけではない。よく知られた仮説の一つが「自前意識」仮説である。三宅によれば，「自前意識」とは自分で自分の仕事をコントロールすることができるという一種の利害感覚であり，農業従事者，自営業者，管理職などが持つことができ，自民党への支持や投票に結びつくものであるとされる（三宅，1985)[1]。

　しかしこの説明においても，なぜそうした「自前意識」が自民党支持に結びつくのかについての政治心理学的なロジックは必ずしも明確ではない。むしろ，「自前意識」を持つとされる職業（農業，自営業，管理職）が，前章で論じたように戦後日本における自民党の長期政権を構造的に支えてきた（農業，自営業は再分配依存セクターとして，自民党との間で再分配的利益と票の交換を行い，管理職は市場における強者の一員として，現存する政治・経

---

[1]　ただし，実際の分析においては，客観的な職業自体が説明変数として用いられることがほとんどであり，「自前意識」自体が測定され分析に投入された例はほとんどないと思われる。

済的な秩序の維持と再分配用の資源および票の交換を行う）という事実の方が重要であろう。なぜならば，日本における政治的な対立軸として「市場重視対再分配重視」のセイリエンスが高まれば，この自前層（＝「55年連合」）は分裂を起こす可能性が強いであろうし，その場合には，「自前意識」と自民党支持の結びつきは自明ではなくなるであろうからである。

　いずれにしても，客観的な属性としての職業は，何らかの主観的・心理的な変数に媒介されて政党支持や投票行動に結びつくと考えるべきであろう。そこで本章は，前章での分析を受けて，職業と支持政党・投票政党との関連を，より長期的なタイムスパンで確認した上で，そうした職業と政党支持・投票行動を結びつける媒介的な心理的変数についての分析を行う。具体的には，まず1976年のJABISS調査以降のデータを用いて，職業と支持政党・投票政党との関連の時系列的な持続と変化を確認する。次いで，03年総選挙時のデータを用いて，職業利益に関する認知や職業代表政党に関する認知についての分析を行う。その上で，職業利益に関する認知が投票政党の選択に及ぼす影響を明らかにする[2]。

2　職業と支持政党・投票政党：その持続と変化

　表1-1～表1-3は，JABISS（1976），JES（1983），JES Ⅱ（1993，1996），JES Ⅲ（2003，2005）という六つの時点における職業別の支持政党・投票政党を示したものである。データはすべて衆院選時のものであり，96年以降は比例代表での投票政党も示してある。なお，職業が家計維持者の職業であることは前章と同じであるが，すべての調査で同一の職業分類になるように再分類を行ったため，JES Ⅲデータに関しては前章における分類とは異なっている[3]。また政党に関しても分類に一貫性を持たせるために，自民，社共，

---

　[2]　宮野（2000）は，職業と支持政党との関係に関しては，こうした「職種」レベルの分析だけではなく，「業種」レベルの分析が重要であるとして（宮野自身は前者を「職業」，後者を「産業」と呼んでいる），自民党支持に対する両者の影響を分析し，これら二つの要因がいずれも自民党支持に影響を与えていることを示した。また，職業と党派的態度の関連を考える上では，勤め先の規模という変数も重要な意味を持つであろう（例えば，直井・徳安（1990）を参照）。本書ではこれらの要因については扱えなかった。今後の課題としたい。

第2章 職業と党派的態度：長期的変動と対立構造の認知

表1-1 職業と政党支持

76年	農林	自営	管理	事務	労務	無職
自民	55.9	40.3	34.5	21.5	23.1	47.2
社共	12.8	14.6	17.7	32.7	25.4	11.1
公明	0.5	3.4	2.7	1.2	7.0	0.0
その他	1.4	6.6	13.3	7.2	3.5	2.8
支持なし	29.4	34.7	31.0	37.1	40.5	38.9
83年	農林	自営	管理	事務	労務	無職
自民	73.4	59.3	50.0	30.5	37.4	—
社共	6.5	12.0	13.5	30.5	20.2	—
公明	0.5	7.3	2.8	5.5	6.3	—
その他	2.2	6.2	11.8	7.0	6.3	—
支持なし	16.3	14.9	20.8	26.2	29.2	—
93年	農林	自営	管理	事務	労務	無職
自民	67.9	52.7	44.2	35.0	39.3	46.4
社共	7.6	8.2	12.0	21.2	19.6	23.5
公明	2.3	5.7	4.0	3.6	6.8	3.4
その他	9.2	13.0	17.9	13.6	11.3	9.5
支持なし	13.0	20.5	21.9	26.5	22.8	17.3
96年	農林	自営	管理	事務	労務	無職
自民	58.1	48.3	41.9	26.0	33.9	38.5
社共	5.6	9.4	10.7	17.7	13.6	19.4
公明	—	—	—	—	—	—
その他	14.5	17.7	23.1	20.3	20.7	17.4
支持なし	21.8	24.5	24.4	35.7	31.8	24.7
03年	農林	自営	管理	事務	労務	無職
自民	71.4	51.8	47.8	33.3	42.0	46.5
社共	1.7	3.1	3.3	5.9	6.2	8.9
公明	0.8	6.4	2.2	6.2	6.2	4.9
その他	9.2	8.5	20.7	17.4	14.4	17.6
支持なし	16.8	30.2	26.1	37.3	31.1	22.1
05年	農林	自営	管理	事務	労務	無職
自民	76.5	54.1	41.1	34.4	42.7	49.0
社共	1.0	3.9	1.4	4.7	5.9	7.7
公明	1.0	6.6	4.1	6.3	8.5	3.2
その他	6.9	17.5	35.6	25.7	19.2	24.5
支持なし	14.7	17.9	17.8	28.9	23.7	15.5

数字は%
「その他」については、76年は民社，新自ク，83年は民社，新自ク，社民連，93年は民社，社民連，新生，さきがけ，日本新党，96年は新進，民主，さきがけ，03年は民主，保守新党，05年は民主，国民新党，新党日本である。96年に公明党は存在しない。自営は商工と自由を含み，事務は専門を含む。83年は家計維持者に無職はいない。

表1-2 職業と選挙区／小選挙区での投票政党

76年	農林	自営	管理	事務	労務	無職
自民	75.4	53.4	45.3	32.9	36.5	71.4
社共	20.2	25.2	33.7	52.6	40.6	10.7
公明	1.1	4.2	5.8	0.6	11.0	3.6
その他	1.7	13.9	10.5	12.1	8.9	14.3
83年	農林	自営	管理	事務	労務	無職
自民	83.2	67.6	51.9	43.8	47.0	—
社共	13.0	17.6	22.5	36.1	29.6	—
公明	2.2	7.4	5.9	8.2	10.5	—
その他	1.6	7.4	18.7	10.3	11.6	—
93年	農林	自営	管理	事務	労務	無職
自民	59.2	47.3	36.9	28.8	39.7	44.7
社共	8.0	14.5	22.8	29.0	22.6	28.2
公明	2.4	7.7	3.3	4.4	8.2	3.5
その他	26.4	27.1	29.5	34.2	25.4	18.8
96年	農林	自営	管理	事務	労務	無職
自民	68.1	49.4	47.5	36.0	36.6	45.3
社共	6.0	13.3	9.5	18.4	13.4	16.8
公明	—	—	—	—	—	—
その他	25.0	33.0	38.0	42.0	44.6	34.5
03年	農林	自営	管理	事務	労務	無職
自民	84.4	52.0	42.0	45.4	50.2	49.7
社共	2.1	4.0	7.2	9.7	7.4	10.3
公明	0.0	4.0	1.4	1.3	2.6	2.1
その他	10.4	34.1	47.8	38.2	32.7	35.9
05年	農林	自営	管理	事務	労務	無職
自民	75.5	57.2	47.3	43.8	49.4	51.8
社共	1.0	7.0	5.4	6.0	6.7	4.9
公明	0.0	2.1	1.4	3.0	3.1	3.3
その他	19.4	31.7	41.9	41.6	35.3	35.4

数字は%
「その他」については、76年は民社，新自ク，83年は民社，新自ク，社民連，93年は民社，社民連，新生，さきがけ，日本新党，96年は新進，民主，さきがけ，03年は民主，保守新党，05年は民主，国民新党，新党日本である。96年に公明党は存在しない。自営は商工と自由を含み，事務は専門を含む。83年は家計維持者に無職はいない。

---

3 具体的には，商工自営と自由業を自営としてまとめ，専門技術職と事務職を事務としてまとめた。なお，ここでも労務は販売・サービス職を含む。

表1-3　職業と比例代表での投票政党

96年	農林	自営	管理	事務	労務	無職
自民	69.0	49.3	44.8	25.9	34.9	39.6
社共	8.6	15.0	14.4	25.2	17.2	19.0
公明	—	—	—	—	—	—
その他	22.4	35.5	40.3	46.8	46.4	40.5
03年	農林	自営	管理	事務	労務	無職
自民	72.7	49.6	43.8	37.1	42.2	46.0
社共	1.0	4.8	6.8	12.0	6.5	10.3
公明	7.1	12.1	4.1	9.6	11.6	6.8
その他	19.2	33.6	45.2	41.4	39.6	37.0
05年	農林	自営	管理	事務	労務	無職
自民	65.0	49.8	37.8	38.0	41.4	49.4
社共	1.0	7.9	14.9	12.4	9.3	8.4
公明	10.0	10.9	9.5	11.5	14.7	7.8
その他	24.0	31.0	36.5	37.6	34.5	34.1

数字は%
「その他」については、96年は新進、民主、さきがけ、03年は民主、05年は民主、国民新党、新党日本である。96年に公明党は存在しない。自営は商工と自由を含み、事務は専門を含む。

公明，その他，支持なしの5分類とした。「その他」には時代ごとに様々な政党が含まれるが，表注にも示したとおり，中道あるいはネオ・リベラル的な政党（多くは新党）が多い。

まず支持政党について見ていくと，自民に関しては，76年から03年まで一貫して農林＞自営＞管理＞労務＞事務（無職はほぼ管理の上あるいは下）という順であり，上述の構図が明確に認められる。ただし，前章でも見たとおり，05年には管理と労務の逆転が見られる。社共に関しては，一貫して事務と労務での支持率が高い。ただし76年においては（支持なしを除き）これらのグループでの「第一党」であったが，83年に事務で自民に並ばれ，93年には両グループで自民に逆転されている。またいずれのグループにおいても社共の支持率は直線的に減っており，03年以降は一桁の支持率になっている。さらに93年以降は，これら両グループよりも無職における支持率の方が高くなり，支持者の高齢化が見て取れる。公明に関しては，一貫して労務と自営での支持率が高く，農林で低い。「その他」に関しては，管理が常に一位であり，また事務でもコンスタントに支持率が高く，このカテゴリーに含まれる政党がホワイトカラーを支持基盤としていることが分かる。最後に支持なしに関しては，一貫して事務および労務での比率が高いが，76年においては無職も多い。この時期においては，支持なし全体の中で，高齢者を中心とする「伝統的無党派層」（田中，2000）が多数を占めていたことを示すものと考えられる。

次に選挙区（93年までは中選挙区，96年以降は並立制の下での小選挙区）での投票政党を見ていくと，自民に関しては，無職を除けば農林と自営が一貫して一位と二位であり，一方で事務が03年を除いて常に最低である。管理は76年，83年，96年では有職中3番目だが，93年と03年以降は労務よりも低く，特に03年は事務よりも低い。社共は76年には事務と労務で「第一党」であった。83年にもそれら二つのグループでの投票率は他の職業に比べて高い

が，投票率自体では自民に抜かれている。93年になると，事務での投票率は自民を再逆転するが，「その他」よりは低い。また労務では自民，「その他」のいずれよりも低く，さらに管理や無職での投票率よりも低くなっている。それ以降も事務と労務での投票率が相対的に高いが（ただし05年では自営が最も高い），投票率自体は直線的に低下している。公明は，労務と自営での投票率が比較的高かったが，03年以降は小選挙区なので数値そのものが非常に小さくなる。「その他」については，農林での投票率が少ないこと以外，あまり特徴は見られない。

最後に，96年以降における比例代表での投票政党を見ると，自民党に関してはここでも農林の第一位，自営の第二位は一貫している。管理は96年では農林，自営に次ぐ三位であったが，03年に労務にほぼ並ばれ，05年には最下位となっている。社共は事務での投票率が一貫して高い。96年には労務がそれに次いでいたが，05年には管理が最も高いという結果になっている。公明は労務でやや高く，05年にはそれ以外の職業間の差は小さなものとなっている。「その他」に関しては，事務，管理，労務といった被雇用層での投票率が高い。

以上の結果からは，やはり96年までは自民党に対する支持および投票における「55年連合」対「管理以外の被雇用層」という構図がかなり明確であったのに対し4，投票では03年以降，支持でも05年には管理と労務の逆転が見られ，この間に上記の対立の構図が不安定化し，同時に「再分配依存セクター」対「大企業労使連合」という新たな対立の構図が浮かび上がってきたことが見てとれる。ただし，今後どちらの構図がよりセイリエントになるかは現時点では明らかではなく，場合によっては選挙ごとの主要争点や社会経済状況の違いによって，どちらの構図がセイリエントになるかが決まるといった事態も予想される。

3　職業利益認知の構造と投票行動への影響

(1) 利益の一致度

4　ただし，自民党分裂後の特殊な状況での選挙であった93年総選挙での投票行動（管理職の多くが新党に投票した）は例外とする。

そこで以下，客観的な属性としての職業と投票行動とを媒介する心理的な変数について明らかにしていきたい。まず有権者は，自分自身の利益がどのような職業的カテゴリーの人々の利益と一致すると考えているのであろうか。03年調査では，「あなた自身の利益と次の人々の利益はどの程度一致すると思いますか」という質問を行い，①大企業の経営者，②中小企業の経営者，③大企業で働く人々，④中小企業で働く人々，⑤公務員，⑥農林漁業に従事している人々，のそれぞれについて，「ほとんど一致しない」から「かなり一致する」までの4段階での回答を求めた。表2は，回答者の職業（家計維持者の職業）別に，それぞれの職業カテゴリーとの間で認知された利益の一致度の平均値を示したものである。数値は「ほとんど一致しない」を0，「かなり一致する」を1とした場合のものである[5]。なお各職業カテゴリーについて，回答者の職業によって平均値が異なるかどうかを一元配置分散分析とその後の多重比較で確認した。

まず，回答者の職業別の特徴を見ていくと，農林水産業では予想されるとおり「農林漁業従事者」の値が突出して高い。他のカテゴリーの中では「中小企業で働く人々」の値が相対的に高い。商工自営についても，予想どおり

表2　職業別に見た利益の一致度の認知

	大経営	中小経営	大労働	中小労働	公務員	農林漁業
農林	.16	.24	.19	.30	.19	.71
商工	.17	.41	.21	.44	.21	.30
管理	.31	.37	.40	.45	.31	.26
専門	.21	.31	.32	.47	.33	.28
事務	.21	.28	.30	.45	.37	.29
労務	.17	.26	.24	.40	.21	.27
自由	.19	.37	.20	.39	.29	.31
F値	3.12	6.67	5.80	2.75	7.79	24.47
有意確率	p<.01	p<.01	p<.01	p<.05	p<.01	p<.01
eta	.14	.21	.19	.14	.23	.38
有意差のある組合せ (p<.05)	管理>農林 管理>商工 管理>労務	商工>農林 商工>事務 商工>労務	管理>農林 管理>商工 管理>労務 管理>自由 事務>商工	商工>農林 専門>農林 事務>農林	事務>農林 事務>商工 事務>労務	農林>商工 農林>管理 農林>専門 農林>事務 農林>労務 農林>自由

5　コーディングは，「ほとんど一致しない」＝0，「あまり一致しない」＝0.33，「やや一致する」＝0.67，「かなり一致する」＝1である。なお，「無職」は分析から除いてある。

「中小企業で働く人々」,「中小企業の経営者」の値が高い。特に「中小企業の経営者」に関しては，回答者の職業グループ中最も高い値を示している。管理職については,「中小企業で働く人々」と「大企業で働く人々」が値としては最も高いが,「中小企業の経営者」と「大企業の経営者」についても，他の回答者グループとの比較において注目すべき結果となっている。すなわち前者に関しては商工自営に次ぐ値，そして後者に関しては突出して最も高い値を示している。専門職でも,「中小企業で働く人々」の値が最も高いが,「公務員」で事務職に次ぐ値,「大企業で働く人々」で管理職に次ぐ値となっていることも特徴的である。事務職でも，最も高い値を示すのは「中小企業で働く人々」だが,「公務員」で回答者グループ中最高の値,「大企業で働く人々」で管理職，専門技術職に次ぐ値となっている点に特徴が見られる。労務職では「中小企業で働く人々」の値が高いこと以外，明確な特徴は見られない。最後に自由業も，やはり予想されるとおり,「中小企業で働く人々」と「中小企業の経営者」の値が高く，後者については管理職と並んで商工自営に次ぐ値となっている。

　以上の結果から，回答者の職業利益の認知は，やはり本人（あるいは家計維持者）の職業を反映したものとなっていることが分かる。ただし同時に，本人の職業にかかわらず,「中小企業で働く人々」の利益との一致度が高く認知されていることも注目される。この値は農林水産業で二位である以外，すべての職業グループで最も高く，日本の有権者の職業利益認知の最大公約数が「中小企業で働く人々」であることが推測される。

　こうした点は分散分析の結果にも反映されている。すべての職業カテゴリーについて，回答者グループ間に有意な差が認められるが，ほとんどのグループが高い値を示す「中小企業で働く人々」のみが５％水準で有意，他のカテゴリーはすべて１％水準で有意となっており，農林水産業が突出した値を示す「農林漁業従事者」でEtaの値も突出して大きい。また多重比較の結果は上述の各回答者グループの特徴を確認するもので,「大企業の経営者」および「大企業で働く人々」における管理職,「中小企業の経営者」における商工自営,「公務員」における事務職,「農林漁業従事者」における農林水産業のそれぞれの一致度の高さ,「中小企業で働く人々」における農林水産業の一致度の低さなどが裏付けられる結果となっている。

(2) 職業利益に関する対立軸の認知

次に，こうした職業的な利益に関して，どのような対立軸の存在を有権者が認知しているのかについて見ていきたい。表3は，表2で見た6項目の利益一致度に関する認知の間の相関を示したものである。すべての項目間に有意な正の相関が見られることから，六つの職業カテゴリー間に明確な利害対立は認知されていないように見える。ただし，相関の大きさにはばらつきがあり，最も大きな相関は大企業の労使間，次いで中小企業の労使間に見られる。言い換えれば，大企業の労使間および中小企業の労使間の利害は対立するものではなく，一致するものとして認知されている。大企業と中小企業の経営者の間，大企業と中小企業の労働者の間，といった同じ立場同士の間の相関も相対的に高く，大企業と中小企業というセクター間の対立も認知されていない。このほか大企業の労働者と中小企業の経営者や公務員との間の相関も比較的高く，農林漁業が相対的に孤立しているように見える。

そこでさらに，これら6項目について因子分析を行い，より明確な対立軸の析出を試みた。ただし，上述のように6項目間の相関はすべて有意な正の相関であり，このままの形で因子分析を行っても意味のある因子の抽出が行われない可能性がある[6]。項目間の相関に関してこうした結果をもたらした原因の一つに，6項目すべてに相対的に高い値を与える回答者と低い値を与える回答者の存在が考えられる。そこで，6項目への回答を，すべて個々の回答者内の偏差値に変換したうえで因子分析を行った結果が表4である[7]。

表3 利益一致度の相関

	大経営	中小経営	大労働	中小労働	公務員	農林漁業
大経営	—	.52	.61	.26	.39	.30
中小経営		—	.46	.56	.31	.33
大労働			—	.46	.47	.33
中小労働				—	.30	.33
公務員					—	.35
農林漁業						—

すべての相関係数は p<.01（両側検定）で有意。

---

[6] 実際に，このままの形で因子分析を行うと，固有値1以上の因子は一つしか抽出されず，全ての項目がその因子にプラスに負荷するという結果となり，対立軸は析出されなかった。

[7] 個々の回答者に関して6項目の回答の平均値と標準偏差を算出し，それぞれの項目への回答を標準得点化したものを因子分析に投入した。

表4　利益一致度に関する因子構造

	大経営	中小経営	大労働	中小労働	公務員	農林漁業	%TV
I	.23	.85	−.24	.25	−.74	−.25	25.2
II	.83	.03	.12	−.88	.04	.06	24.1
III	.24	−.07	.80	.16	−.08	−.81	23.1

主成分法，バリマックス回転後の負荷量．

ここには，六つの職業カテゴリー中の二つずつが組になった3本の対立軸が見て取れる．すなわち，「中小企業の経営者」対「公務員」，「大企業の経営者」対「中小企業で働く人々」，「大企業で働く人々」対「農林漁業従事者」である．これらの認知された対立軸の意味について断定的な結論を下すにはさらなる分析が必要であろうが，暫定的に，第一の「中小企業の経営者」対「公務員」に関しては，民間部門と公共部門（あるいは厳しい経営努力を強いられる者と身分の安定した者）との利益の不一致の象徴，第二の「大企業の経営者」対「中小企業で働く人々」に関しては，民間部門内における労使（あるいは立場の強いものと弱いもの）の利益の不一致の象徴，第三の「大企業で働く人々」対「農林漁業従事者」については，産業間（あるいは都市部と農村部，市場志向と再分配志向）における利益の不一致の象徴と解釈しておきたい．いずれにしても，有権者の認知における職業利益間の対立は，それほど単純なロジックで成り立ってはいないように見える．

(3) 職業代表政党に関する認知

それでは有権者はそれぞれの職業カテゴリーの利益をどの政党が代表していると考えているのであろうか．表5は，上と同じ六つの職業カテゴリーについて，「その利益を一番よく代表する政党」を一つずつ挙げてもらった結果である．

表5　認知された職業代表政党

	自民	民主	公明	社民	共産	他	なし	DK
大企業経営者	61.6	3.9	0.9	0.9	0.7	0.0	5.5	26.4
中小企業経営者	15.9	18.5	5.5	4.9	10.4	0.3	9.6	34.9
大企業労働者	43.0	9.7	1.2	2.2	1.9	0.2	7.3	34.4
中小企業労働者	11.5	18.6	5.3	6.7	10.4	0.4	10.1	37.0
公務員	38.6	7.0	1.7	4.2	3.8	0.3	7.5	37.0
農林漁業	44.5	3.9	2.1	2.1	2.9	0.3	7.4	36.8

数字は%．
「その他」には保守新党を含む．「なし」には「どれも同じ」を含む．「DK」はNAを含む．

まず注意すべきは,「中小企業で働く人々」,「公務員」,「農林漁業従事者」ではそれぞれ37％の回答者が高いDK率を示し,最もDK率が低い「大企業の経営者」でも4人に1人以上の回答者が「分からない」と回答しており,この質問に関してはDKの率がかなり高いことである。ある職業とその利益を代表する政党との繋がりに関しては明確なイメージを持たない有権者も多いことが分かる。また,「そのような政党はない」という回答も各カテゴリーを通じて数％から10％程度存在しており,特に「中小企業で働く人々」が最も多く10％を超えている。

　次に,個々の利益について見ていくと,「大企業の経営者」,「農林漁業従事者」,「大企業で働く人々」,「公務員」の4カテゴリーについては,自民党がほぼ独占的にその利益を代表する政党であると認知されていることが分かる。この傾向が特に顕著であるのが「大企業の経営者」で,6割以上の回答者が代表政党を自民党と回答している。他方,「大企業で働く人々」と「公務員」については,民主党もそれぞれ10％と7％の回答者から,代表政党として挙げられている。残る「中小企業の経営者」と「中小企業で働く人々」に関しては,いずれも民主党が19％と最も多くの回答者から利益を代表する政党として挙げられている。ただし,いずれについても自民党も第二位に挙げられている。またこの二つのカテゴリーに関しては共産党を挙げる回答者も10％以上おり,公明,社民の両党についても,相対的に最も多くの回答者が挙げているのがこの両カテゴリーである。

　以上の結果からは,①有権者は自民党が中小企業労使を除く全ての職業の利益を最もよく代表する政党であり,中小企業労使の利益についても民主党に次いでよく代表する,その意味ではキャッチオール型の政党だと認知している,②ただし,相対的には自民党は大企業労使,農林漁業,公務員の利益を代表する政党であると認知され,民主党以下の政党は中小企業労使の利益を相対的に代表している政党だと考えられていること,③ただし,こうした構図は先に見た有権者の職業と支持政党との実際の関係から考えるといささかずれがあると考えられること(例えば,中小の自営業者は圧倒的に自民党支持であること,逆に大企業のホワイトカラーや公務員には民主党支持者も多いことなど),④また,有権者の認知においては大企業労使,農林漁業,公務員が(自民党との結びつきが強いという意味で)「政治的な強者」であり,中小企業労使(特に労)が「政治的な弱者」であるという構図が存在してい

るように思われること，⑤大企業においても中小企業においても労使の利益は一体として捉えられているように見えること，といった興味深い傾向が読み取れる。

(4) 職業利益認知と投票行動

最後に，職業利益に関する認知が投票行動に与える影響を検証するため，多項ロジスティック回帰分析を行った。従属変数は比例代表における投票政党で，民主，公明，社共にカテゴライズされている（参照カテゴリーは自民）。また独立変数に関しては，回答者（家計維持者）の実際の職業のみ，6項目の利益一致度の認知のみ，それらの両方，という三つのモデルで分析を行った。いずれのモデルに関しても性別と年齢もコントロール変数として投入した[8]。結果は表6の通りである。

まず職業のみのモデルでは，自民か民主かに対しては，(農林水産業に対して) 他のすべての職業が民主に有利に働いている。また自民か公明かに対しては，(農林漁業に対して) 自営あるいは労務職であることが公明に有利に働いている。さらに，自民か社共かに対しては，(農林漁業に対して) 他のすべての職業が社共に有利に働いている。

次に，利益一致度の認知のみのモデルを見てみると，まず自民か民主かに対しては，「農林漁業従事者」，「大企業の経営者」との一致が自民に有利に働き，「公務員」との一致が民主に有利に働いている。また自民か公明かに対しては，有意な効果を示す項目はない。最後に自民か社共かに対しては，「大企業の経営者」との一致が自民に有利に働き，「公務員」，「中小企業で働く人々」との一致が社共に有利に働いている[9]。

---

8 性別に関しては，男性＝1，女性＝0，年齢に関しては10歳刻みのダミー変数（参照カテゴリーは20代），本人（あるいは家計維持者）の職業に関しては，商工自営と自由業を「自営」としてまとめた（参照カテゴリーは農林水産業）。利益の一致度に関しては注5（36頁）を参照。なお，本人あるいは家計維持者が有職者である回答者のみが分析に投入された。

9 表5における職業代表政党の認知において「公務員」の利益を最も代表すると考えられているのは自民党であるにもかかわらず，ここでの分析では「公務員」の利益との一致は（自民に対して）民主と社共への投票を促進する方向に働いていることは興味深い。すなわち，回答者全体を通じての平

表6　職業利益と比例代表投票政党

	民主	公明	社共	民主	公明	社共	民主	公明	社共
男性	0.48***	−0.32	0.36	0.46**	−0.22	0.48	0.47**	−0.22	0.56**
30代	−0.04	−0.36	−0.20	−0.25	−0.65	0.79	−0.30	−0.68	0.73
40代	0.04	0.22	0.54	0.28	0.14	2.01*	0.25	0.13	2.00*
50代	−0.41	−0.72	−0.08	−0.28	−0.84	1.19	−0.28	−0.88	1.34
60代以上	−1.21***	−1.05**	−0.65	−1.05***	−1.25**	0.44	−0.97**	−1.38**	0.81
自営	0.77***	0.79*	1.81*	—	—	—	0.65	−0.28	1.32
管理	1.00***	−0.29	2.16*	—	—	—	0.67	−0.98	1.80
専門	1.08***	0.61	2.84***	—	—	—	1.16**	−0.45	2.86**
事務	0.88***	0.37	2.75***	—	—	—	0.71	−0.66	2.29**
労務	0.97***	0.77*	2.22**	—	—	—	0.81*	−0.39	1.75
大経営	—	—	—	−0.85*	0.07	−1.62*	−0.89*	0.10	−1.65*
中小経営	—	—	—	−0.00	−0.31	−0.33	−0.01	−0.40	−0.14
大労働	—	—	—	0.16	−0.98	−0.62	0.11	−0.85	−0.85
中小労働	—	—	—	0.44	0.69	1.08*	0.39	0.69	1.00*
公務員	—	—	—	0.81**	0.41	1.20**	0.73**	0.53	0.75
農林漁業	—	—	—	−0.77***	−0.48	−0.63	−0.51	−0.68	−0.15
(constant)	−0.76*	−1.36**	−4.10***	−0.00	−0.67	−3.10***	−0.73	−0.18	−5.07***
NagelkerkeR-sq	.14			.14			.17		
モデルの有意確率	p<.01			p<.01			p<.01		

* p<.10　** p<.05　*** p<.01
数字はロジスティック回帰係数。
従属変数の参照カテゴリーは自民党。職業ダミーの参照カテゴリーは農林漁業。
年齢ダミーの参照カテゴリーは20代。「自営」は商工と自由業を含む。

　最後に職業と利益一致度の両方を独立変数とするモデルでは，まず自民か民主化に対しては，職業では（農林漁業に対して）専門職と労務職が民主に有利に働き，利益一致度では「大企業の経営者」との一致が自民に有利に，「公務員」との一致が民主に有利に働いている。次に自民か公明かに対しては，職業，利益一致度のいずれに関しても有意な効果は認められない。さらに，自民か社共かに関しては，職業では（農林漁業に対して）専門職と事務職が社共に有利に働き，利益一致度では「大企業の経営者」との一致が自民に有利に働き，「中小企業で働く人々」との一致が社共に有利に働いている。

　以上の結果から言えることとして，第一に，比例代表での投票政党に対して，本人（あるいは家計維持者）の職業は明確に影響を及ぼしている。ただ

　　均的なイメージにおいては「公務員」の利益を代表する政党は自民党であるが，自分自身の利益が「公務員」の利益と一致すると考えている回答者に限って言えば，そうした認知は自民党ではなく民主党や社共両党への投票に結びついている。

しこの影響力は，自民か民主か，自民か社民かを決定する場合に比べて，自民か公明かを決定する場合には弱いものとなる。第二に，様々な職業的カテゴリーとの利益一致度の認知は，自民か民主か，自民か社共かの決定においては有意な影響を及ぼしているが，自民か公明かについては効果を持たない。言い換えれば，自民党投票者と公明党投票者を職業利益に関する認知によって弁別することはできない。第三に，自民か民主か，自民か社共か，に関しては，利益一致度の認知は職業をコントロールしても有意な効果を示している。すなわち，客観的な属性としての職業と，主観的な要因としての利益一致度の認知は，相互に独立に投票行動に影響を与えている。より厳密に言えば，職業は部分的には職業利益に関する認知を経由し，部分的にはそれを経由せずに投票行動に影響を及ぼしている。第四に，こうした利益一致度の効果の内容に関してはいずれも予想される通りのものではあるが，「中小企業の経営者」との利益の一致度が自民党への投票を促進する効果が見られないなど，予測と異なる点も存在する。こうした結果となった理由については更なる検討が必要であろう。

4 まとめ

　以上，本章では職業と政党支持・投票行動との関連についての分析を進めた。まず過去30年ほどの長期的なタイムスパンにおける，こうした関連の実態について確認した。その結果，90年代の後半から2000年代初頭にかけて，管理職と労務職のポジションの移動を原因として，「55年連合」対「管理職ではない被雇用者」という構図の不安定化が生じたことが明らかになった。

　次いで，職業と投票行動との関連を媒介する心理的要因についての分析を行った。まず，自分自身の利益が六つの職業的カテゴリーの利益とどの程度一致するかについての認知については，そこには確かに本人の職業を反映した認知が認められた。また職業的利益に関して認知された対立軸として，「中小企業の経営者」対「公務員」，「大企業の経営者」対「中小企業で働く人々」，「大企業で働く人々」対「農林漁業従事者」の三つが析出されたが，個々の軸の意味については必ずしも自明ではない。

　さらに，各職業カテゴリーの利益を代表すると考えられる政党を質問したところ，自民党は大企業労使，農林漁業，公務員などの利益を代表する政党，民主党は中小企業労使の利益を代表する政党との認知が見られたが，この認

知と現実の職業と支持政党との関連との間には若干のずれが存在している。最後に，職業と利益一致度の認知を独立変数とし，比例代表での投票政党を従属変数とする多項ロジスティック回帰分析により，職業的要因が投票行動に与える影響を検討した。その結果，職業と利益一致度の認知のいずれもが，投票行動に影響を与えていることが明らかになった。

第3章

階層・価値観・ネットワーク

1 はじめに

　これまでの二つの章では，職業を中心とした有権者の属性と投票行動の関連を見てきた。そこでの分析結果は，少なくとも職業に関しては，それほど強いとは言えないにしても，日本政治に特徴的な政党－支持者関係のロジックによって投票行動との明確な関連が認められるというものであった。ただしそれはヨーロッパ的な社会的亀裂モデルやアメリカにおける社会経済的地位（SES）モデルとは異なるものであり，それがこれまで日本において社会階層研究の議論と投票行動研究の議論がうまく噛み合ってこなかった理由の一つであると思われる[1]。

　しかし今日，社会階層や社会的格差の問題が注目を集める中で，改めて階層と投票行動の問題を検討することには大きな意味があると考えられる。そこで以下，本章では，2003年衆院選時のデータを用いて，まず多次元的な階層構造の析出自体を試みた後，その結果を用いて，有権者の階層的属性がどのように投票行動に結び付いているのかを明らかにする。その際，そうした階層的属性の直接的な効果のみでなく，階層的属性と投票行動を媒介すると考えられるいくつかの変数，具体的には，階層帰属意識や価値観といった心理的変数，団体加入や人脈といった社会的変数などを経由しての間接的な効果についても注目したい。

1　現代日本の社会階層については，主として社会学の領域において継続的な大規模調査（SSM調査）が行われてきた。本書の執筆時点（2006年）においてすでに結果が公表されている最新の調査は1995年に行われたもので，階層と政治意識・政治行動との関連については片瀬（1998），海野（2000）などにまとめられている。

2 階層的属性の多次元的構造

初めに，有権者の階層的属性の構造を確認しておこう。分析に用いる変数は，03年調査において質問された四つの階層的属性変数，すなわち「家計維持者の職業」，「学歴」，「居住形態」，「選挙の前年における世帯収入」である。これら4変数の次元構造を見るために，ここではカテゴリカルな主成分分析を行った。この手法は職業のような名義的な変数を含む変数間の次元構造を見るのに適した分析方法である[2]。分析の結果，二つの次元からなる構造が得られた。図1は，この2次元平面上における各変数のベクトルを示したものである。図が煩雑になるのを避けるため，図中には各変数の両端のカテゴリーのみを示した。各カテゴリーの二つの次元上の位置については表1に示す通りである。

この結果を見ると，まず第Ⅰ次元に沿って図の左から右にかけて職業に関するベクトルが横切っている。各カテゴリーの並びは，左から農林漁業，販売・サービス・労務職，商工サービス業，専門技術職，事務職，自由業，管理職である。すなわち，最もマイナスの側に農林漁業が位置し，次いで販売・サービス・労務職と商工サービス業者が一つのグループをなし，さらに原点をはさんで専門技術職，事務職，自由業のグループが位置し，最後に最もプラスの側に管理職が位置するという構図となっている。従って，職業に関しては，概してプラスの方向に行くほどホワイトカラー的職業であると言って

---

[2] カテゴリカルな主成分分析を行うためには各変数のカテゴリーを事前にどのようにまとめておくかが重要になる。予備的な分析の結果，ここでは4変数を次のような形にまとめて分析を行った。職業：農林漁業，商工サービス業，自由業，管理職，専門技術職，事務職，販売・サービス・労務職。学歴：中卒以下，高校卒，短大・高専卒，大学・大学院卒。居住形態：持家（一戸建て），分譲マンション，借家・社宅，賃貸アパート・マンション。収入（税込み年収）：400万未満，400万以上600万未満，600万以上800万未満，800万以上，DK・NA。職業に関して，商工サービス業はごく少数の家族従業者を除いてすべて自営である。また年収のカテゴリーにDK・NAを含めたのは，これを除くとサンプル数がかなり減少すること，また予備的な分析からこのグループは中間的な年収のグループと似た特徴を持つことがある程度予想できたことによる。なお，分析においては4変数をいずれも名義的変数として扱った。

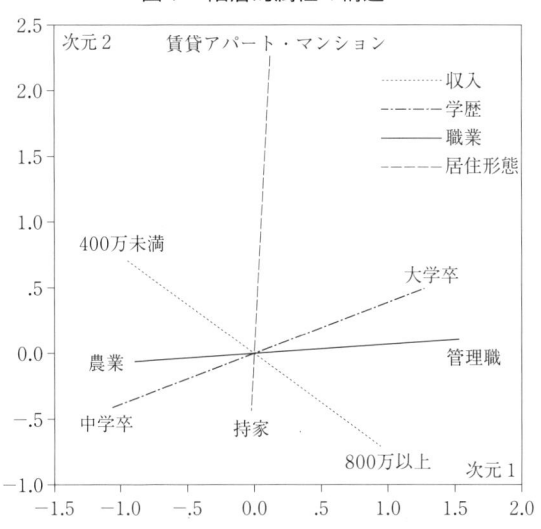

図1 階層的属性の構造

表1 各カテゴリーの2つの次元上の位置

職業	農林	労務	商工	専門	事務	自由	管理
次元1	−1.31	−0.61	−0.21	0.70	0.85	0.92	1.54
次元2	−0.09	−0.04	−0.02	0.05	0.06	0.06	0.11
学歴	中学卒	高校卒	短大卒	大学卒			
次元1	−1.04	−0.23	0.30	1.30			
次元2	−0.40	−0.09	0.23	0.50			
収入	～399	～599	DK/NA	～799	800～		
次元1	−1.00	−0.40	−0.05	0.25	0.96		
次元2	0.74	0.29	0.04	−0.19	−0.71		
居住形態	持家	分譲	借家	賃貸			
次元1	−0.02	0.01	0.05	0.12			
次元2	−0.43	0.17	1.01	2.27			

よいだろう。

次に，これとほぼ直角に交わる形で（すなわち第Ⅱ次元に沿って），図の上から下にかけて居住形態のベクトルが位置している。各カテゴリーの並びは，上から賃貸アパート・マンション，借家・社宅，分譲マンション，持家（一戸建て）であり，図の下に行くほど持家かつ一戸建てという居住形態，上に行くほど賃貸かつ集合住宅という居住形態である。

他の二つの変数は，この職業と居住形態という二つのベクトルを架橋する

ような形で，図中を斜めに横切っている。すなわち，まず学歴は，図の左下（すなわち，非ホワイトカラー的職業かつ持家一戸建て）の中学卒から，高校卒，短大卒を経て，右上（すなわち，ホワイトカラー的職業かつ賃貸集合住宅）の大学卒に至るという並びとなっている。また収入は，図の左上（すなわち，非ホワイトカラー的職業かつ賃貸集合住宅）の400万未満から，400万～600万，DK・NA，600万～800万を経て，右下（すなわち，ホワイトカラー的職業かつ持家一戸建て）の800万以上に至るという布置を示している。

以上の結果から，これら四つの階層的属性は，それぞれが相互に関連を持ちながらも全く同一の次元をなすことのない，円環的な構造をなしていることが明らかとなった。そこで以下の分析においては，これらの4変数をそれぞれ独立した階層的属性変数としてモデルに投入することとする。各変数のそれぞれのカテゴリーには，上記の分析に伴う数量化によって与えられた値（各変数ごとに，平均値0，分散1に標準化される）が割り当てられることにより，各変数とも数値型の変数として扱われる。なお，以下の分析結果を理解しやすくするため，居住形態に関しては尺度を反転させた。すなわち，各変数におけるプラスの方向は，それぞれホワイトカラー的職業，持家一戸建て，高学歴，高収入を意味することとなる。

3 媒介的諸変数の定義

次に，4種類の媒介的変数，すなわち階層帰属，価値観，団体加入，人脈について定義しておこう。それぞれの媒介的変数は，いずれも複数の質問項目から構成されている。

まず階層帰属はそれぞれ5段階尺度で質問した階層帰属意識と生活満足度からなっている。生活満足度を加えたのは，より認知的な階層帰属意識と，より直接的な生活への満足のいずれが党派的態度により大きな影響を与えているのか（あるいは双方とも同じような重要性を持つのか）を確認するためである[3]。

---

(3) 階層帰属意識は，下の下，下の上，中の下，中の上，上，の五つのカテゴリーからなっており，下の下が1，上が5となるようにコーディングした。また，生活満足度については，不満が1，満足が5となるようにコーディングした。

次に価値観についてであるが，03年衆院選の事前調査では広義の価値観に関するかなり多くの質問が行われているため，まずこれらの質問項目からいくつかの価値観尺度を抽出することにした。すなわち，まず価値観に関する35の項目を因子分析にかけ，固有値1.0以上の10個の因子についてさらにバリマックス回転を施した[4]。結果は表2に示すとおりである。回転後の10個

表2　価値観に関する因子分析の結果

	I	II	III	IV	V	VI	VII	VIII	IX	X
結局は正直者が損をする	.73									
自分は世間の人に入れられない	.67									
自分の夢は実現できそうにない	.62									
どの情報を信じてよいか分からない	.59		.31							
結局学歴やお金がものを言う	.55									
助けた人から助けてもらえる		.75								
人を助ければ誰かが助けてくれる		.71								
ほとんどの人は信頼できる	-.33	.60								
人は信頼されれば他人を信頼する		.55			.32					
人々の暮らし向きは悪化している			.74							
子供の将来に希望が持てない			.70							
政治家は我々のことを考えていない			.65							
日本は悪い方向に向かっている			.64							
世間は情けが薄くなってきている			.47							
助けてもらった人を助けるべきだ				.75						
助けられたら誰かを助けるべきだ				.74						
年頃の男女は別学にすべきだ				-.54						
努力すれば何でも出来る					.73					
一生懸命話せば分かってもらえる					.72					
人の求めに応じれば自分の望みもかなう		.49			.58					
人の求めを知ればうまくやっていける		.30			.40					
国を愛する気持ちを育てるべき						.65				
個人の利益より国民全体の利益が大事						.62				
国や社会のことにもっと目を向けるべき						.58				
心の豊かさやゆとりのある生活を重視						.51				
上の者は下に威厳をもって接すべき							.68			
しきたりを破るものには厳しい制裁を							.57			
力のある者とない者がいるのは当然							.55			
親の言うことには従うべき				-.36			.55			
将来への備えに力を入れたい								.75		
先のことを考えても仕方がない	.31							-.32		
国や社会のために何かをしたい									.61	-.31
収入よりも自由な時間を増やしたい									.59	
脱物質志向										.76
機会があれば外国で生活したい								.38	.41	.48
%TV	7.5	7.3	7.0	5.6	5.6	4.8	4.7	3.8	3.7	3.2

主成分法による因子抽出，バリマックス回転後の負荷量が.30以上のもののみを示す。

4　分析に投入された35項目中25項目は，いずれもある言明（例えば，「世の

の因子得点を（必要に応じて方向を反転させた上で）価値観に関する10変数，すなわち（第Ⅰ因子から順に）「疎外感」，「信頼感」，「悲観」，「互酬規範」，「有効感」，「公志向」，「権威志向」，「将来志向」，「社会貢献」，「脱物質志向」の値とした[5]。

　次に団体加入については，14の団体・グループへの加入に関する質問を因子分析にかけ，固有値1.0以上の5因子についてバリマックス回転を行った[6]。結果は表3のとおりである。この回転後の因子得点を団体加入に関する五つの変数，すなわち（第Ⅰ因子から順に）「同窓会・仲間グループへの加入」，「地域・業界団体への加入」，「市民・ボランティア団体への加入」，「消費者団体・ＰＴＡへの加入」，「労働組合への加入」の値とした。ここで注意を要するのは，「同窓会・仲間グループ」から「ＰＴＡ・消費者団体」までの4変数に関しては，その値がプラスになることが単純にそれらの団体への加入を意

　　中のしきたりを破る者には，厳しい制裁を加えるべきだ」，「ほとんどの人は信頼できる」）に対して，「そう思う」から「そう思わない」までの5段階で回答する形式であり，また9項目は，自分の考えが対立する二つの言明（例えば「Ａ．国や社会のことにもっと目を向けるべきだ」，「Ｂ．個人の生活の充実をもっと重視すべきだ」）のいずれに近いかを「Ａに近い」から「Ｂに近い」までの4段階の尺度で回答する形式となっている。また，残りの1項目は脱物質主義に関する質問から算出されたもので，「わが国の国家目標としては，この中のどれを重く見るべきだと思いますか」という質問に対して物質主義的項目（「国内の秩序を維持する」，「経済を安定させる」）を二つ選んだ場合（−2）から，脱物質主義的項目（「政策決定に国民の声を反映させる」，「言論の自由を守る」）を二つ選んだ場合（2）までの5段階の尺度である。

5　いずれの変数についても，プラスの方向がそれぞれの価値観をより強く持つことを意味するように方向を整えてある。

6　まず質問への回答を，14の団体やグループのそれぞれについて，「メンバーではない」（0），「メンバーになっている程度」（1），「メンバーとして積極的に参加している」（2）の3段階尺度に変換したうえで，因子分析に投入した。なお，加入団体についての質問は事後調査に含まれているので，厳密に言えばこの変数によって（事前調査で質問した）支持政党を予測することには問題があるが，選挙の直前から直後という短期間に加入団体が変わることはほとんどないと考えられることから，この変数も独立変数として用いることとした。

味している（すなわち単極的な変数である）のに対し，「労働組合」に関しては，プラスの方向が労働組合への加入を，マイナスの方向が宗教団体への加入を意味する（すなわち双極的変数である）ということである。

最後に人脈に関しては，いわゆる position generator (Lin, 2001; Lin et al., 2001) による質問に基づき変数を作成した[7]。質問の形は，「町内会・自治会の役員」，「国会議員」，「警察官」など23の職業について，そうした仕事に就いている知り合い（「話をすることがあるくらいよく知っている人」）がいるかどうかを聞くというものである。もともと Lin らの研究は，こうした質問への回答をもとに，その回答者の人的ネットワークの多様性，知り合いの人々の職業的威信の高さや幅などを分析するものであるが，ここでは人脈のクラスターを析出することを目的として，まず回答者にその職業に就いている知り合いがいる場合には1，いない場合には0をとる23の変数を作成したうえで[8]，これらの変数に関する因子分析を行い，固有値1.0以上の5因子についてバリマックス回転を施した。結果は表4のとおりである。そして回転後の因子得点を人脈に関する五つの変数，すなわち（第Ⅰ因子から順に）「地域的人脈」，「地方政治・行政人脈」，「高等教育人脈」，「国政人脈」，

表3 団体加入に関する因子分析の結果

	Ⅰ	Ⅱ	Ⅲ	Ⅳ	Ⅴ
趣味や遊びのグループ	.82				
習い事や学習のグループ	.73				
職場仲間のグループ	.65	.30			
学校の同窓会	.47	.37			
農協・同業者団体		.70			
政治家の後援会		.68			
自治会・町内会		.50			
NPO・NGO			.80		
ボランティア団体	.30		.60		
住民運動・市民運動団体			.45	.53	
PTA				.80	
生協・消費者団体				.67	
労働組合					.70
宗教団体					−.69
%TV	14.5	12.5	10.1	9.4	7.5

主成分法による因子抽出，バリマックス回転後の負荷量が.30以上のもののみを示す。

---

7 この変数のみは03年4月の統一地方選挙に先立って同年3月に行われた調査（03年統一選調査）のデータを用いている。そのため，以下の分析においてこの変数を独立変数あるいは従属変数として含むモデルでは，この調査に回答していない回答者の数だけサンプル数が減少していることに留意する必要がある。

8 実際には，個々の職業について，男性の知り合いがいるかどうかと女性の知り合いがいるかどうかを別々に質問しているが，ここでは男女いずれかの知り合いがいれば1，いずれの知り合いもいなければ0とした。

表4 人脈に関する因子分析の結果

	I	II	III	IV	V
看護士	.71				
小売店主	.65				
医師	.65				
小学校教諭	.59				
郵便配達	.49	.42			
町内会・自治会の役員	.45	.39			
警察官	.39				
ボランティア・市民運動団体の役員	.34			.31	
市区町村の部課長以上の役職者		.74			
市区町村の首長		.65			
都道府県の部課長以上の役職者		.53	.51		
地方議会の議員		.52		.42	
同業組合の役員		.44			.44
記者・ディレクター・編集者			.60		
中央官庁の部課長以上の役職者			.60		
情報処理技術者・プログラマー			.57		
裁判官・弁護士			.54	.35	
議員秘書・後援会の世話役				.72	
国会議員				.66	
大企業の社長				.39	.46
労働組合の役員					.73
守衛・ビル管理人					.54
ウェイター・ウェイトレス	.42				.43
%TV	13.0	11.1	9.4	8.6	6.4

主成分法による因子抽出, バリマックス回転後の負荷量が.30以上のもののみを示す。

4 媒介的諸変数に対する階層的変数の影響

それでは，こうした媒介的諸変数は階層的な属性の影響をどのように受けているのであろうか。この点を確認するために，四つの階層的属性変数を独立変数とし，個々の媒介的変数を従属変数とする重回帰分析を行った。独立変数にはコントロール変数として性別と年齢も投入した[9]。ま「労働人脈」の値とした。

表5 階層帰属・価値観に対する階層的属性の影響

	生活満足	階層帰属	疎外	信頼感	悲観	互酬	有効感	公志向	権威	将来
男性	−.00	.02	−.07**	.06*	−.10***	−.04	−.02	.05	.08**	.03
30代	−.11***	.04	−.03	.02	.02	−.04	.02	.00	.03	−.02
40代	−.19***	.03	−.09	.08	.10*	.01	−.07	.01	−.01	−.12**
50代	−.19***	.02	−.08	.06	.14**	.02	.04	.12**	−.02	−.13**
60代以上	.01	.13**	−.09	.09	.06	−.07	.08	.26***	.08	−.36***
職業	.06**	.13***	−.15***	.03	.00	−.06	−.02	.01	−.01	−.02
学歴	.05	.06*	−.11***	−.02	.01	.13***	.04	−.06*	−.02	.06
居住形態	.07**	.07***	−.04	.01	−.07*	.02	−.09***	.06	−.08**	−.01
収入	.16***	.19***	−.08**	.02	−.05	−.07*	.04	.12***	−.00	.02
adj R^2	.07***	.08***	.07***	.00	.01**	.02**	.01**	.09***	.01**	.09***

数字は標準化偏回帰係数（OLS）。 * p<.10 ** p<.05 *** p<.01 （両側検定）

[9] 性別に関しては，男性を1，女性を0とするダミー変数，年齢に関しては，30歳代，40歳代，50歳代，60歳以上という四つのダミー変数（20歳代が参照カテゴリー）を投入した。

ず表5は，階層帰属意識，生活満足度および価値観に関する10変数を従属変数とする分析の結果である。

この結果を見ると，まず階層帰属意識と生活満足度に対して階層的属性は明らかな影響を与えている。階層帰属意識に対しては4変数のすべてが，また生活満足度に対しては学歴を除く3変数が有意な効果を示しており，いずれの場合もより高い階層的属性――ホワイトカラー的職業，持家一戸建て居住，高学歴，高収入――を持つ者ほどより高い階層への帰属意識を持ち，また自分の生活に対しても満足している[10]。言い換えれば，階層帰属意識や生活満足度は，まったくの主観的な意識ではなく，客観的な階層的属性をかなりの程度反映したものである。さらに，いずれの従属変数に対しても，階層的属性の中では収入の効果が相対的に最も大きく，やはり収入が階層帰属意識や生活満足度のキーとなっていることが分かる。また階層帰属意識に対しては，職業が収入に次ぐ効果を見せており，主観的な階層認知において職業の果たす役割の重要さが見て取れる。

他方，価値観に関しては，学歴と居住形態が四つの，収入は三つの，そして職業は一つの価値観変数に対して有意な影響を与えており，職業が与える影響の範囲が相対的に小さいことがわかる。具体的には，学歴の高さは疎外感および公志向を抑制し，互酬規範や社会貢献の意識を高める。また持家居住であるほど将来への悲観的見通し，有効感，権威志向を抑制し，脱物質志向を高める。さらに収入の高さは疎外感，互酬規範の意識を抑制し，公志向を高める。最後にホワイトカラー的職業に就いている者ほど疎外感が低い。党派的態度との関連性を論じられることの多い権威志向と脱物質志向はいずれも居住形態の影響のみを――少なくとも直接的効果という点では――受けており，教育程度の影響が小さい点はやや意外である。さらに信頼感――社会関係資本（social capital）との関係で今日大きな注目を集めている――と将来志向に対してはいずれの階層的属性も有意な効

貢献	脱物質
.09***	.06*
−.05	.02
−.08	−.10*
−.06	−.08
−.05	−.18***
.04	.01
.20***	.02
−.01	.07*
.04	.04
.06***	.03***

---

10 どのような職業を階層的に「高い」と言うかに関しては議論があろうが，ここでは社会学的な階層研究における通常の使用法に従って，ホワイトカラー的職業を階層的に「高い」と呼ぶこととする。

果を示していないことも興味深い。最後に，階層の高さが価値観に対してどのような方向で作用するかは，属性の種類によって必ずしも一定ではない。例えば互酬性の規範意識を高めるのは学歴の高さと賃貸住宅居住であるが，公志向を高めるのは収入の高さと学歴の低さである。

次に団体加入と人脈を従属変数とした分析の結果が表6である。まず団体加入について見ていくと，同窓会・仲間グループへの加入には，持家居住，高収入，そして特に高学歴が促進的に働いている。地域・業界団体についても持家居住と高収入は促進的に働いており，またここでは非ホワイトカラー的職業であることも加入の可能性を高めている。他方，消費者団体・ＰＴＡへの加入については，ホワイトカラー的職業であることと持家居住が促進的に働いている。このほか，市民・ボランティア団体への加入については高学歴であることが，労働組合への加入（宗教団体への非加入）に対しては高収入であることが，それぞれその可能性を高めている。このように，団体加入に関しては，地域・業界団体加入に対する職業の効果および宗教団体加入に対する収入の効果を例外として，相対的に高い階層的属性を持つことが，これを促進するという傾向が見られる。

最後に人脈に関してであるが，まず高等教育人脈の豊富さについては4変数の全てが関わっている。すなわち高学歴，高収入，賃貸住宅居住，ホワイトカラー的職業といった属性がこうした人脈とプラスに結びついている。労働人脈も高収入，賃貸住宅居住という点ではこれに近いが，学歴，職業の効果は有意ではない。これらとやや対照的なのが地方政治・行政人脈である。すなわち，ここでも高収入はプラスに働いているが，同時に持家居住と低学

表6　団体加入・人脈に対する階層的属性の影響

	同窓会	地域業界	市民団体	消費者	労働組合	地域	地方政治	高等教育	国政	労働
男性	−.11***	.18***	−.05	−.12***	.08***	−.11**	.16***	.13***	.07	.08*
30代	−.14***	.04	.01	.28***	.04	.02	.05	−.08	.14*	.02
40代	−.14***	.11**	−.01	.37***	.02	.04	.16*	−.19**	.20**	.03
50代	−.16***	.22***	.12**	.12***	.03	.05	.29***	−.11	.35***	−.07
60代以上	−.16***	.24***	.11*	.04	−.02	−.03	.34***	−.07	.54***	−.09
職業	.04	−.13***	.03	.08**	.05	.07	.03	.09*	−.06	−.07
学歴	.21***	−.04	.08**	.03	−.04	.05	−.11**	.23***	.03	.06
居住形態	.07**	.08**	.01	.05*	−.00	.13***	.14***	−.12**	−.02	−.08**
収入	.09***	.11***	.03	.02	.06*	−.07	.12***	.19***	.01	.14***
adj R²	.07***	.07***	.01**	.17***	.01*	.02**	.14***	.15***	.10***	.03***

数字は標準化偏回帰係数（OLS）。　　* p<.10　　** p<.05　　*** p<.01（両側検定）

歴もこうした人脈を持つ可能性を高めている。このほか地域的人脈に対しても持家居住はプラスに働いているが，こうした結果が見られるのは，居住形態がその地域での居住年数や地域へのコミットメントとも密接に関連しているからであろう。最後に国政人脈に対しては，四つの階層的属性はいずれも有意な影響を示していない（その一方で，この人脈に関しては極めて明確な加齢の効果が認められる）。

　以上の結果から，ほとんどの媒介的変数に対して階層的属性は部分的に（しかもそれぞれの媒介的変数に関して特徴的なパターンで）これを規定していることが明らかとなった。そこで以下，こうした階層的属性と4種類の媒介的変数が，全体として有権者の政党支持や投票行動にどのような影響を与えているのかを見ていくことにしたい。

5　政党支持に対する階層的属性および媒介的諸変数の影響

　ここでは，有権者の政党支持に対する階層的属性および媒介的諸変数の影響を，多項ロジスティック回帰分析によって明らかにしたい。従属変数のカテゴリーは民主支持，公明支持，社共支持（社民党，共産党のいずれかを支持），支持なしで，参照カテゴリーは自民支持である。また分析モデルは，コントロール変数である性別，年齢および四つの階層的属性変数のみを独立変数とした基本モデル，この基本モデルに階層帰属，価値観，団体加入，人脈のそれぞれを独立変数として加えたモデルの計5種類である。

　表7は基本モデル，階層帰属モデル，価値観モデルの三つのモデルに関する分析結果である。まず基本モデルについては，自民よりも民主を支持させる方向に働くのはホワイトカラー的職業，高学歴，賃貸住宅居住，自民よりも公明を支持させる方向に働くのはホワイトカラー的職業，低学歴，賃貸住宅居住，低収入，自民よりも社共を支持させる方向に働くのは賃貸住宅居住，自民よりも支持なしに向かわせるのも同じく賃貸住宅居住である。自民支持者と公明支持者（次いで民主支持者）の間での階層的属性の違いが際立っている。また居住形態の効果は，すべての支持カテゴリーにおいて（持家居住であるほど自民支持という方向で）有意であるが，職業の効果は，民主支持と公明支持に関しては有意であるが，全体としてあまり大きくはない。やはり階層という観点から尺度化された場合，職業と政党支持との関連はそれほど大きなものにはならないことがここでも示されている。

表7 政党支持に対する階層的属性・階層帰属・価値観の影響

	民主支持			公明支持			社共支持		
	基本	階層帰属	価値観	基本	階層帰属	価値観	基本	階層帰属	価値観
男性	.48**	.51***	.50**	−.36	−.38	−.17	.04	.13	.29
30代	−.35	−.23	−.68	−.60	−.57	−.46	−.21	−.21	−.23
40代	.47	.57	.35	−.26	−.27	−.16	.65	.51	.13
50代	.40	.47	.16	−1.35***	−1.37***	−1.28**	.17	−.12	−.22
60代以上	−.37	−.25	−.37	−1.91***	−1.90***	−1.79***	−.26	−.31	−.25
職業	.21**	.22**	.15	.26*	.24	.29*	.05	.13	.01
学歴	.23**	.22**	.21*	−.43**	−.43**	−.48**	.25	.21	.20
居住形態	−.16*	−.13	−.17	−.24**	−.23*	−.17	−.23*	−.19	−.13
収入	−.12	−.11	−.15	−.36**	−.32**	−.65***	.03	.16	.04
生活満足	—	−.08	—	—	.09	—	—	−.11	—
階層帰属	—	−.11	—	—	−.38**	—	—	−.41**	—
疎外	—	—	−.07	—	—	−.39**	—	—	.07
信頼感	—	—	−.13	—	—	.15	—	—	.12
悲観	—	—	.25**	—	—	−.18	—	—	.48***
互酬規範	—	—	.08	—	—	−.16	—	—	−.44***
有効感	—	—	−.06	—	—	.22	—	—	−.23
公志向	—	—	−.06	—	—	−.03	—	—	−.23
権威志向	—	—	−.34***	—	—	−.44***	—	—	−.48***
将来志向	—	—	.01	—	—	.10	—	—	.30
社会貢献	—	—	−.19*	—	—	−.20	—	—	−.10
脱物質志向	—	—	.16	—	—	.14	—	—	.32*
(Constant)	−1.58***	−1.07*	−1.36***	−1.03**	−.17	−1.31**	−2.38***	−.75	−2.44***
Nagelkerke-R^2	基本モデル	.17***		階層帰属モデル	.19***		価値観モデル	.29***	

数字はロジスティック回帰係数. 参照カテゴリーは自民支持.   * p<.10   ** p<.05   *** p<.01

次に階層帰属モデルについて見ていくと，まず階層帰属意識は民主支持を除く三つの回答カテゴリーにおいて有意なマイナスの効果を示している。すなわち，低い階層に自分を位置付ける者ほど，自民支持よりも公明支持，社共支持，支持なしのいずれかになりやすい。民主支持に関しても，有意ではないが係数の符号はマイナスであり，全体として高い階層への帰属意識が自民党への支持にプラスに働いているように見える。他方，生活満足度の効果はいずれの支持カテゴリーに関しても有意ではない。従って，政党支持に対して実際に影響を与えるのは，生活の現実に対する満足度よりも，どの階層に自分を帰属させるかという自己認知あるいは自己定義であると思われる。先の表5で見たように，階層帰属意識に対しては四つの階層的属性変数のすべてが有意な影響を与えていた。そのこととここに示された結果から，政党支持に対する階層的属性の効果の一部は，主観的な階層帰属意識を経由した間接的なものであることが推測される。またこのモデルにおいては，支持なしに関する学歴の効果が（高学歴であるほど自民支持よりも支持なしになる

基本	支持なし 階層帰属	価値観
−.26*	−.26*	−.17
−.58**	−.61**	−.55
−.57**	−.60**	−.45
−1.24***	−1.28***	−1.28***
−1.85***	−1.77***	−1.76***
.06	.11	.00
.13	.18**	.28**
−.19***	−.16**	−.25***
.05	.09	.09
—	−.09	—
—	−.39***	—
—	—	.19*
—	—	−.14
—	—	.40***
—	—	−.32***
—	—	−.23*
—	—	−.27***
—	—	−.46***
—	—	−.00
—	—	−.02
—	—	.04
.80***	2.24***	.37

可能性が高いという方向で）有意となっている。

最後に価値観モデルに関しては，権威志向が全ての支持カテゴリーを通じて有意なマイナスの効果を示しているのが目につく。すなわち，「上に立つ者は下の者に威厳を持って接すべき」，「しきたりを破るものには厳しい制裁を加えるべき」，「世の中に力のある者とない者があるのは当然」といった考えを抱く者は，他のどの政党にも増して（あるいは支持なしとなるよりも）自民党支持者となる可能性が高い。また将来に対して悲観的である者ほど，自民よりも民主，社共の支持者，あるいは支持なしとなる可能性が高い。このほか興味深い点としては，疎外感の高さは公明支持にはマイナス，支持なしにはプラスに働いていること，互酬規範の意識，有効感，公志向それぞれの低さはいずれも自民支持よりも支持なしとなることを促進すること，脱物質志向は社共支持に関してのみ（脱物質志向の高さが自民支持ではなく社共支持を促進するという方向で）有意な効果を示していることなどが挙げられる。以上の結果を見ると，今日においてもやはり日本の政党支持に関しては，cultural politics（Watanuki, 1967）の概念の中心をなす「権威への服従」や「集団規範への同調」といった価値観の影響が小さくないことが分かる。これに対して，「物質主義」対「脱物質主義」という価値の対立は，自民支持者と社共支持者を分ける上では一定の効果を持つが，政党支持のあり方全体を規定するほど明確な影響力は持たないように思われる[11]。

続いて表8は団体加入モデルおよび人脈モデルによる分析結果である。まず団体加入モデルでは，労働組合加入の効果がすべての支持カテゴリーにお

---

11 「物質主義」対「脱物質主義」に関するこうした結果（自民対社共の軸としては明確な意味を持つが，他の政党への支持とは明確な関連が見られない）は，1970年代から1990年代に至るデータを分析した綿貫（1997）の分析結果とほぼ同じであり，政治的・経済的状況の流動化にもかかわらずこの点に関しては一貫した傾向が見られることは大変興味深い。

表8　政党支持に対する団体加入・人脈の影響

	民主支持		公明支持		社共支持		支持なし	
	団体加入	人脈	団体加入	人脈	団体加入	人脈	団体加入	人脈
男性	.36*	.70**	−.28	−.29	.28	.13	−.32*	−.31
30代	−.70	−.21	−.56	−.76	−1.37	−.63	−.35	−.67
40代	.42	.97	−.34	−1.88*	.10	.26	−.18	−.01
50代	.40	.78	−1.71**	−3.41***	−.05	−.02	−.89***	−.76
60代以上	−.25	−.20	−2.39***	−3.19***	−.15	−1.41	−1.38***	−1.49**
職業	.10	−.04	.09	.13	.08	−.07	.05	−.08
学歴	.24**	.00	−.82***	−.62	.26	−.23	.23**	.24
居住形態	−.15	−.29*	−.27*	−.44*	−.37**	−.28	−.11	−.24*
収入	−.03	.19	−.19	−.51*	.05	.05	.09	.05
同窓会	−.15	—	−.28	—	−.11	—	−.19**	—
地域業界	−.27**	—	−.19	—	−.26	—	−.22**	—
市民団体	−.04	—	.05	—	.09	—	−.05	—
消費者	.10	—	.12	—	.47***	—	−.00	—
労働組合	.29***	—	−1.33***	—	.28**	—	.15*	—
地域的	—	−.06	—	.38	—	.01	—	−.07
地方政治	—	−.24*	—	.14	—	.07	—	−.36***
高等教育	—	.00	—	.00	—	.10	—	.04
国政	—	−.21	—	.27	—	−.09	—	−.17
労働	—	.10	—	.03	—	.18	—	.07
(Constant)	−1.58***	−1.82**	−1.79***	−.38	−2.54***	−1.89*	.35	.22
Nagelkerke-R²	団体加入モデル		.31***		人脈モデル		.25***	

数字はロジスティック回帰係数．参照カテゴリーは自民支持。　　* p<.10　** p<.05　*** p<.01

いて有意となっている。ただし，その符号を見ると民主，社共支持および支持なしではプラス（すなわち，労組に加入している者ほど自民よりも民主，社共支持あるいは支持なしになりやすい）であるのに対し，公明支持ではマイナスである。先述のとおり，この変数に関してはマイナスの方向は宗教団体加入を意味しているので，この結果は極めて自然なものである。また，地域・業界団体への加入は，民主支持および支持なしに関してマイナスの（すなわち，これらの団体に加入している者ほど民主支持や支持なしではなく自民支持になる可能性が高いという方向での）有意な効果を示している。このほか，消費者団体・ＰＴＡへの加入は自民支持よりも社共支持に人々を向かわせ，また同窓会や仲間グループへの加入は支持なしよりも自民支持に向かわせる傾向があることもここには示されている。

また人脈モデルに関しては，政党支持に有意な影響を与える変数は少ない[12]。その中で，地方政治・行政人脈が，民主支持および支持なしに関してマ

12　こうした結果をもたらした原因の一部は，注7（51頁）に述べたように，

イナスの（すなわち，こうした人脈が豊富な者ほど民主支持や支持なしではなく自民支持になる可能性が高いという方向での）有意な効果を示している。これは先の団体加入モデルにおける地域・業界団体への加入の効果とパラレルな効果であると考えられる。

以上の結果からは，これまで日本における政党支持の重要な規定要因とされてきた価値観（特に権威や集団に対してどのような考え方を持つか）および利害関係のネットワークが今日においても相対的に大きな意味を持つことが再確認できると同時に，階層的属性に規定された階層帰属意識が政党支持に対して明確な影響を与えていることも示されたと言えるだろう。

6　投票行動に対する階層的属性および媒介的諸変数の影響

最後に，階層的属性および媒介的諸変数が有権者の投票行動にどのような影響を与えているのかを，比例代表における投票政党を従属変数とする多項ロジスティック回帰分析によって見ていこう。従属変数のカテゴリーは民主投票，公明投票，社共投票で，参照カテゴリーは自民投票である。独立変数および分析モデルに関しては，先に行った政党支持に関する分析と同じである[13]。

まず表9は基本モデル，階層帰属モデル，価値観モデルに関する分析結果である。基本モデルでは，学歴と居住形態の効果がどの投票カテゴリーにおいても有意となっている。居住形態に関しては，持家居住であるほど，民主，公明，社共のいずれよりも自民に投票する可能性が高くなる。他方学歴に関しては，高学歴であるほど自民よりも民主あるいは社共に投票する可能性は高くなり，公明に投票する可能性は低くなる。また，収入の効果はどの投票カテゴリーに関しても有意ではなく，職業の効果は社共投票に関してのみプラスの方向で有意（ホワイトカラー的職業であるほど自民ではなく社共への

このモデルでは他のモデルよりも使用できるサンプルが少ない（N＝488）ことにあると考えられる。

13　コントロール変数として支持政党ダミーを投入することも試みたが，公明党支持者には社共投票者が全くいない等，分析上不都合な点がいくつか存在すること，また政党支持を独立変数に加えた場合，他の独立変数の効果がそれに吸収されて見えにくくなることなどから，ここでは支持政党をコントロール変数とはしないことにした。

表9　比例代表での投票政党に対する階層的属性・階層帰属・価値観の影響

	民主投票			公明投票			社共投票		
	基本	階層帰属	価値観	基本	階層帰属	価値観	基本	階層帰属	価値観
男性	.44***	.44***	.59***	−.26	−.30	−.18	.23	.37	.77**
30代	.09	.14	−.01	−.22	−.11	−.10	.07	.43	.60
40代	.25	.25	.19	.35	.34	.45	.80	1.06	.85
50代	−.10	−.14	−.25	−.65	−.69	−.73	.28	.36	.12
60代以上	−.90**	−.79**	−.83*	−1.11**	−1.10**	−1.29*	−.28	.08	.44
職業	.07	.11	−.01	−.02	−.04	−.10	.26*	.35**	.33*
学歴	.17*	.17*	.29**	−.26*	−.26	−.33	.35**	.34**	.29
居住形態	−.29***	−.31***	−.28**	−.33***	−.33**	−.17	−.41***	−.39**	−.40**
収入	.00	.05	−.10	−.06	−.03	−.16	.06	.16	−.04
生活満足	—	−.07	—	—	−.01	—	—	−.17	—
階層帰属	—	−.29**	—	—	−.31*	—	—	−.37*	—
疎外	—	—	−.09	—	—	−.29*	—	—	.04
信頼感	—	—	−.15	—	—	.06	—	—	.03
悲観	—	—	.45***	—	—	−.10	—	—	.70***
互酬規範	—	—	.05	—	—	.22	—	—	−.16
有効感	—	—	−.05	—	—	.36**	—	—	−.22
公志向	—	—	.10	—	—	−.06	—	—	−.33*
権威志向	—	—	−.27***	—	—	−.15	—	—	−.31*
将来志向	—	—	.01	—	—	.06	—	—	.30
社会貢献	—	—	.02	—	—	−.01	—	—	.08
脱物質志向	—	—	.17*	—	—	.20	—	—	.31*
(Constant)	−.13	.94*	−.19	−.87*	.10	−1.01*	−2.26***	−.91	−3.01***
Nagelkerke-R^2	基本モデル	.15***		階層帰属モデル	.16***		価値観モデル	.25***	

数字はロジスティック回帰係数．参照カテゴリーは自民投票．　* p<.10　** p<.05　*** p<.01

投票の可能性を高める）と，ここでも大きくはない。

　階層帰属モデルに関しては，ここでも投票行動に影響を及ぼしているのは生活への満足度ではなく，より認知的な階層帰属意識であることが確認できる。すなわち，前者の効果がいずれの投票カテゴリーに関しても有意でないのに対し，後者の効果はすべての投票カテゴリーで有意となっている。そしてその方向はマイナス，すなわち高い階層帰属意識を持つ者ほど，民主，公明，社共のいずれよりも自民に投票する可能性が高くなる。

　最後に価値観モデルについては，まず将来に対する悲観，権威志向，脱物質志向の効果が民主投票と社共投票に関して有意となっている。すなわち，将来に対してより悲観的な者，権威志向の弱い者，脱物質志向の強い者ほど，自民ではなく民主あるいは社共に投票する可能性が高まる。このように権威志向と脱物質志向は投票行動に対しても一定の重要性を持つと考えられる。

第3章　階層・価値観・ネットワーク　61

このほか，社共投票に関しては，公志向の効果も（公志向の低い者ほど自民ではなく社共に投票する可能性が高まるという方向で）有意となっている。他方，自民投票か公明投票かに関して有意な影響を及ぼしているのは疎外感と有効感である。すなわち，疎外感が低く有効感の高い者ほど，自民ではなく公明に投票する可能性が高まる。このように，価値観の効果に関しては，自民投票と民主・社共投票を分ける軸と，自民投票と公明投票を分ける軸とが異なっており興味深い。

次に表10は団体加入モデルと人脈モデルに関する結果である。まず団体加入モデルでは，労働組合への加入（宗教団体への非加入）の効果が政党支持の場合と同様，いずれの投票カテゴリーにおいても有意となっている。すなわち，労働組合への加入は自民ではなく民主あるいは社共に投票する可能性を高め，宗教団体への加入は自民ではなく公明への投票可能性を高めている。また，消費者団体・ＰＴＡへの加入も自民ではなく民主あるいは社共に投票する可能性を高めている。このほか，地域・業界団体への加入は民主ではな

表10　比例代表での投票政党に対する団体加入・人脈の影響

	民主投票		公明投票		社共投票	
	団体加入	人脈	団体加入	人脈	団体加入	人脈
男性	.51***	.60**	−.33	−.34	.39	.65
30代	−.09	−.45	−.25	.17	−.38	.24
40代	.17	.28	.36	−.46	.48	.80
50代	−.02	−.13	−.60	−1.37	.32	.86
60代以上	−.77**	−.78	−.97	−1.36	−.09	−.08
職業	.03	−.21	−.04	−.20	.18	.03
学歴	.20**	.07	−.27	−.55*	.37**	.35
居住形態	−.27***	−.50***	−.36*	−.35	−.42***	−.61**
収入	.03	.20	.01	−.25	.05	.19
同窓会	−.13	—	−.26*	—	−.07	—
地域業界	−.25***	—	.10	—	−.25	—
市民団体	−.03	—	−.13	—	.06	—
消費者	.13*	—	.08	—	.37***	—
労働組合	.14*	—	−.73***	—	.30**	—
地域的	—	.03	—	−.04	—	.15
地方政治	—	−.29**	—	−.20	—	−.29
高等教育	—	−.01	—	.11	—	.25
国政	—	−.23*	—	.02	—	−.21
労働	—	.04	—	.11	—	.11
(Constant)	−.21	−.26	−1.27**	−.87	−2.42***	−3.06**
Nagelkerke-R^2	団体加入モデル	.25***		人脈モデル	.21***	

数字はロジスティック回帰係数．参照カテゴリーは自民投票．
* p<.10　** p<.05　*** p<.01

く自民に投票する可能性を高め，同窓会・仲間グループへの加入は公明ではなく自民に投票する可能性を高めている．

最後に人脈モデルについては，自民投票か民主投票かに対して地方政治・行政人脈と国政人脈の効果が有意であるのみである．すなわち，これらの人脈を豊富に持つ者ほど民主ではなく自民に投票する可能性が高くなる．地方政治・行政人脈の効果に関しては，公明投票，社共投票に関しても有意ではないが係数の符号はマイナスであり，この人脈が一貫して自民投票を促進している可能性が示唆されている．

以上の結果からは，投票行動に対しては居住形態や学歴といった階層的属性，主観的な階層帰属意識，権威主義，脱物質主義，疎外感といった価値観，労働組合，宗教団体，消費者団体，業界団体といった団体への加入，地方政治・行政や国政に関する人脈の保持など，様々な要因がそれぞれに固有のロジックによって影響を与えていることが見て取れる．

7 まとめ

以上，本章では有権者の階層的属性およびそれに関連した媒介的諸変数が，彼らの政党支持や投票行動にどのような影響を与えているのかについて分析してきた．その結果，第一に，四つの階層的属性変数，特に居住形態と学歴が支持政党や投票政党に明確な影響を及ぼしていることが明らかとなった．また職業に関しては，階層的に尺度化された場合，支持政党・投票政党との関係が不明瞭なものとなることが再確認された．第二に，客観的な階層帰属と党派的態度・行動を媒介するのは，直截的な生活満足度ではなく，より認知的な階層帰属意識である．この階層帰属意識に相対的に大きな影響を与えている階層的属性は収入である．第三に，価値観も階層的属性と党派的態度・行動を媒介する重要な役割を果たしている．特にこれまで政治的に重要な意味を持つとされてきた権威志向や脱物質志向については，本章の分析においても政党支持や投票行動に明確な影響を与えていることが確認された．第四に，団体加入や人脈も支持政党や投票政党に大きな影響を与えている．特に地域・業界団体への加入や地方政治・行政人脈の豊富さは自民党への支持や投票を促進し，労働組合や消費者団体への加入は民主党や社共両党への支持や投票を促進する．また宗教団体への加入は公明党への支持や投票を促進している．これらの結果は，日本における党派的な対立がマクロな社会的亀

裂の構造によるよりは，広義の価値観や利益のネットワークに基礎を置くものであるとする主張に対して一定の確証を与えるものであると言えるだろう。

第4章

経済状況と投票行動

1 はじめに

　前章では，長期的な要因としての社会構造や価値観と投票行動との関係を見てきたが，本章ではより短期的な要因としての経済状況が投票行動に及ぼす影響について分析していきたい。

　こうした経済投票（economic voting）の分析は，当初は主としてアグリゲート・データを用いた時系列的な分析として行われていたが（例えば Kramer, 1971），1980年代以降は Fiorina（1981）に代表される業績投票（retrospective voting）の研究とオーバーラップしながら，サーヴェイ・データを用いた分析が数多く行われるようになった[1]。そうしたサーヴェイ・データに基づく分析の基本的なモデルは，成長率，失業率，物価などの要因が生み出すその時々の経済状況について，有権者が自分自身の経験やマスメディアの報道を通じてどのように認知し，またそこから政府・与党のパフォーマンスに対するどのような評価や期待を形成し，最終的にそれらが投票行動にどのような影響を及ぼすかを明らかにしようとするものである[2]。

　日本においても1990年代以降，こうした経済投票に対する関心が高まってきた。これは，一方において政権交代による非自民政権の誕生，社会党の党首を首班とする内閣，連立政権の常態化，といった新たな事態が自民党の能力を相対化するきっかけを有権者に与え，経済的なパフォーマンスの評価や

---

　[1] 業績投票および経済投票に関しては平野（1998）を参照。また小泉内閣下における業績投票全般に関しては第8章を参照。

　[2] 有権者が判断の基準とするのが個人的な経済状況である場合を「個人指向経済投票（pocketbook voting）」，社会全体の経済状況である場合を「社会指向経済投票（sociotropic voting）」と呼んで概念的に区別する場合がある。

期待を投票行動に結び付けるための明確なロジックが形成されたと同時に，他方において，これと時期を同じくして進行した経済状況の変化，すなわち深刻な景気の悪化や将来に対する不透明感の高まり，従来の公共事業型の景気対策への疑問，失業率の上昇や金融不安の発生などが，そうした意思決定のロジックを実際に用いるための舞台を作り出したことによるものと考えられる。

以下，本章では，まず2001年から2005年にかけての4回の国政選挙時のデータを用いて，今日の日本において経済的な要因が有権者の投票行動にどのような影響を及ぼしているのかを明らかにする。具体的には，(1)経済状況に関する有権者の認知の形成要因を明らかにし，(2)そうした経済状況の認知が政府の業績に対する評価や，将来への期待にどのように結びついているのかを明らかにした上で，(3)それらの要因が最終的に投票行動に及ぼす影響を明らかにする。次いで，こうした経済投票のメカニズムが過去の選挙においても認められるかどうかを，JES調査（1983年）およびJES II 調査（1993年，1995年，1996年）のデータを用いて確認する。最後に，有権者の「経済投票」が客観的な経済状況をどれほど正確に反映したものであるのかを検討するために，01年調査のデータに経済指標データを組み込んだデータセットによる分析を行う。

2　経済状況認識の形成要因

まず，「国全体の景気」と「自分自身の暮らし向き」に関する現状認識および過去1年間の変化についての認識に対して回答者の属性および支持政党が与える影響についての重回帰分析を行った結果が表1である。独立変数には，回答者の性別，年齢，居住年数，居住地域のほか，前章で見た階層的属性に関連する教育程度，居住形態，年収，職業，さらにネットワークの豊富さ（政治について話をする他者の数），自民党を支持しているかどうかが含まれている（変数の定義については補遺を参照）。

この結果を見ると，第一に，いずれの従属変数に対しても自民党支持が有意なプラスの影響を及ぼしており，経済状況の認識も部分的には党派的な態度の影響を受けていることが明らかである。第二に，ここで目立つのが年齢の効果であり，20代に比べて30代以上の年齢層において（特に40代，50代の回答者において）より悲観的な経済状況認識がなされている。第三に，階層

表1　経済状況認識（現状および過去）の形成

	01年参院選				03年衆院選			
	景気現状	景気過去	暮し現状	暮し過去	景気現状	景気過去	暮し現状	暮し過去
男性	−.02	−.06**	−.04*	.02	.05**	.07***	−.02	.00
30代	−.11***	−.13***	−.11***	−.06*	−.04	−.06*	−.11***	−.12***
40代	−.12***	−.19***	−.20***	−.23***	−.08*	−.14***	−.20***	−.21***
50代	−.18***	−.31***	−.20***	−.22***	−.05	−.11***	−.20***	−.24***
60代以上	−.10**	−.34***	−.08*	−.17***	.09*	.00	−.03	−.14***
居住15年以上	.00	.03	.02	−.01	−.01	−.03	−.01	−.07**
教育程度	−.08***	−.04	.09***	.05**	−.02	.11***	.07***	.04*
一戸建	−.03	.02	.14***	.02	.01	.05*	.09***	.02
分譲マンション	−.01	.01	.05*	.01	.00	.02	.01	.02
年収400万未満	−.05**	−.01	−.10***	−.03	−.04*	−.04	−.15***	−.09***
年収800万以上	.04	.04*	.12***	.11***	.05**	.04*	.05**	.02
ネットワーク	−.06**	−.02	.07***	−.00	−.01	.05**	.07***	.02
大都市居住	−.02	.01	.05**	.01	.02	.01	.02	.03
町村居住	−.03	−.03	−.02	−.02	−.03	−.01	−.02	.00
農林漁業	−.00	−.03	−.04	−.03	.05**	.00	.04*	.06**
自営業	−.07***	−.13***	−.05**	−.13***	−.10***	−.10***	−.08***	−.09***
管理職	−.01	−.01	.02	.02	.01	.04**	.05**	.06**
自民党支持	.11***	.09***	.08***	.08***	.17***	.11***	.09***	.06**
adj R^2	.04***	.06***	.09***	.06***	.07***	.07***	.09***	.05***

数字は標準化偏回帰係数（OLS）。　　＊ p<.10　　＊＊ p<.05　　＊＊＊ p<.01（両側検定）

的要因の効果もかなり明確である。すなわち，まず経済状況認識に関しては年収の効果もかなりはっきりと認められ，年収の低いグループ（400万未満）でより悲観的な認識，高いグループ（800万以上）ではより楽観的な認識が見られる。同様に，教育程度の高い有権者は，景気の変化（回復度）や暮らし向きの現状に関してより楽観的，一戸建居住は暮らし向きの現状に関して楽観的である。また職業に関しては，自営業者であることが一貫して有意なマイナスの効果を示しており，彼らが現在の経済状況を特に厳しいものと感じていることが分かる。このほか，03年以降，男性の方が女性よりも景気について（現状も，過去1年の変化も）楽観的であり，04年以降，町村居住は経済状況に対して全体的に悲観的である。最後に，豊富なネットワークを持つ有権者ほど，経済状況について楽観的な認識を（特に04年以降）示している点も興味深い。

3　小泉内閣の業績評価と今後への期待

次に，小泉内閣に対する経済的業績評価と今後への期待，および景気と暮らし向きの将来に関する認識を従属変数とした重回帰分析の結果が表2であ

第4章 経済状況と投票行動

	04年参院選				05年衆院選			
	景気現状	景気過去	暮し現状	暮し過去	景気現状	景気過去	暮し現状	暮し過去
	.11***	.08***	−.00	.01	.10***	.10***	.03	.01
	.01	−.04	−.05	−.12***	−.01	−.05	−.10**	−.09*
	−.02	−.07**	−.11***	−.18***	−.11**	−.11**	−.17***	−.20***
	.02	−.04	−.11***	−.19***	−.07	−.11**	−.17***	−.19***
	.15***	.04	.04	−.16***	.10*	−.01	−.04	−.11*
	.04*	.03	.05*	.03	.04	.00	.02	−.00
	.03	.11***	.08***	.02	.04	.15***	.03	.04
	.00	−.01	.10***	−.04	−.07*	−.05	.05	.00
	.03	.03	.03	−.00	−.01	−.01	.01	.03
	−.03	−.05*	−.06***	−.05*	−.03	−.03	−.10***	−.05*
	.08***	.05**	.08***	.08***	.05*	.03	.11***	.01
	.05**	.09***	.10***	.04*	.06**	.07***	.11***	.07***
	.02	.01	.02	.01	.03	−.01	.00	.03
	−.03	−.05**	−.05**	−.03	−.06**	−.04	−.05**	−.05**
	−.01	−.04**	−.03	−.01	−.02	−.03	−.04	−.01
	−.11***	−.12***	−.10***	−.03	−.13***	−.12***	−.09***	−.06**
	−.01	−.01	.03	.03	.06**	.03	.03	.04
	.18***	.15***	.12***	.10***	.19***	.14***	.12***	.10***
	.09***	.07***	.08***	.03***	.11***	.08***	.08***	.04***

る。モデルは，業績評価が期待に影響を与え，さらにそれら両者が今後の経済状況の予測に影響を与えるというものである。

まず業績評価に対しては，経済状況認識のうち景気の現状と過去に関する認識が4回の選挙を通じて有意な効果を示しており，国の景気に関する認識が経済的業績評価に影響を与えていることが確認された。同時に，非標準化偏回帰係数（表中には示されていない）を見ると，景気の現状に関する認識の効果は01年から05年にかけて次第に増大してきており，内閣成立から時間が経つにつれ，この要因が政府の経済的業績評価により大きな影響を与えるようになってくる様子が見て取れる。他方，暮らし向きに関する認識は，景気に関する認識ほど大きな効果を示してはいないが，03年と04年では現状と過去に関する認識のいずれもが，また05年では過去に関する認識が，それぞれ有意な効果を示している。この結果は，内閣の業績評価が個人指向の経済状況認識よりも社会指向の経済状況認識をより強く反映したものであるということを示唆している[3]。すなわち，有権者は自分自身の個人的経済状況で

---

3 もちろん，業績評価の質問が「景気対策」に関するものであることも影響

表2　経済的業績評価・期待・経済状況認識（将来）の形成

	01年参院選				03年衆院選			
	業績評価	期待	景気将来	暮し将来	業績評価	期待	景気将来	暮し将来
男性	−.02	.01	.02	.04*	−.02	−.01	.05**	.02
30代	.03	−.03	−.06*	−.10***	−.01	.03	.01	−.05
40代	.02	−.03	−.07**	−.09***	−.03	.05	.01	−.06
50代	.00	−.05	−.11***	−.11***	−.05	.05	.01	−.11***
60代以上	.06	−.03	−.05	−.15***	−.01	.07	.06	−.18***
居住15年以上	−.00	−.03	.01	−.04	−.00	.03	−.05**	−.00
教育程度	−.05*	−.07***	−.01	.00	−.10***	−.06***	.02	−.01
一戸建	−.04	.02	−.07**	−.10***	.02	−.01	.02	−.05**
分譲マンション	−.02	.03	−.06**	−.04*	−.04*	−.02	−.02	−.01
年収400万未満	−.03	−.02	−.01	.01	.01	−.02	−.01	.01
年収800万以上	−.03	−.03	.02	.02	−.01	−.01	.02	.01
ネットワーク	.01	.04*	.04*	.01	.02	.03*	.04*	.02
大都市居住	−.02	−.03	.03	.02	.01	.01	.07***	.04*
町村居住	−.07***	−.00	−.00	.00	.00	.00	.00	.05**
農林漁業	.02	−.02	−.02	.02	.01	−.03*	−.02	.04*
自営業	.01	−.01	−.04*	.00	−.01	.02	−.03	.09***
管理職	−.03	−.03	.01	−.01	.00	−.01	.02	.03
自民党支持	.09***	.13***	.03	−.02	.15***	.15***	.00	−.01
景気現状	.07***	.05*	.03	.02	.23***	.11***	.11***	.04*
景気過去	.16***	.06**	.33***	.09***	.20***	.09***	.33***	.10***
暮らし現状	.01	.09***	.07***	.12***	.04*	.10***	−.02	.07***
暮らし過去	.02	.04	.06**	.38***	.07**	.03	.09***	.37***
業績評価	—	.31***	.03	−.01	—	.41***	.03	−.04*
期待	—	—	.19***	.10***	—	—	.20***	.13***
adj R²	.06***	.17***	.25***	.28***	.23***	.38***	.33***	.26***

数字は標準化偏回帰係数（OLS）。　　*p<.10　**p<.05　***p<.01（両側検定）

はなく，国全体の経済状況に関する評価に基づいて政府の業績を評価しているように見える。

　次に，今後の小泉内閣の経済的パフォーマンスへの期待に対しては，4回の選挙を通じて業績評価が最も大きな影響を与えている。すなわち，将来的な期待の多くの部分は過去の業績に関する評価に基づいている。また景気の現状と過去に関する認識も一貫して有意な影響を与えており，経済状況に関する認識そのものが（業績評価に媒介された効果以外に）直接的にも将来への期待に影響を及ぼしていることが分かり興味深い。またここでも暮らし向きに関する認識の効果は，景気に関する認識の効果に較べて小さく（有意な

していると思われる。

04年参院選				05年衆院選			
業績評価	期待	景気将来	暮し将来	業績評価	期待	景気将来	暮し将来
−.02	−.04**	.05***	.01	−.03	−.00	.05**	.00
−.02	−.03	.00	−.05	−.07*	−.03	−.05	−.03
−.02	−.02	.04	−.05	−.12***	−.06	−.03	−.05
−.04	−.03	.04	−.10**	−.14***	−.06	−.01	−.08*
−.01	−.02	.02	−.14***	−.07	−.07	−.04	−.13**
.02	.01	.01	−.01	.02	−.02	−.01	−.04
−.05*	−.04**	.06***	−.02	−.02	−.07***	.01	.01
.01	−.01	−.03	−.07***	.01	.02	−.01	−.07**
−.02	−.03*	.01	−.02	−.03	−.03	−.00	−.05
.01	−.02	−.04*	−.08***	−.05*	.00	.04	−.01
−.03	−.02	−.01	.00	.02	−.01	.03	−.04
.02	.03*	−.02	−.00	.04	.03	.05*	.02
−.02	.00	.03	.02	.00	.05**	−.01	.00
.00	−.01	−.02	.03	−.03	.01	.02	.02
.04*	.02	−.03	.02	−.00	−.02	−.04	.02
−.01	.00	.01	.05**	−.02	.01	.02	.03
−.01	−.02	.01	.04*	.00	−.02	.04*	−.03
.17***	.19***	.01	.01	.17***	.18***	.03	.02
.32***	.12***	.09***	.05*	.38***	.12***	.07**	.04
.11***	.11***	.37***	.06**	.10***	.09***	.33***	.06**
.06***	.00	.06***	.08***	.00	.03	−.02	.07***
.05**	.03	.01	.35***	.07***	.05**	.00	.39***
—	.39***	.07***	−.03	—	.43***	.07**	−.00
—	—	.21***	.13***	—	—	.24***	.12***
.25***	.37***	.37***	.24***	.31***	.41***	.33***	.27***

効果は，01年と03年の現状認識と，05年の過去評価のみ），政府への期待が社会指向の経済状況認識をより強く反映したものであることが示されている。

なお，予想される通り，自民党支持は業績評価と期待のいずれに対しても一貫してプラスの影響を及ぼしており，業績評価や期待が党派的な態度の影響を受けることが確認された。他方，学歴の高さは（05年の業績評価への影響を除き）一貫して政府への業績評価と期待にマイナスの影響を及ぼしているが，これは高い学歴を有する者ほど政府に対して批判的な態度を保持していることを示すものと考えられる。

最後に将来の経済状況に関する認識についてであるが，まず景気に関しては，4回の選挙を通じて，過去一年における景気の変化に関する認識の効果が最も大きく，次いで小泉内閣の今後の景気対策に対する期待の効果が大き

い。言い換えれば，有権者は今後の景気の動向について，一方において過去の動向を外挿し，他方において今後の政府のパフォーマンスを勘案した上で，予測を行っていると考えられる。さらに豊富なネットワークを有する有権者も一貫して将来の景気に関して楽観的である。

また今後の暮らし向きに関しても，4回の選挙を通じて，過去一年における暮らし向きの変化に関する認識の効果が最も大きく，小泉内閣に対する期待も明確な効果を示している。さらに暮らし向きの現状に関する認識と過去一年の景気動向に関する認識の効果も一貫して有意である。すなわち，ここでも有権者は今後の暮し向きの予測にあたって，一方において過去の変化を外挿し，他方において今後の政府のパフォーマンスも考慮に入れているようである。また50代および60代以上の人々，および一戸建て居住者は，暮し向きの将来に対して一貫して悲観的である。年齢が上がるにつれて，将来の暮らしに希望が感じられなくなってくるように見える。

なお，景気および暮らし向きの将来に関しては，自民党支持の効果はまったく見られず，これらの認知は直接的には党派性が薄いようにも見える。ただし，どちらの認知にも，政府に対する期待が有意な影響を及ぼしており，自民党支持もこの変数を通じて間接的な効果を及ぼしていると考えられる。

4　自民党への投票に対する経済状況認識・業績評価・期待の効果

そこで最後に，以上で見てきたような経済状況認識，小泉内閣に対する業績評価や期待などが自民党への投票にどのような影響を与えているかを二項ロジスティック回帰により分析した結果が表3である[4]。

まず経済状況認識や業績評価・期待の効果を見ると，今後の小泉内閣への期待が一貫して大きな効果を示していることが分かる。これに対して経済的業績評価の直接的効果は，01年においては有意ではないが，03年と04年には小選挙区／選挙区，比例代表／比例区のいずれにおいても有意な効果が見られるようになる。しかし，05年には有意な効果は小選挙区のみとなる。これは，小泉首相の就任直後の選挙である01年参院選では，まだ有権者が小泉内

---

[4] 以下，本章における分析の全てにおいて，選挙区選挙における自民党候補への投票を従属変数とする場合には，自分の選挙区に自民党候補が立候補している回答者のみを分析対象としている。

表3 自民党への投票に対する経済状況認識・業績評価・期待の効果

	01年参院選		03年衆院選		04年参院選		05年衆院選	
	選挙区	比例区	小選挙区	比例代表	選挙区	比例区	小選挙区	比例代表
男性	−.24	−.21	−.22*	−.41***	−.02	.12	−.13	−.03
30代	.18	−.03	−.13	.05	−.04	.01	−.00	−.05
40代	.56*	−.06	.03	.03	−.07	.05	.16	−.35
50代	.49	.29	−.13	.19	.19	.31	−.50	−.26
60代以上	.75**	.65*	−.08	.36	.43	.61*	−.28	−.35
居住15年以上	.40**	.29	.54***	.47***	.33*	.40*	.24	.25
教育程度	−.19	.09	−.52**	−.00	−.55**	.14	−.65**	−.12
一戸建	−.12	−.13	.06	.56**	.13	.13	−.48*	.13
分譲マンション	.01	−.01	.36	.28	.42	.66	−.96**	−.12
年収400万未満	−.01	−.18	.06	.07	−.03	−.01	.30	.19
年収800万以上	−.10	.30	.05	.02	.22	−.18	.57**	.16
ネットワーク	.50**	.05	.43**	.07	.36	.38	.08	−.17
大都市居住	−.17	.30	.03	.17	−.36*	−.26	.08	.26
町村居住	.61***	.39*	.45**	.23	.22	−.01	.33	.23
農林漁業	.13	.29	.80**	.55*	.54*	1.09***	.82**	.24
自営業	.28	−.10	−.02	.19	.16	.27	.15	.04
管理職	.16	−.14	−.30	.05	.38	.24	.42	−.00
自民党支持	1.39***	2.09***	1.51***	2.06***	1.99***	2.30***	1.80***	2.08***
景気現状	.32	−.25	.28	.51	−.04	−.16	−.40	.32
景気過去	−.26	−.69	.10	.79*	−.07	.05	.54	.24
景気将来	.05	.73**	.17	.01	.93**	.45	.87*	.47
暮らし現状	.42	.08	−.13	.19	−.01	.38	.21	.26
暮らし過去	−.38	.32	.77	.15	.09	−.02	−.57	−.07
暮らし将来	.87*	.61	−.69	−.70	−.37	−.07	.06	−.26
業績評価	.14	−.03	1.12***	.57*	.74**	1.35***	1.90***	.49
期待	1.30***	1.04***	1.59***	1.18***	1.47***	.98***	2.27***	2.13***
(Constant)	−3.45***	−3.34***	−2.51***	−3.74***	−3.43***	−4.85***	−2.63***	−3.12***
Nagelkerke-R^2	.26***	.35***	.35***	.41***	.41***	.45***	.47***	.44***

数字はロジスティック回帰係数。　　* p<.10　　** p<.05　　*** p<.01

閣の業績を評価するだけの材料を持たず，03年と04年にはそうした材料が揃い，業績評価の効果が増大したが，05年の「郵政選挙」においては再び業績評価よりも期待が前面に出るという流れを示すものと考えられ，興味深い（第8章参照）。ただし，いずれの選挙においても業績評価が期待を経由して間接的に投票行動に影響を及ぼしていることを過小評価すべきではなかろう。なお，経済状況認識の効果も，業績評価や期待を経由しての間接的なものがほとんどであるように見える。その中で，今後の景気に関する認識は，01年の比例区，04年の選挙区，05年の小選挙区と比較的明確な効果を示している。すなわち，将来の景気動向に関する楽観的な展望は，直接的に自民党への（言

い換えれば現状維持的，リスク回避的な）投票を促進するように見える。

その他の要因に関しては，自民党支持が一貫して有意な効果を示しているほか，長期居住や農林漁業が自民党への投票を促進し，高学歴であることが自民党への投票を抑制していることが目に付く。

5 80年代～90年代における経済投票

以上の分析結果は，2000年代初頭の投票行動においては，標準的な経済投票のメカニズムが認められることを明らかにした。それでは，こうしたメカニズムは自民党長期政権期においても同様に見られたものであろうか。

先述のように，1990年代以降における国内外の政治的・経済的な環境の変動は，経済投票のあり方にも大きな影響を与えたのではないか，言い換えれば，こうした環境の変化によってはじめて，有権者の間で本格的な経済投票が行われるようになる条件が整ったのではないかと推測される。

そこで以下，こうした点を明らかにするために，1980年代と1990年代に行われた二つの全国選挙調査，すなわち83年6月の参院選時および12月の衆院選時に行われたJES調査と，93年衆院選，95年参院選，96年衆院選に関する調査を含むJESⅡ調査のデータを用いた分析を行い，01年および03年の結果と比較してみたい[5]。

まず表4は，5回の選挙時における内閣に対する業績評価と期待の形成に関する分析結果である[6]。内閣の業績評価に関しては，5回の選挙を通じて

---

[5] JES調査は綿貫譲治，三宅一郎，猪口孝，蒲島郁夫によって実施されたもので，データはレヴァイアサン・データバンクを通じて入手した。またJESⅡ調査は蒲島郁夫，綿貫譲治，三宅一郎，小林良彰，池田謙一によって実施されたもので，データは慶應義塾大学小林良彰研究室から提供を受けた「JESⅡデータ・クリーニング版Ⅰ」を使用した。なお，1970年代に行われた全国選挙調査でデータの入手が可能なものとして1976年総選挙時に行われたJABISS調査があるが，比較分析を可能とするための質問項目が揃っていないため，残念ながら今回は分析対象としなかった。

[6] 以下の分析における変数の詳細は次のとおりである。まず，回答者の属性，政党支持，経済状況認識，投票行動に関しては，83年参院選および83年衆院選における年収に関して，回答者全体の分布がより均等になるように「300万未満」と「600万以上」のダミー変数に変更された他は，すべて01年および03年の変数と同じである。次に，業績評価に関しては，83年参院選と83年衆

表4　内閣に対する業績評価と期待の形成（83年〜96年）

	83年参院選 業績評価	期待	83年衆院選 業績評価	期待	93年衆院選 業績評価	95年参院選 業績評価	期待	96年衆院選 業績評価	期待
男性	.07***	−.02	.10***	−.02	.10***	−.02	−.04*	.01	.03
30代	.02	−.01	.01	.01	−.02	.05	.03	.05	.01
40代	.07**	.01	.04	−.03	−.02	.05	.03	.07	−.05
50代	.14***	.01	.07	.04	.02	.08*	.04	.08	−.01
60代以上	.15***	.01	.18***	.02	.05	.14***	.07	.14**	−.02
居住15年以上	−.01	.01	.00	−.01	−.02	−.01	.06**	.03	.02
教育程度	.00	.01	−.04	−.04	.05*	−.03	−.02	.00	−.06**
一戸建	.01	.00	.01	.01	.04	−.05*	.00	.00	.00
分譲マンション	−.03	−.00	.03	.00	.00	.03	.03	−.01	.00
年収400万未満	−.01	.05**	−.05	.04	.01	−.05*	−.02	.02	−.03
年収800万以上	−.06**	−.01	−.01	.03	.01	−.03	−.00	−.03	−.01
ネットワーク	−.07***	.01	−.02	.00	−.02	−.03	.01	−.01	−.02
大都市居住	.02	.01	.08**	−.01	−.02	−.04*	−.02	.02	.00
町村居住	.01	−.00	.09**	−.02	.02	.02	.01	.01	−.06**
農林漁業	.06**	.02	.01	.01	.03	.02	−.01	−.01	.00
自営業	.10***	.01	−.01	−.01	−.04	−.05*	−.03	−.03	.02
管理職	.05*	.03	.00	.03	−.02	−.08***	−.03	.04	.01
自民党支持	.31***	.13***	.35***	.15***	.19***	.10***	.10***	.19***	.37***
景気現状	.14***	.06**	.16***	−.02	.14***	.16***	.13***	.15***	.00
景気過去	.02	.02	−.04	−.03	.05*	.11***	.03	.10**	.05*
暮らし現状	.09***	−.01	.02	−.04	.02	.06**	.05**	.01	.02
暮らし過去	.04	.01	.06*	.06**	.02	.03	−.03	.04	−.01
業績評価	―	.65***	―	.58***	―	―	.35***	―	.21***
adj R²	.23***	.54***	.25***	.43***	.09***	.12***	.21***	.11***	.23***

数字は標準化偏回帰係数（OLS）。　* p<.10　** p<.05　*** p<.01（両側検定）

自民党支持と景気の現状認識が有意な効果を示している。すなわち，80年代，90年代を通じて，内閣の業績に対する評価は，一方における党派的態度と，

院選では内閣に対する全体的業績評価（0（悪い）〜1（良い）の5段階尺度），それ以外に関しては内閣の経済的業績評価（93年衆院選と96年衆院選では0（悪い）〜1（良い）の5段階尺度，95年参院選では0（悪い）〜1（良い）の4段階尺度）である。最後に，期待に関しては，83年参院選と95年参院選では内閣に対する全体的期待（0（期待できない）〜1（期待できる）の5段階尺度），83年衆院選と96年衆院選に関しては首相に続投してほしいかどうか（0（ほしくない）〜1（ほしい）の3段階尺度）で，93年衆院選については該当する質問項目がなかったのでこの変数は分析に含まれていない。このように，特に業績評価と期待に関しては変数の内容が調査ごとに異なっているので，結果の解釈には慎重を要する。

他方における国全体の経済状況に関する認識の双方によって影響を受けており，この点では2000年代の選挙に関する分析結果と一致するものとなっている。なお，非標準化回帰係数（表中には示されていない）を見ると，自民党支持の効果は80年代の選挙において大きく，90年代に入ってその効果が低下し，その低いレベルが2000年代にも持続していることが分かる。ただし，この変化が実際に90年代に入って政党支持の規定力が低下したことによるのか，あるいは83年の二つの選挙における従属変数が内閣の全体的な業績評価である（注5参照）ためなのかについては，ここでの分析のみからは結論付けられない。また83年の二つの選挙では，景気に関しては現状認識の効果のみが有意であったが，90年代の三つの選挙においては，それに加えて過去一年の景気動向の認識も有意な効果を示している。これについても，90年代に入ってから近過去の経済状況の変化に基づく経済投票が本格化したためなのか，単に従属変数の違いによるものかは断定できないが，少なくとも93年衆院選以降，2000年代に見られたのと同様な業績評価の形成メカニズムが一貫して働いていることが確認された。なお，暮らし向きに関する認識が業績評価に与える影響については，5回の選挙を通じての一貫した傾向は見られない。

次に内閣への期待に関してであるが，ここでも83年参院選と95年参院選に関しては従属変数が内閣への全体的な期待であり，83年衆院選と96年衆院選においては，首相に続投してほしいかどうか（93年衆院選に関しては該当質問なし）であることから，結果の解釈には慎重を要する。まず，4回の選挙を通じて，自民党支持と業績評価が一貫して有意な効果を示しているが，これについては2000年代の選挙の分析結果と同じであり，予想されるとおりである。また経済状況認識の効果には一貫したパターンが見られないが，従属変数が内閣への期待である83年参院選と95年参院選においては景気の現状に関する認識の直接的効果が有意である点で，2000年代の選挙の分析結果と整合的な結果であると言えるだろう。

最後に，自民党への投票を従属変数とした二項ロジスティック回帰分析の結果が表5である。ここでは一貫した効果を示しているのは自民党支持のみで，業績評価と期待の効果のパターンは選挙ごとに様々である。すなわち，83年参院選においては両者とも有意，83年衆院選と95年参院選では業績評価のみが有意，96年衆院選では期待のみが有意，そして93年衆院選での業績評価は有意ではない。こうした結果は，各選挙において使用した変数の違いと

表5　自民党への投票に対する経済状況認識・業績評価・期待の効果(83年〜96年)

	83年参院選 選挙区	83年参院選 比例区	83年衆院選	93年衆院選 小選挙区	93年衆院選 比例代表	95年参院選 選挙区	95年参院選 比例区	96年衆院選 小選挙区	96年衆院選 比例代表
男性	.06	−.02	.11	.14	−.03	−.14	−.01	−.05	
30代	.08	.13	.10	−.35	.12	.48	1.39***	1.01**	
40代	−.02	−.01	.10	.23	.37	.89*	1.36***	1.00**	
50代	.52*	.58*	.52	.15	.37	.96**	.96**	.82*	
60代以上	.41	.83**	.72*	.10	.81*	1.48***	1.27***	1.07**	
居住15年以上	.44**	.55**	.20	.22	.04	.26	.28	.03	
教育程度	−.04	−.19	.49	−.44*	.11	.32	−.04	−.08	
一戸建	.25	−.22	.07	.45**	.31	.15	.18	−.07	
分譲マンション	−.57	−1.11	.44	.18	−.21	−.29	−.31	−.76*	
年収400万未満	.34	.27	.02	.16	−.29	−.18	.07	.17	
年収800万以上	.12	.12	−.52*	−.01	−.04	−.11	−.08	−.02	
ネットワーク	.11	.08	.02	−.05	.42*	.44**	.20	.14	
大都市居住	−.07	−.21	−.40	−.19	−.31	−.41*	−.14	−.21	
町村居住	.23	.06	.81***	.36**	.34	.39**	.34*	.26	
農林漁業	−.13	.28	.87**	−.10	.24	.00	.46	.84***	
自営業	−.40*	.13	.22	.19	.17	−.04	.30*	.51**	
管理職	−.22	−.00	−.20	.06	.74***	.64**	.14	.44*	
自民党支持	2.81***	3.13***	2.52***	2.50***	2.87***	3.47***	2.01***	2.43***	
景気現状	−.65	−.71	.39	−.30	.23	−.05	−.11	−.18	
景気過去	.87*	1.20**	−1.09*	.35	−.64	−.21	−.07	−.04	
景気将来	.21	−.24	.53	.12	.40	.25	.57	.53	
暮らし現状	−.39	.05	.10	.65**	−.02	−.18	.36	.46	
暮らし過去	.36	.44	.95	.04	.34	.40	−.14	−.75	
暮らし将来	.31	−.25	.48	.54	.18	.28	.67	.57	
業績評価	1.38**	1.35**	1.48**	.42	.68*	.85**	.38	.51	
期待	.82*	1.28**	−.03	—	.64	−.04	.95***	1.11***	
(Constant)	−4.23***	−4.76***	−3.73***	−3.39***	−4.41***	−5.24***	−4.50***	−4.31***	
Nagelkerke-R²	.53***	.58***	.52***	.42***	.45***	.52***	.40***	.48***	

数字はロジスティック回帰係数。　* p<.10　** p<.05　*** p<.01

個々の選挙における特殊要因の双方の影響によるものと思われる。例えば宮澤内閣不信任を受けて行われた93年総選挙においては，宮澤内閣の業績評価はもはや自民党への投票にはイレリヴァントな要因であったと考えられ，また村山内閣下における95年参院選においては，(自民党が与党の一員であったとはいえ) 社会党党首である村山首相率いる内閣への期待は自民党への投票に必ずしも繋がらなかったであろうことが推測されるが，やはりここでの分析結果のみから断言することは控えるべきであろう。このほか，経済状況認識の直接的効果に関しても明確な傾向は認められないが，その中で，83年衆院選においては過去の景気動向の認識が有意なマイナスの効果を示してい

る点が注目される。すなわち、この選挙においては、(他の条件が等しければ)過去一年間に景気が悪化したと認識している者ほど自民党に投票する傾向が見られたということである。

以上のような結果はどのように解釈すべきであろうか。平野(2004a)は、1992年から2001年にかけて行われた7回の国政選挙のうち、1993年総選挙を除く6回の選挙時に東京都の有権者を対象として行われたサンプル調査のデータを分析した結果、この時期における経済投票のあり方に関して次のような点を指摘した。すなわち、第一に、自分の暮し向きを業績評価の基準にする個人指向の経済投票(pocketbook voting)から国全体の景気を業績評価の基準とする社会指向の経済投票(sociotropic voting)へという変化が認められること、第二に、今後の与党のパフォーマンスに対する期待の重要性が高まり、またそうした期待の形成にあたって、より長期的な要因である政党支持に代わり、より短期的な要因である業績評価の重要性が高まりつつあること、第三に、1992年以前の選挙においては、いわゆる政策領域指向(policy-oriented)の経済投票(経済状況の悪い時こそ経済に強い自民党に頼ろうという投票行動)が広く行われていた可能性があるが、90年代後半以降は、専ら現職指向(incumbency-oriented)の経済投票(経済状況が良ければ与党に、悪ければ野党に投票しようという投票行動)が見られるようになったこと、である。

こうした観点から以上の分析結果を見ていくと、第一に、ここでの分析結果からは個人指向の経済投票から社会志向の経済投票へ、という変化は明確には認められない。むしろ、80年代から一貫して有権者は社会指向の経済的業績評価を行っていたように見える。ただし、短期的な景気の変動がよりストレートに業績評価に反映するようになったのは90年代中盤以降である可能性がある。また、個人的な経済状況の認識が業績評価に結びつくかどうかには、個々の選挙に特殊な要因が影響しているように見える。第二に、投票行動に対して過去志向(retrospective)の業績評価と将来志向(prospective)の期待のいずれがより大きな影響を及ぼすかについても、個々の選挙が置かれたコンテクストが大きく影響するように思われ、単純に期待の効果が高まりつつあるといった傾向は認められない。第三に、政策領域指向の経済投票に関しては、83年衆院選においてその存在を示す徴候が認められたが、それ以外の選挙においてはそうした徴候は見られなかった。従って、こうした投票

メカニズムが自民党長期政権期において一般的に見られたというのではなく，やはり個々の選挙が置かれた状況によって，それが顕在化する場合もありうるという暫定的な結論に留まらざるをえない。

このような先行研究との不一致が（東京都と全国という）調査対象の違いによるものか，分析対象とした選挙の不一致によるものか，あるいは分析に用いた質問項目の差異によるものかといった点について，今後さらに分析を進める必要があろう[7]。

6　客観的な経済状況の効果に関する分析

さて，それではこうした有権者の経済投票は，どれほど現実の経済状況を反映したものなのであろうか。平野（2004a）は，東京都の有権者を対象として行った7回の調査データを時系列的にプールしたものに，個々の時点の経済状況に関するアグリゲート・データをマージしたデータセットを分析した結果，有権者の主観的な経済状況認識は，選挙直前の一年間における GDP の実質成長率をかなり正確に反映していることを明らかにした[8]。ここでは，そうした経済状況の時間的な変動ではなく，その地域的な差が経済投票にどのように反映されているのかを検証することにしたい。

具体的には，01年参院選データについて，先に表1～表3で行った分析モデルに独立変数としてさらに三つの地域的経済指標——県内総生産実質成長率，一人当り県民所得，市町村完全失業率——を加えたモデルの分析を行った[9]。まず投票行動以外の各従属変数に対する地域経済状況の影響を示した

---

[7] 平野（2004a）では，96年衆院選での経済投票に関して，やはり全国調査データである JEDS96 データを用いた分析も行っている。そこでの分析結果は基本的に本章におけるものと一致しており，内閣の業績評価に対して景気の現状および過去に関する認識が有意なプラスの効果を示し，また内閣業績評価は比例代表での自民党への投票に有意なプラスの効果を示していた（期待は質問されていない）。ただし，本章での分析では有意でなかった，暮らし向きの現状認識の内閣業績評価に対する効果が，そこでは有意なプラスの効果を示すなど，若干の相違も認められる。

[8] 同様に，有権者の主観的な経済認識が客観的な経済の動向を反映したものであることを示した研究として西澤（2001）も参照。

[9] 経済変数の決定に関しては，利用可能な都道府県および市町村レベルの経済指標の中から，まずアグリゲート・データを用いた経済投票分析における

ものが表6である。

これを見ると，第一に，政党支持や様々な属性をコントロールしても，客観的な経済状況は回答者の経済状況認識（現状および過去）に直接的な影響を与えている。すなわち，失業率の高さは景気の現状，過去一年の景気動向，過去一年の暮らし向きの変化に関する認識にネガティヴな影響を与え，また

表6　客観的経済状況が経済状況認識（現状・過去）・業績評価・期待に与える影響（01年参院選）

	景気現状	景気過去	暮し現状	暮し過去	業績評価	期待	景気将来	暮し将来
男性	−.02	−.05**	−.04	.02	−.02	.01	.02	.04*
30代	−.11***	−.13***	−.11***	−.06*	.03	−.03	−.06*	−.10***
40代	−.12***	−.19***	−.20***	−.23***	.02	−.03	−.08**	−.09***
50代	−.18***	−.31***	−.20***	−.22***	−.00	−.05	−.11***	−.11***
60代以上	−.11**	−.34***	−.08**	−.17***	.05	−.03	−.05	−.15***
居住15年以上	−.00	.03	.02	−.01	−.00	−.03	.01	−.04
教育程度	−.09***	−.04	.07***	.05*	−.06**	−.07***	−.01	−.01
一戸建	−.02	.01	.16***	.02	−.03	.02	−.07**	−.09***
分譲マンション	−.01	.01	.05**	.01	−.01	.03	−.06**	−.04*
年収400万未満	−.04*	−.01	−.09***	−.03	−.03	−.02	−.00	−.01
年収800万以上	.04	.04	.11***	.10***	−.04	−.03	.02	.01
ネットワーク	−.06**	−.01	.07***	−.00	.01	.05*	.04*	.01
大都市居住	−.03	.02	.02	.01	−.03	−.03	.03	.01
町村居住	−.05**	−.07***	−.01	−.03	−.08***	.00	−.01	.01
農林漁業	.00	−.03	−.03	−.03	.02	−.02	−.02	.01
自営業	−.07***	−.13***	−.06**	−.13***	.01	.01	−.04*	−.00
管理職	−.01	−.02	.02	.02	−.03	−.02	.01	−.01
自民党支持	.12***	.09***	.08***	.08***	.09***	.13***	.03	−.02
景気現状	—	—	—	—	.07**	.05*	.03	.02
景気過去	—	—	—	—	.15***	.06**	.32***	.09***
暮らし現状	—	—	—	—	.01	.09***	.07***	.11***
暮らし過去	—	—	—	—	.02	.04	.06*	.38***
業績評価	—	—	—	—	—	.31***	.03	−.01
期待	—	—	—	—	—	—	.19***	.10***
実質成長率(県内)	−.02	−.03	−.00	−.03	.01	.02	.01	−.00
一人当り県民所得	.05*	−.02	.10***	.00	.06**	−.02	.00	.05*
完全失業率(市町村)	−.06**	−.09***	−.02	−.04*	−.05*	.01	−.01	.01
adj R^2	.04***	.06***	.10***	.06***	.06***	.17***	.24***	.28***

数字は標準化偏回帰係数（OLS）。　* p<.10　** p<.05　*** p<.01（両側検定）

　　　スタンダードな独立変数である経済成長率と失業率に対応するものとして県内総生産実質成長率と市町村完全失業率を選び，これに地域的な豊かさの指標として一人当りの県民所得を加えた。

県民所得の高さは景気および暮らし向きの現状認識にポジティヴな影響を与えている。しかし，予想に反して，成長率はこれらの変数に対する有意な効果を示していない。第二に，失業率と所得は経済的業績評価に対して（景気に関する認識を経由した間接的な効果のほかに）直接的にも効果を及ぼしているが，ここでも成長率の効果は見られない。第三に，期待と将来の経済状況の認識に対しては，所得が将来の暮らし向きに関する認識に与える影響のみが有意であり，これらの変数に対す客観的経済状況の効果は間接的なものに留まっている。

次に自民党への投票を従属変数とする二項ロジスティック回帰分析の結果が表7であるが，ここでの効果のパターンは表6に見られるものとは全く異なっている。すなわち，ここでは選挙区での投票に対する成長率と所得のみが有意であり，しかもそのいずれに関しても符号はマイナスである。言い換えれば，有権者が居住する都道府県の経済成長率の低さおよび県民所得の低さが，選挙区における自民党候補への投票を促進している。

以上の結果を要約すれば，まず有権者の経済状況認識はその地域の経済状況を確かに反映しているが，そこで反映されるのは主として失業率や一人当りの所得であり，成長率の効果は小さい。換言すれば，失業率の低さや所得の高さは経済状況認識や業績評価を経由して，自民党への投票を促進する。ただしその一方で，成長率や所得の低さは選挙区での投票において直接的に自民党候補への

表7　客観的経済状況が自民党への投票に与える影響（01年参院選）

	選挙区	比例区
男性	−.26*	−.21
30代	.12	−.03
40代	.50	−.07
50代	.46	.30
60代以上	.72**	.66*
居住15年以上	.41**	.29
教育程度	−.10	.10
一戸建	−.20	−.14
分譲マンション	−.05	−.02
年収400万未満	−.00	−.19
年収800万以上	−.03	.31
ネットワーク	.51**	.06
大都市居住	.12	.32
町村居住	.35	.43*
農林漁業	.09	.28
自営業	.35*	−.09
管理職	.12	−.14
自民党支持	1.41***	2.08***
景気現状	.32	−.23
景気過去	−.33	−.69
景気将来	.04	.73**
暮らし現状	.55	.10
暮らし過去	−.49	.31
暮らし将来	.96**	.63
業績評価	.25	−.01
期待	1.30***	1.03***
実質成長率（県内）	−.15**	.03
一人当県民所得	−.001***	.00
完全失業率（市町村）	−11.06	3.08
(Constant)	−.03	−3.39***
Nagelkerke-R^2	.29***	.35***

数字はロジスティック回帰係数。
* p<.10　** p<.05　*** p<.01

投票を促進する。これはオーソドックスな経済投票のロジックとは異なる,利益配分に関わる政策的な需要や期待に基づく(すなわちある種の政策領域指向的な)投票行動のメカニズムであると言ってよいであろう。

7 まとめ

以上の分析から,今日における有権者の経済投票に関しては,以下のような暫定的結論が引き出される。第一に,景気の現状および最近の動向に関する認識→小泉内閣の経済的業績評価→小泉内閣に対する期待→自民党への投票,という経済投票モデルが仮定する基本的な因果関係は明確に存在している。第二に,より弱く一貫性にも欠ける効果ではあるが,自分の暮らし向きに関する認識も業績評価に影響を与えている。第三に,業績評価と期待が投票行動に及ぼす効果のパターンに関して,小泉内閣発足直後の01年参院選においては内閣への期待のみが直接的な効果を示していたのに対し,業績評価の材料が揃った03年衆院選および04年参院選においては,業績評価の直接的な効果も明確に見られるようになるが,「郵政選挙」となった05年衆院選では再び期待のウェイトが上昇し,比例代表での業績評価の効果が見られなくなるといった変化が見られ,過去の業績評価と将来への期待の相対的なウェイトは,それぞれの選挙が置かれたコンテクストによって様々に異なることが示唆された。

また,80年代,90年代に行われた全国調査データの再分析からは,有権者がすでに80年代から社会指向の経済的業績評価を一貫して行ってきたこと,ただし90年代半ば以降,短期的な景気の変動がよりストレートに業績評価に結びつくようになってきた可能性があること,投票行動に対して業績評価と期待が及ぼす影響の相対的ウェイトはやはり個々の選挙が置かれたコンテクストによって左右されると考えられること,選挙によっては政策領域指向の投票行動メカニズムが顕在化する可能性があったこと等が示された。

最後に,地域的な経済状況に関するアグリゲート・データを組み込んだ分析の結果,失業率の低さや所得の高さは経済状況認識や業績評価を経由して自民党への投票を促進するが,同時に成長率や所得の低さは選挙区での投票において直接的に自民党候補への投票を促進するといった複雑なメカニズムが明らかにされた。

補遺：変数の定義

1　回答者の属性
「性別」：男性の場合を1とするダミー変数。
「年齢」：30歳代，40歳代，50歳代，60歳以上という四つのダミー変数。20歳代が参照カテゴリー。
「居住期間」：居住期間が15年以上の場合を1とするダミー変数。
「教育程度」：義務教育＝0，中等教育＝0.33，高専・短大・専修学校＝0.67，大学・大学院＝1。
「居住形態」：「一戸建」，「分譲マンション」という二つのダミー変数。
「収入」：税込み年収400万未満，税込み年収800万以上という二つのダミー変数。
「ネットワーク」：自分と話をしていて「日本の首相や政治家や選挙のことが話題になる20歳以上の人」の数。0～4を0～1に再コード。
「居住地域」：「大都市（政令指定都市）居住」と「町村居住」の二つのダミー変数。
「職業」：家計維持者の職業が，自民党支持率の高い三つの職業的カテゴリー，すなわち「農林漁業」，「自営業」，「管理職」である場合に対応する三つのダミー変数。

2　政党支持
支持政党が自民党の場合を1，それ以外の場合を0とするダミー変数。

3　小泉内閣の業績評価
「景気対策」に関する小泉内閣の実績についての評価。0（悪い）～1（良い）の5段階尺度。

4　小泉内閣への期待
「景気対策」に関する小泉内閣への期待。0（期待できない）～1（期待できる）の5段階尺度。

5　経済状況認識
日本の「景気」および自分の「暮らし向き」の現状，過去一年間の変化，今後の動向に関する認識。すべて最もネガティヴな回答を0，最もポジティヴな回答を1とする5段階尺度。

6　投票行動
自民党（自民党候補）に投票した場合を1，それ以外の場合を0とするダミー変数。

第 2 部

ミシガン・モデル再考

第5章

政党支持とその規定要因

1 はじめに

　第1部の四つの章においては，今日の日本において有権者の社会経済的・階層的属性や職業利益認知・経済状況認知がどのようにその党派的態度や投票行動と関連しているのかを分析することにより，社会経済的な構造やその変動が投票行動を規定するメカニズムの一端を明らかにすることができた。

　第2部をなす本章とそれに続く三つの章では，投票行動を規定する有権者の内的な要因，具体的には政党支持，候補者認知と候補者評価，争点態度，業績評価と期待，といったものが，どのように形成され投票行動に結び付いているのかを明らかにしていきたい。言うまでもなくこれらの要因は，ミシガン学派に代表される投票行動への社会心理学的なアプローチにおいて最も重要な変数とされてきたものである[1]。

　そこでまず本章では，一般にその中でも最も重要な変数であると認識され，またそれ自体を対象とする多くの研究がなされてきた政党支持を取り上げることとしたい。

　日本における政党支持は，社会・経済的な構造——社会的亀裂（social cleavage）——をストレートに反映するものではなく，また超越的なイデオロギーや価値観によって直接規定されているものでもない。それは第二次大戦後の日本が置かれた状況が生み出した独特のメカニズムによって規定されてきたものであると言える[2]。すなわち，一方において冷戦の中で体制維持を掲げ，

---

　　[1] ミシガン・モデルを始めとする投票行動の社会心理学的モデルについては田中（2000）を参照。
　　[2] こうした点については，Watanuki（1967），三宅（1985），また本書第2章，第

それによって市場競争において優位を占めるセクターからの支持を調達しつつ、他方においてその余剰を市場競争において不利な立場にある業種や地域に対する再分配に回すことにより、それらの再分配依存セクターからの強固な支持も獲得するといった、疑似的キャッチオール・パーティーとしての自民党の存在が、日本における政党支持のあり方に、他の欧米諸国とは異なる特徴を与えてきたものと考えられる[3]。

より具体的に言えば、こうした政党支持における基底的な構造は、その表現型として、一方において体制に関するイデオロギー的な対立としての「保革対立」(「保革イデオロギー」上の対立)を生み出し、他方において「利害のネットワーク」(利益と票の交換ネットワーク)を通じての利益の獲得競争／選挙における動員競争を生じさせ、これらが日本における政党支持という「現象」をより直接的に規定するものとされてきた[4]。

そこで以下、まず第2節で、政党支持に対する社会的亀裂と利害のネットワークの影響について再確認した後、第3節で、保革イデオロギーの時代的変遷、その規定要因、及びそれが政党支持に及ぼす影響について検討を加え、さらに第4節で、これまでの日本の政党支持研究ではほとんど取り上げられてこなかった側面、すなわちアメリカにおける政党帰属意識(party identification)と同様な社会的アイデンティティとしての政党支持という問題についての実証的な分析結果を紹介することとしたい。

2 社会的亀裂と利害のネットワーク

先の第3章では、四つの階層的次元が政党支持に及ぼす影響を分析した(第3章表7の基本モデル)。そこでは、職業的階層(よりホワイトカラー的職業であること)は、自民党よりも民主党あるいは公明党を支持する可能性を高めるという効果が認められた。ただし、この効果は団体加入や人脈に関する変数を追加的に投入したモデル(第3章表8)では消失した。このこと

3章などを参照。

3 他方、かつての社会党や現在の民主党のような野党第一党は、憲法・安全保障問題や再分配政策などにおいて、自民党に対してどのような対抗的位置を取るかがその支持調達における大きな問題となる。

4 保革イデオロギーに関しては蒲島・竹中(1996)を、また利害のネットワークに関してはCalder(1988)、Flanagan & Richardson(1977)を参照。

から，社会的亀裂としての職業的階層は，それ自体が直接的に政党支持を規定するのではなく，それぞれの職業に特徴的な利害のネットワークに媒介されて間接的に影響を及ぼしていることが示唆された。

他方，すでに第2章では，職業と政党支持の関係が分析された。そこでは自民党支持に関して農林漁業，自営業，管理職からなる「55年連合」の存在が確認され――ただし今後，管理職がそこから脱落する一定の可能性はあるが――それが本章第1節において論じたようなロジックによる連合であり，必ずしも階層的な亀裂を反映するものではないということが論じられた。

そこで，これらの点を再確認するため以下のような分析を行った。すなわち，まず第3章表7の基本モデル（支持政党を従属変数とし，性別，年齢，四つの階層的次元を独立変数とするモデル）に，五つの職業ダミー変数を追加投入する[5]。その結果，職業的階層の効果が消え，個別の職業ダミーの効果が有意であれば，職業の効果は階層的な亀裂によるものではなく，各職業カテゴリーの持つ利害関心によるものであると推測できる。さらに，このモデルに利害のネットワークの指標としての団体加入変数を追加投入する。その結果，団体加入変数の明確な効果が見られ，同時に職業ダミー変数の効果が弱まるとすれば，これらの職業の効果も，その職業に就いていること自体による単純な効果ではなく，その職業に特徴的な利害のネットワークに包摂されることを媒介とする効果であることが推測できる。分析の結果は表1のとおりである（一番右の列の価値観モデルに関しては後述）。

第一に，基本モデルでは民主支持と公明支持に関して有意なプラスの効果を示していた職業的階層の効果が消え，いずれの政党に関しても有意な効果が見られなくなった。他方，職業ダミーはいくつかの明確な効果を示している。すなわち，農林漁業は民主支持，公明支持，支持なしに対してマイナスの効果を示し，自営業も民主支持に対してマイナスの効果を示している。これらは先の仮説の予想する通りであり，政党支持に影響するのは職業階層的な亀裂ではなく，農林漁業，自営業といった特定の職業における利害関心であることが示された[6]。

5　五つの職業ダミー変数は，農林漁業，自営業（自由業を含む），管理職，専門技術職，労務職（販売・サービスを含む）で，参照カテゴリーは事務職である。その他の変数については第3章を参照。

表1　政党支持に対する階層的属性・職業・団体加入・価値観の影響

	民主支持				公明支持			
	基本	職業	団体加入	価値観	基本	職業	団体加入	価値観
男性	.48**	.52***	.40*	.30	−.36	−.35	−.29	.12
30代	−.35	−.36	−.71	−1.22*	−.60	−.71	−.75	−.10
40代	.47	.49	.41	.43	−.26	−.29	−.53	.24
50代	.40	.48	.42	.24	−1.35***	−1.35***	−1.86***	−1.27
60代以上	−.37	−.14	−.09	−.26	−1.91***	−1.81***	−2.38***	−1.99**
職業	.21**	−.37	−.91	−.00	.26*	−.53	−2.05**	.20
学歴	.23**	.28***	.28**	.19	−.43**	−.40**	−.83***	−.79**
居住形態	−.16*	−.09	−.10	−.18	−.24**	−.20*	−.21	−.21
収入	−.12	−.11	−.03	−.15	−.36**	−.34**	−.17	−.42*
農林	—	−2.45*	−3.57*	—	—	−4.07*	−7.72***	—
自営	—	−1.72***	−2.19**	—	—	−.94	−2.29*	—
管理	—	−.20	.24	—	—	−.43	.81	—
専門	—	−.87**	−.95**	—	—	−.34	−.42	—
労務	—	−1.11	−1.92	—	—	−1.46	−3.98**	—
同窓会	—	—	−.13	−.19	—	—	−.22	−.22
地域業界	—	—	−.22*	−.33**	—	—	−.12	−.32
市民団体	—	—	−.04	−.11	—	—	.08	−.12
消費者	—	—	.09	.10	—	—	.14	.04
労働組合	—	—	.22**	.37***	—	—	−1.44***	−1.33***
権威志向	—	—	—	−.34***	—	—	—	−.28
脱物質志向	—	—	—	.19+	—	—	—	.07
(Constant)	−1.58***	−.64	−.14	−1.32***	−1.03**	−.02	.61	−2.29**
Nagelkerke-R²		基本モデル	.17***			職業モデル	.20***	

数字はロジスティック回帰係数。
+ p<.105　* p<.10　** p<.05　*** p<.01
従属変数の参照カテゴリーは自民支持。職業の自営は自由業を含む。職業の参照カテゴリーは事務。

第二に，団体加入の効果はここでも明確である。すなわち，地域・業界団体への加入は民主支持と支持なしに対してマイナスの効果を示し，また労働組合加入は民主支持，社共支持に対してプラスの，公明支持に対してマイナスの効果を示している[7]。これ以外にも，消費者団体への加入は社共支持に対してプラスの，同窓会への加入は支持なしに対してマイナスの効果をそれぞれ示している。ただし，こうした団体加入の効果は，先の職業ダミーの効

---

[6]　なお，ここでは民主支持と支持なしに対して専門技術職の有意なマイナスの効果も示されているが，この結果は第1章および第2章の分析結果からストレートに予測されるものではなく，その意味に関する検討は他日を期したい。

[7]　第3章で述べたとおり，労働組合加入のマイナスの効果は，同時に宗教団体加入のプラスの効果を意味している。

第5章　政党支持とその規定要因

	社共支持				支持なし		
基本	職業	団体加入	価値観	基本	職業	団体加入	価値観
.04	.09	.29	.55	−.26*	−.24*	−.31*	−.49**
−.21	−.25	−1.40	−1.29	−.58**	−.62**	−.39	−.40
.65	.63	.06	−.04	−.57**	−.57*	−.18	.16
.17	.24	−.11	−.35	−1.24***	−1.21***	−.89***	−.83**
−.26	.00	.03	−.29	−1.85***	−1.76***	−1.32***	−1.29***
.05	.06	.40	.13	.06	−.15	−.04	−.05
.25	.29*	.29	.17	.13	.14*	.23**	.34***
−.23*	−.15	−.31**	−.24	−.19***	−.15**	−.09	−.19*
.03	.06	.07	−.02	.05	.06	.10	−.03
—	−1.44	−.76	—	—	−1.34*	−.87	—
—	−.87	−.35	—	—	−.53	−.29	—
—	−1.17	−1.07	—	—	−.63	−.56	—
—	−.30	−.18	—	—	−.52*	−.29	—
—	.13	.82	—	—	−.52	−.20	—
—	—	−.10	−.11	—	—	−.19**	−.28***
—	—	−.17	−.37+	—	—	−.19**	−.28**
—	—	.09	.09	—	—	−.05	.05
—	—	.46***	.32**	—	—	−.01	−.07
—	—	.22*	.36**	—	—	.12	.11
—	—	—	−.42**	—	—	—	−.51***
—	—	—	.31*	—	—	—	.07
−2.38***	−2.12**	−2.64***	−2.51***	.80***	1.26***	.61	.16

団体加入モデル　.34***　　　価値観モデル　.38***

　果を必ずしも失わせるものとはなっていない。すなわち，一方において，支持なしに対する職業の有意な効果は消えているが，民主支持に対する農林漁業，自営業，専門技術職の効果は消えず，さらに公明支持に対しては，農林漁業の有意な効果はそのままである上に，新たに自営業と労務職の有意なマイナスの効果が現れている。従って，職業と団体加入が政党支持に与える影響は相互補完的であり，その両方が部分的に利害のネットワークへの包摂に関する指標となっていると考えられる。またこの分析結果において興味深いのは，公明支持に対する職業的階層の有意なマイナスの効果が現れていることである（民主支持，社共支持，支持なしに対してはここでも有意な効果は見られない）。職業的階層は基本モデルでは公明支持に対して有意なプラスの効果を示していた。しかし恐らくこれは団体加入の効果をコントロールしていないための見かけ上の効果で，これをコントロールしたことにより，見

かけとは逆方向の職業的階層固有の効果が現れたものと思われる。しかしいずれにしても，日本における政党支持の規定要因として重要なのは，社会的亀裂としての職業階層ではなく，それぞれの職業に特徴的な利害のネットワークであると言って間違いなかろう。

最後に，職業ダミーと団体加入を投入したモデルにおける職業以外の階層変数の効果を見ると，民主支持，公明支持，支持なしに対しては学歴の効果が有意（民主支持と支持なしに対してはプラスの効果，公明支持に対してはマイナスの効果），また社共支持に対しては居住形態の効果が（持家がマイナスに働くという方向で）有意となっており，学歴の効果が相対的にセイリエントである。これ以上の議論は本書の射程を超えるが，仮に最近の社会階層研究において論じられているように（例えば苅谷, 2000），今後の日本において学歴がある種の社会的亀裂を反映するものとなるならば，少なくともその点において政党支持もまた社会的亀裂を反映するものとなるかも知れない。この点についての更なる検討については他日を期したい。

3　カルチュラル・ポリティクスと保革イデオロギー

第1節で述べたとおり，日本における政党支持の規定要因として利害のネットワークと並んで重要とされてきたものが「保革イデオロギー」である。政党支持における保革イデオロギー・モデルとは，政治的な価値観，信条，政策的な立場などにおける二つの対立するパッケージ（すなわち「保守」と「革新」）を両極として形成された対立軸上で，有権者は自分の立場に近い政党を支持するというものである。このモデルに基づく政治を Watanuki（1967）は「カルチュラル・ポリティクス（cultural politics）」と呼んだが，それは彼がこの保革対立の基底には「権威への服従」や「集団への同調」といった価値に対して肯定的か否定的かといった価値観の対立があると考えたためである[8]。

先の表1の右端のモデル（価値観モデル）は，この点を確認するためのものである。すなわち，第3章において析出された価値観の次元のうち，この「権威への服従」や「集団への同調」を内容とする「権威志向」，および先進諸国における政治的価値対立の重要な軸であるとされてきた「物質主義対脱

8　彼はこれを「戦前的価値」と「戦後的価値」の対立として捉えている。

物質主義」（Inglehart, 1977, 1990）を内容とする「脱物質志向」の2項目を独立変数として投入し，利害のネットワークをコントロールしてもなおこれらの価値観が政党支持に影響を与えるかどうかを見たものである[9]。

結果を見ると，まず権威志向は公明支持を除く民主支持，社共支持，支持なしのいずれに対してもマイナスの有意な効果を示している（公明支持に対しても符号はマイナス）。すなわち，利害のネットワークに関する変数をコントロールしても，権威志向は自民支持と民主支持，社共支持，支持なしを分ける効果を持っている。また脱物質志向も社共支持に対してプラスの有意な効果を示し，また民主支持に対してもマージナルなプラスの効果が見られる。やはり今日においても，こうした基底的な価値対立は政党支持に対して影響を及ぼしていることが分かる[10]。

そこで次に，保革イデオロギー自体の分析に移ろう[11]。まず過去20年余りの間に，保革イデオロギーの構造にどのような変化が生じたかを見ていきたい。保革イデオロギーに関しては，76年のJABISS調査，83年のJES調査，93年〜96年のJESⅡ調査，そしてJESⅢ調査において，継続的にこれを測定する質問がなされてきた。ただし，76年調査における質問項目は他とやや異なっている。そこでここでは，11項目の共通した質問が行われている83年，93年，96年，04年，05年の5回の調査データを用いて，これら11項目に関する因子分析を行い，その構造的な変遷を追ってみた。結果は表2のとおりである[12]。

---

9 モデルの自由度との関係で職業ダミー変数は分析から除いた。
10 こうした価値観の効果を見ると，先に考察した学歴の効果との関連が思い起こされる。しかし，これら二つの効果はそれほどオーバーラップするものではない。第一に，価値観を投入した結果，確かに民主支持に対する学歴の効果は有意ではなくなったが，公明支持および支持なしに対する効果は依然として有意である。第二に，第3章の表5に明らかなとおり，権威志向，脱物質志向のいずれに対しても，学歴は有意な影響を及ぼしていない。
11 以下の分析と補完的な分析を行ったものとして平野（2005a）も参照。
12 11の質問項目は以下の通りである。
「安保体制の強化」：日米安保体制は現在よりもっと強化するべきだ
「防衛力の強化」：日本の防衛力はもっと強化するべきだ
「核兵器の不保持」：日本は絶対に核兵器をもってはいけない
「天皇の発言権」：天皇は政治に対して，現在よりもっと強い発言権をもつべ

表2 保革イデオロギーの構造的変遷

	83年			93年				96年			
	I	II	III	I	II	III	IV	I	II	III	IV
安保体制の強化	.78	−.03	.03	.76	−.08	.17	−.06	.72	.04	.16	−.00
防衛力の強化	.73	−.23	−.00	.70	−.13	−.17	−.00	.70	−.20	−.00	.03
核兵器の不保持	−.53	.28	.08	−.37	−.12	.53	−.01	−.49	.11	.28	.12
天皇の発言権	.49	.18	.24	.61	.18	.07	.10	.62	.27	.05	.13
貿易摩擦の解消	.37	.24	.20	.25	−.10	.58	.22	.18	−.02	.58	.26
社会福祉の充実	.10	.64	−.24	.05	.20	.65	−.17	−.05	.09	.77	−.20
労働者の発言権	−.09	.64	.09	−.02	.49	.45	−.02	−.15	.45	.39	−.01
女性の地位向上	.03	.57	.10	.11	.72	.02	.08	.07	.67	.24	.03
公務員のスト権	−.26	.48	−.07	−.11	.74	−.04	−.10	−.02	.80	−.18	−.04
小さな政府	.06	.17	.74	−.10	.06	.15	.76	−.12	.11	.09	.67
自助努力	.08	−.28	.68	.13	−.06	−.17	.69	.15	−.13	−.08	.75
寄与率（％）	17.2	15.4	10.9	15.2	13.0	12.3	10.6	15.6	13.2	11.7	10.4

注：主成分法，バリマックス回転後の負荷量。

　この表から分かるとおり，固有値1以上という基準で因子抽出を行ったところ，83年には3因子，93年，96年，04年には4因子，05年には5因子と，因子の数は徐々に増えており，保革イデオロギーの構造自体が時代とともに拡散しつつあるように見える。ただし，個々の因子の内容を吟味してみると，こうした因子数の増加は，保革イデオロギーの意味構造自体の大きな変化を

きだ
「貿易摩擦の解消」：日本が譲歩しても外国との貿易摩擦をすみやかに解消するべきだ
「社会福祉の充実」：年金や老人医療などの社会福祉は財政が苦しくても極力充実するべきだ
「労働者の発言権」：労働者は重要な決定に関して，もっと発言権をもつべきだ
「女性の地位向上」：より高い地位やよい職業につく女性をふやすため，政府は特別な制度を設けるべきだ
「公務員のスト権」：公務員や公営企業の労働者のストライキを認めるべきだ
「小さな政府」：政府のサービスが悪くなっても金のかからない小さな政府のほうがよい
「自助努力」：お年寄りや心身の不自由な人は別として，すべての人は社会福祉をあてにしないで生活しなければならない
いずれの質問も，回答は「賛成」(1)から「反対」(5)までの5段階尺度によるものである。

	04年				05年				
	I	II	III	IV	I	II	III	IV	V
	.76	−.07	.06	−.01	.70	.02	.28	.14	.16
	.70	−.18	−.11	−.08	.82	.03	−.04	.11	−.00
	−.19	.21	.57	.07	−.05	.15	.11	.29	.44
	.44	.22	−.12	.12	.14	.10	.76	−.05	−.12
	.51	.24	.16	.12	−.03	.08	.69	.07	.28
	.21	.03	.77	−.03	.10	.06	.08	−.16	.83
	.00	.48	.29	.29	−.01	.69	−.13	.16	.27
	.20	.60	.19	−.03	.13	.69	.16	−.06	.05
	−.12	.80	−.07	−.15	−.21	.66	.18	−.25	−.22
	−.04	−.09	.12	.83	.10	.04	−.15	.72	.07
	.24	.06	−.41	.54	.04	−.08	.23	.69	−.23
	15.6	13.0	11.6	10.2	13.9	13.0	11.8	11.2	10.8

伴うものではなく，主として既存の因子の分解によって生じたものであることが分かる。すなわち，83年における三つの因子はそれぞれ「安全保障」，「参加と平等」，「ネオ・リベラル」の因子であると解釈できるが[13]，93年以降はその中の「参加と平等」の因子が「参加」の因子（第II因子）と「平等」の因子（第III因子，05年のみ第V因子）に分かれ，さらに05年には「安全保障」の因子が狭義の「安全保障」の因子（第I因子）と，「天皇の発言権」を中心とする因子（第III因子）に分かれたと考えることができる[14]。

このうち90年代以降に「参加と平等」が「参加」と「平等」に分解した理由として，イシュー・オーナーシップ[15]という視点からは70年代以降パッケージとして革新陣営のイシューであった「参加と平等」に関して，この時期以降，「参加」にプライオリティを置く有権者と「平等」にプライオリティを置く有権者が分化していったのではないかという仮説が考えられる。すなわ

---

13 蒲島（1998）はこれら3因子を「安全保障」，「参加と平等」，「新保守主義」と呼んでいる。

14 より厳密には，93年の「平等」因子は，「福祉の充実」と共に「貿易摩擦の解消」と「核兵器の不保持」が大きく負荷しており，「福祉と国際協調」の因子と言うべきかもしれない。ただしその後，96年には「福祉の充実」と「貿易摩擦の解消」のみが，また04年と05年には「福祉の充実」と「核兵器の不保持」のみがこの因子を形成している（96年に「核兵器の不保持」は再び「安全保障」の因子に吸収され，また「貿易摩擦の解消」は04年には「安全保障」因子，05年には「天皇の発言権」因子に含まれる）。こうした不安定さがなぜ生じたかについては稿を改めて再検討したい。

15 「イシュー・オーナーシップ（issue ownership）」（Petrocik, 1996）とは，歴史的な経緯から有権者の間に各政党の得意分野に関するイメージができあがり，政党の側でもそれをアピール材料とするという考え方である。

ち，前者は手続き的な公正さに価値を置き，脱物質主義的な志向を持つ人々であり，後者は分配的な公正さに価値を置き，相対的に物質主義的な志向を持つ人々ではないかということである。また05年に「安全保障」から「天皇の発言権」が分化した背景には，皇位継承問題が人々の関心を呼んだことがあるかも知れない。

さらに意味的に考えれば相互に対立するものとして一つの因子を形成しても不思議ではない「平等」と「ネオ・リベラル」が，一貫して相互に独立した因子を形成している点に関しては[16]，やはりイシュー・オーナーシップの観点から，70年代までの革新政党による福祉国家的な主張と，80年代以降の自民党内新保守主義グループや90年代以降の新党によるネオ・リベラル的主張が，それぞれ独立したイシュー・オーナーシップの関係を形成し，それが有権者の側におけるイデオロギーの主観的構造にも反映しているのではないかと考えられる。

では，これらのイデオロギー的諸次元は，権威志向や脱物質志向に関連した価値対立を実際に反映しているのであろうか。この点を明らかにするために，05年における五つの因子得点を従属変数とし，性別，年齢，および2項目の価値観（権威志向，脱物質志向）を独立変数とする重回帰分析を行った結果が表3である[17]。

この結果を見ると，まず

表3　5つのイデオロギー次元に対する価値観の効果

	安全保障	参加	平等	ネオ・リベラル	天皇の発言権
男性	.12***	−.04	−.01	.07**	−.21***
30代	−.00	−.05	−.06	.02	.02
40代	−.09	−.09	−.05	.00	−.04
50代	−.07	−.16***	.03	.02	.03
60代以上	.01	−.28***	.07	.12*	.14*
権威志向	.15***	−.02	−.02	.13***	.14***
脱物質志向	−.08**	.13***	.03	−.04	−.02
adj R^2	.06***	.05***	.01**	.04***	.07***

数字は標準化偏回帰係数（OLS）。
* p<.10　** p<.05　*** p<.01　（両側検定）

16　この点について蒲島（1998）は，「もともと日本人は自助意識が高く，それでは賄えない部分を福祉に求める傾向がある」（182頁）とし，日本の有権者にとってはこれらの主張は必ずしも相互に対立したものではないとする解釈を示している。

17　独立変数の定義は次の通りである。
　　性別：男性＝1，女性＝0とするダミー変数
　　年齢：30代，40代，50代，60代以上の各ダミー変数。参照カテゴリーは20代
　　権威志向：「上の者は下に威厳をもって接すべき」，「しきたりを破るものには

「安全保障」,「天皇の発言権」,「ネオ・リベラル」に対しては権威志向の有意な効果が認められる。すなわち,権威志向であるほど,安全保障に積極的,天皇の発言権の強化に肯定的,小さな政府に肯定的である。他方,脱物質志向も「安全保障」と「参加」に有意な影響を与えている。すなわち,脱物質志向の者ほど,安全保障に消極的,参加の拡大に肯定的である。換言すれば「安全保障」,「天皇の発言権」,「ネオ・リベラル」の3次元には,第二次大戦後の日本において特徴的とされた,権威への服従や集団への同調にまつわるカルチュラル・ポリティクスのニュアンスが残っている(その上で「安全保障」には70年代以降,世界的な規模で見られるようになった「物質主義対脱物質主義」のニュアンスが重ね合わされている)と言えるだろう。これらに対して「参加」は主として脱物質志向の影響を受けているが,これは脱物質主義の定義──「国民の声の反映」や「言論の自由」にプライオリティを置く──からも頷けるところである。また「平等」のみはいずれの価値観の影響も受けておらず,今や「福祉の充実」への賛否が特定の価値観に基づくものではなくなったことが示唆される結果となった。さらに先に論じた「参加」と「平等」の分化の理由に関しても,「参加」にプライオリティを置くのは脱物質志向の人々であるという点については検証されたが,「平等」にプライオリティを置くのは物質主義的な人々であるという点は検証することができなかった。なお,価値対立に関しては,年齢(世代)との関連が常に指摘されるところであるが(綿貫,1986,1997),ここでの分析結果を見ると,「参加」に関して50代,60代以上が否定的,「天皇の発言権」,「ネオ・リベラル」に関して60代以上が肯定的という効果は見られるが,全体として年齢の影響はそれほど顕著ではない。有権者の世代交代が進む中で,イデオロギーと年齢(世代)との関連も薄れつつあるように見える。

それでは有権者のイデオロギー的な立場は,自分自身を政治的に「保守的」

　厳しい制裁を」,「力のある者とない者がいるのは当然」,「親の言うことには従うべき」(いずれも「そう思わない」(0)〜「そう思う」(1)の5段階尺度)の平均値
　脱物質志向:「わが国の国家目標としては,この中のどれを重く見るべきか」に対して物質主義的項目(「国内の秩序を維持する」,「経済を安定させる」)を二つ選んだ場合(−2)から,脱物質主義的項目(「政策決定に国民の声を反映させる」,「言論の自由を守る」)を二つ選んだ場合(2)までの5段階尺度

表4　5つのイデオロギー次元と保革自己イメージの相関

安全保障	参加	平等	ネオ・リベラル	天皇の発言権
.20***	−.14***	−.01	.09***	.10***

* p<.10　** p<.05　*** p<.01（両側検定）

と考えるか「革新的」と考えるかとどの程度関連しているであろうか。これを見るために，05年における五つの因子得点と「保革自己イメージ」の相関を算出したものが表4である[18]。これを見ると，第一に，全体として相関は高いとは言えず，今日「保守的」あるいは「革新的」という言葉が，それらを本来定義付けていた諸争点に関する具体的な立場との繋がりを失いつつあることを感じさせる。第二に，それでも「安全保障」は「保革自己イメージ」と相対的に最も大きな相関を示し（言うまでもなく安全保障に積極的であるほど保守的という方向で），現在でもこの次元が保革イデオロギーのコアをなすことが確認できる。このほか，「参加」（より広範な参加を求めるほど革新的），「天皇の発言権」（発言権を持つべきとするほど保守的），「ネオ・リベラル」（小さな政府に肯定的なほど保守的）の3次元は，「保革自己イメージ」と有意な相関を示したが——その意味で「保守」，「革新」というシンボルと何らかの繋がりを保持しているが——ここでも「平等」にはこうした関連が見られなかった。価値観との関連におけるのと同様，「福祉の充実」への賛否は，もはやイデオロギー的なニュアンスを持たないように見える。

最後に，これらイデオロギーの諸次元が政党支持に及ぼす影響を確認しておこう。支持政党を従属変数とし，04年に関しては四つの因子の，05年に関しては五つの因子の因子得点を独立変数として行った多項ロジスティック回帰分析の結果が表5である[19]。

この結果を見ると，まず「安全保障」は04年，05年を通じて，民主，公明，社共への支持および支持なしのいずれに対しても有意なマイナスの効果を示している。安全保障に積極的であることは，自民党への支持を促進し，それ以外の政党への支持，および支持なしとなることを抑制する。先に見たとおり，「安全保障」は権威志向との明確な関連を持ち，また「保革自己イメー

18　「保革自己イメージ」は，回答者自身の「政治的立場」について，「革新的」(0)から「保守的」(10)までの11段階の尺度を用いて質問したものである。

19　従属変数のカテゴリーは，「民主支持」，「公明支持」，「社共支持」，「支持なし」で，参照カテゴリーは「自民支持」である。またイデオロギー以外の独立変数に関しては，第4章の補遺を参照。

表5　政党支持に対するイデオロギーの効果

	04年参院選				05年衆院選			
	民主支持	公明支持	社共支持	支持なし	民主支持	公明支持	社共支持	支持なし
男性	.57***	−.63**	.75**	−.11	.40**	−.36	.48	−.18
30代	−.83**	−1.30**	.32	−1.08***	−.20	−.33	.07	−.64
40代	−.35	−.23	.70	−.78**	−.41	−.34	−.19	−.71*
50代	−.58	−1.27**	.65	−1.16***	−.59	−1.45**	−.19	−1.36***
60代以上	−.69*	−1.66***	.85	−1.97***	−.55	−1.86***	−.52	−1.77***
居住15年以上	−.16	−.54	−.16	−.03	−.62***	−.62*	.17	−.36
教育程度	.28	−1.15**	.64	.67**	.79***	−1.44**	−.47	.46
一戸建	−.12	−.53	−.39	−.24	.13	−.66*	.21	−.18
分譲マンション	−.05	−.78	.06	−.03	−.19	−1.05	.47	−.12
年収400万未満	.28	.40	.51	.33*	.27	.47	.15	.09
年収800万以上	.18	−.61	−1.24**	−.28	.11	−.23	−.76	−.18
ネットワーク	−.55**	.76	.08	−.68***	−.45	1.76**	.02	−1.05***
大都市居住	.40**	.83**	−.09	.43*	.26	.48	.91**	.03
町村居住	−.58***	−1.18**	−.81*	−.39*	−.24	.29	−.57	−.48
安全保障	−.59***	−.32**	−.94***	−.62***	−.62***	−.52**	−1.25***	−.50***
参加	.26***	.15	.58***	.15*	.31***	.26	.80***	.10
平等	.21***	.28*	.53***	.11	.03	.50**	.06	−.06
ネオ・リベラル	.24***	−.13	.07	.23***	−.23***	−.24	−.54**	−.17*
天皇の発言権	—	—	—	—	−.08	.35**	−.19	−.29***
(Constant)	−.01	−.14	−3.27***	1.10***	−.37	−.63	−2.83***	1.07***
Nagelkerke-R²	.29				.32			
モデルの有意性	p<.01				p<.01			

数字はロジスティック回帰係数。参照カテゴリーは自民支持。
* p<.10　** p<.05　*** p<.01

ジ」との相関も相対的に高く，かつてほど強力ではないにしても依然日本における（保革の）イデオロギー政治，カルチュラル・ポリティクスのコアとなっていることは明らかである。なお，05年にこの「安全保障」から分化した「天皇の発言権」は，公明支持に対してはプラスの，支持なしに対してはマイナスの有意な効果を示している。天皇の発言権強化を支持する立場が自民党よりも公明党への支持を促進するという結果はやや意外である。

　次に「参加」の効果を見ると，04年では民主支持，社共支持，支持なしに対して，また05年では民主支持，社共支持に対して，いずれも有意なプラスの効果を示している。この次元を構成する項目から考えても，また先の表1の分析において民主支持と社共支持に対して脱物質志向がプラスに働いていた点からも，この結果は頷けるところである。他方「平等」に関しては，04年では民主支持，公明支持，社共支持のいずれに対してもプラスの有意な効

果が見られたが，05年では公明支持のみが有意な効果となっている。すなわち，政治的な状況の変化にかかわらず「平等」への肯定的な立場は公明党への支持を促進するのに対し，支持なしは自民党支持者と並んで「平等」に否定的であるように見える。

最後に，「ネオ・リベラル」の効果は極めて興味深い。すなわち04年においては民主支持と支持なしに対してプラスの有意な効果が見られ，「小さな政府」や「自助努力」に肯定的であるほど自民支持ではなく民主支持や支持なしになる可能性が高かったのに対し，05年では公明支持を除く三つのグループに対してすべてマイナスの有意な効果，すなわち「小さな政府」や「自助努力」に肯定的であるほど民主支持や社共支持，あるいは支持なしではなく自民支持となる可能性が高くなるという効果が見られ，明確な効果の逆転が認められる。これは05年選挙の最大の争点が郵政民営化問題であり，小泉首相の掲げた郵政民営化がネオ・リベラル的なレトリックで語られたことを考えれば十分に理解できるものではあるが，これほど明らかな逆転が生じていることは印象深い。

いずれにしても，以上の分析結果は，今日においても価値観の影響を受けたイデオロギーの諸次元が政党支持に対する一定の規定力を保っていることを示したと言ってよいであろう。

4　日本における政党帰属意識

政党支持の研究者をしばしば悩ませるのは，異なる国における「政党支持」はどこまで比較可能かという問題である（西澤, 1998）。これは日本の政党支持を研究する者が，これをアメリカにおけるそれと比較しようとした場合，特に大きな問題となる。言うまでもなく，アメリカにおける「政党支持」は，「政党帰属意識（party identification ＝ PID）」として概念化されている。PIDは社会的アイデンティティ（social identity ＝ SID）の一種であり，自分自身がRepublicanかDemocratかIndependentか，という自己定義である。翻って，以上に見てきたとおり，日本における政党支持は，利害のネットワークや価値観（保革イデオロギー）によって規定されるものとされ，そこにはSIDとしての政党支持といったような概念化がなされる余地はほとんどなかったと言ってよい。

しかし，日本の政党支持においても，その心理的な一側面としてこうした

SID としての契機が存在している可能性を否定する理由はなく，またもしそうした SID としての側面がそれぞれの政党の支持者を特徴付けていたり，政党支持と投票行動との関連に影響を与えていたりするのであれば，ここで改めて分析を行う意義も十分にあると言えるだろう。

そこで本節では，こうした SID の観点から，日本における政党支持のメカニズムを見直してみたい[20]。用いるデータは，2000年に実施されたJEDS2000調査のデータである[21]。

この調査では，政党に関する SID を測定するために次のような三つの質問，すなわち①「あなた自身が『気持ちとして』その一員だと思うものがあればいくつでもあげてください」（以下，「一員だと思う」），②「あなた自身がその人たちと同じようなものの考え方や行動のしかたをしていると感じるものがあればいくつでもあげてください」（以下，「考え方が同じ」），③「その人たちについて悪く言われると自分が悪く言われたように感じるものがあればいくつでもあげてください」（以下，「悪く言われた」）がなされ，いずれの質問においても，それに続いて「自民党の支持者」,「民主党の支持者」,「公明党の支持者」,「共産党の支持者」,「社民党の支持者」,「自由党の支持者」,「保守党の支持者」,「その他の政党の支持者」,「無党派層」という選択肢が提示された。三つの質問のうち①は政党に関する一般的な SID の意識を聞くための質問で，SID の対象を「○○党の支持者」としたのは，もともと政党帰属という概念のない日本においてアメリカにおける PID に近いニュアンスを持たせようとした場合，こうしたワーディングが適切であると判断したためである。またアメリカにおける Independents にあたるものとして「無党派層」を選択肢に加えた。質問②と③は Greene（1999a,b）が政党に関する SID 測定において用いている質問を参考に作成したもので，前者が「共有されたアイデンティティ」の側面を，後者が「共有された経験」の側面をそれぞれ測定

---

20 より詳細な分析に関しては平野（2002）を参照。同様の関心から日本における政党支持をアメリカにおける PID と比較した貴重な研究として三村（未公刊）も参照。

21 JEDS2000調査は，「選挙とデモクラシー研究会」（三宅一郎，田中愛治，池田謙一，西澤由隆，平野浩）によって，2000年の春と秋に実施された2波の全国パネル調査である。データは東京大学社会科学研究所のデータ・アーカイブを通じて公開されている。

することを意図したものである[22]。

この調査では政党支持に関する通常の質問も行われているため、そこで回答された支持政党別に、その政党に関する SID 質問の選択率を示したものが表6である[23]。これを見ると、第一に、支持なしを含め、どの政党を支持している者においても、「一員だと思う」、「考え方が同じ」、「悪く言われた」の順に選択率が下がっていく。このことから、「一員だと思う」よりも「考え方が同じ」の方が、さらに「考え方が同じ」よりも「悪く言われた」の方が、それぞれより一層強いアイデンティフィケーションを必要とするのではないかと推測される。第二に、それを前提に支持政党別の特徴を見ていくと、まず公明党支持者において SID が突出していること、次いで共産党支持者において強い SID が見られることが分かる。また社民党支持者と共産党支持者においては「考え方が同じ」と感じるものが相対的に多く、自民党支持者と（特に）民主党支持者では「悪く言われた」と感じるものが相対的に少ないこともそれぞれの政党の特徴を反映するものと考えられ興味深い。これらに対して、支持なし層で自分を「無党派層」の一員と感じている者は約3分の1に留まっているが、逆にこれだけの回答者が自分自身を自覚的に「無党派層」と位置付けていることのほうが重要と考えるべきかもしれない。

次に支持強度と SID の関連を見るために、十分な回答者数を確保できる自民党支持、民主党支持、支持なしに関して、それぞれの支持強度と SID の選

表6　支持政党別の SID 質問の選択率（単位：%）

	自民党 N=179	民主党 N=76	公明党 N=22	社民党 N=24	共産党 N=24	支持なし N=218
一員だと思う	71.5	65.8	90.9	62.5	70.8	34.4
考え方が同じ	35.2	40.8	77.3	54.2	58.3	10.6
悪く言われた	17.9	13.2	54.5	25.0	33.3	4.6

22　各質問において複数の選択を認めたのは、それまでにこのような質問を行った調査がほとんどなかったため、実際にそうした複数の支持者集団への SID を持つものがどれほどおり、その場合どのような選択のパターンが多く見られるのかを確認しようと考えたためである。実際に複数の選択を行った回答者は質問①で18.1%、質問②で14.2%、質問③で6.2%見られたが、三つ以上選択した回答者はそれぞれ4.4%、6.8%、2.4%と多くはなかった。

23　支持者の少なかった自由党および保守党は表から除いた。

択率を見たものが表7-1および表7-2である[24]。これを見ると，まず自民党と民主党のいずれにおいても，三つの質問すべてに関して政党支持強度とSIDの間には明確な関連が見て取れる。すなわち，それぞれの政党に対する支持強度の強い者ほど，その政党の支持者集団に対するSIDを強く感じている（すべての場合に順位相関は有意）。他方，支持なしに関してはこうした明確な関連は認められない（順位相関は「一員だと思う」に関してのみ有意）。

表7-1 支持強度別のSID（自民党および民主党）（単位：%）

	強い支持	弱い支持	政党色あり	純支持なし	Tau-c
自民党	(N=23)	(N=156)	(N=20)	(N=72)	
一員だと思う	91.3	68.6	25.0	1.4	.65***
考え方が同じ	60.9	31.4	10.0	0.0	.36***
悪く言われた	47.8	13.5	5.0	0.0	.22***
民主党	(N=6)	(N=70)	(N=30)	(N=72)	
一員だと思う	83.3	64.3	16.7	1.4	.64**
考え方が同じ	66.7	38.6	26.7	0.0	.41***
悪く言われた	50.0	10.0	3.3	0.0	.15**

* p<.10　** p<.05　*** p<.01

表7-2 支持強度別のSID（支持なし）（単位：%）

	純支持なし	政党色あり	支持あり	Tau-c
	(N=72)	(N=82)	(N=352)	
一員だと思う	40.3	39.0	12.8	.23***
考え方が同じ	11.1	13.4	7.7	.04
悪く言われた	6.9	3.7	3.7	.02

*p<.10　** p<.05　*** p<.01

24　自民党支持および民主党支持に関しては，それぞれの政党を支持すると回答した者のうち，付問で「熱心な支持者」と回答した者を「強い支持」，それ以外の者を「弱い支持」とした。また支持なしのうち，付問においてその政党を「支持するほどではないが好ましいと思う政党」とした者を「政党色あり」，政党色のない支持なしを「純支持なし」とした。そして，それらのカテゴリーごとに三つのSID質問において「その政党の支持者」を選択した率を算出した。また支持なしに関しては，「純支持なし」，支持なしだがいずれかの政党を好ましいと思っている「政党色あり」，いずれかの政党を支持している「支持あり」の別に，三つのSID質問で「無党派層」を選択した者の率を算出した。

特に「一員だと思う」と「考え方が同じ」に関しては「純支持なし」と「政党色あり」の間に差が見られないが、これは Greene（1999a）がアメリカの有権者を対象に行った分析の結果とも一致している。すなわち、そこでは Independents に対する SID の強さは純粋な支持なしグループと「政党色あり（Independent Leaner）」グループとの間で差が見られない、あるいはむしろ後者の方で強いことが示された。これは、好ましいと感じる政党を持ちながらも支持する政党はないと回答する場合、そこに「無党派層」に対する SID の意識が働くことによるものであるかもしれない（Weisberg & Hasecke, 1999）。

最後に、投票行動に対する SID の効果を見るために、2000年衆院選における比例代表での自民党投票、民主党投票をそれぞれ従属変数とし、それらの政党に対する支持、感情温度、3項目の SID を独立変数として行ったロジスティック回帰分析の結果が表8である[25]。ここで政党支持と感情温度の両変数を独立変数として投入したのは、通常の政党支持および政党に対する感情とは独立した SID の効果を検証するためである。この結果を見ると、予想されるとおり、いずれの政党への投票に対しても政党支持が大きな効果を示しているが、同時に「一員だと思う」の効果も有意である。さらに自民党への投票に対しては「悪く言われた」も有意な効果を示している。他方、感情温度は民主党への投票に対してのみ有意な効果が認められる。このよう

表8　投票行動に対する SID の効果

	自民投票	民主投票
男性	−.52*	−.09
40代	−.43	.52
50代	−.16	.16
60代以上	.30	.08
教育程度	−.42	.27
政党支持	2.74***	2.86***
感情温度	.85	1.37*
一員だと思う	1.30***	.79**
考え方が同じ	−.46	.29
悪く言われた	1.08*	−.71
(Constant)	−2.55***	−2.61***
Nagelkerke-R^2	.59	.37
モデルの有意性	p<.001	p<.001

数字はロジスティック回帰係数。
* p<.10　** p<.05　*** p<.01

25　従属変数は、それぞれ比例代表で自民党（あるいは民主党）に投票した場合を1、それ以外の場合を0とするダミー変数。独立変数のうち、性別は男性を1、女性を0とするダミー変数、年齢は40代、50代、60代以上の各ダミー変数（参照カテゴリーは30代以下）、教育程度は最終学歴に関する4段階尺度、政党支持はその政党を支持している場合を1、それ以外を0とするダミー変数、感情温度はその政党に対する0度〜100度の感情温度、3項目の SID 変数は「その政党の支持者」を選択していれば1、それ以外を0とするダミー変数である。

に，政党の「支持者集団」に対する SID は，その政党への投票に対して，政党支持や政党への感情とは独立した影響を及ぼしている。従って，今後はこうした SID としての政党支持（日本における PID）についても，改めて分析を行う必要があると考えられる。

5　まとめ

以上，本章では，投票行動を規定する社会心理学的変数の中心をなす政党支持について，社会的亀裂と利害のネットワーク，カルチュラル・ポリティクスと保革イデオロギー，社会的アイデンティティという三つの側面から検討を加えてきた。その結果，日本における政党支持は，依然として従来の研究が論じてきた通り，社会的亀裂（特に階層的な亀裂）ではなく職業利益を中心とした利害のネットワーク，および価値観に裏打ちされた政策イデオロギーによって規定される部分が大きいが，その一方で，従来あまり顧みられることのなかった社会的アイデンティティとしての側面をも持つものであることが明らかとなった。そこで以下の三つの章では，これ以外の社会心理学的変数について順次検討を加えていくこととする。

第6章

候補者認知・候補者評価と投票行動

1 はじめに

　わが国の国政選挙は、衆議院あるいは参議院の議員を選ぶ選挙である。言い換えれば、それらの選挙において有権者は——少なくとも結果としては——「人」を選んでいる。そして実際の投票においても、衆議院の比例代表を除いては候補者名で投票する（ことができる）。

　その一方で、日本の投票行動研究においては、候補者要因、特に個々の候補者のパーソナルな特性に関する評価が投票行動に及ぼす影響についての知見の蓄積は進んでいない。その理由の一部は、アメリカの大統領などに比べ、日本の国会議員の職務にはその個人的なパーソナリティが直接反映される余地に乏しいと認識されていることに求められるかもしれない。同時に、これまでに行われてきた投票行動の全国的なサンプル調査では、個々の候補者のパーソナルな特性についてのバッテリーがほとんど含まれていなかったことも、もう一つの理由として挙げることができよう[1]。もちろん、それには上述のような認識も影響していたであろうし、また特に中選挙区時代においては、それぞれの候補者についてシステマティックに質問を行うことが、候補

---

[1] 例えばJES調査およびJES II調査では、「道路の整備や補助金の獲得などでつくしてくれた候補者」、「自分や家族の問題で、もし頼めば助けてくれそうな候補者」、「清潔さや新鮮さという点でとくに印象深い候補者」、「自分が大切だと考えている問題について、自分が考えていることと近い考え方の候補者」、「この地域の出身であるなど、とくに係わりの深い候補者」、「同じ職業の人々がかかえる問題ととりくんでくれそうな候補者」がそれぞれいるかどうかを質問し、いるという場合には二人まで挙げてもらうという形の質問となっていた。

者数の点から見ても困難であったことも影響していたであろう[2]。

　JES Ⅲプロジェクトの05年衆院選調査では，小選挙区における自民党候補者と民主党候補者に関しては，すべて同一のバッテリーを用いて，それらの候補者に対する質問を行っている。そこで本章では，それらの質問に対する回答を分析することにより，候補者の個人的特性に関する評価が投票行動に与える影響を探ってみたい。ただし，個々の候補者に対する評価の前提になるのは，それらの候補者に対する最低限の認知である。そこで，その分析を行うに先立って，まず03年衆院選時のデータを用いて，候補者認知の形成要因および候補者認知と候補者評価の関連について明らかにしておくこととしたい。

2　候補者認知の形成要因

　そもそも候補者は有権者にどの程度認知されているのであろうか。表1は03年の選挙前調査における小選挙区の候補者の認知度を政党別に見たものである[3]。自民党候補と民主党候補の間には，認知度において大きな差があることが分かる。自民党の候補者を全く認知していなかった回答者は5人に1人もいないが，民主党の候補者に関しては半数近くの回答者が全く認知して

　2　特定の選挙区に関する実験的調査（非サンプル調査）としては，平野（1989）などがある。

　3　この調査では，まず回答者に当該小選挙区の立候補者リストを見せ，名前を知っている候補者を挙げていってもらい，1人挙がるごとに「その方をどの程度ご存知ですか」と質問し，1よく知っている，2少し知っている，3知らない，の3段階で回答してもらった。表1の「よく知っている」，「少し知っている」というカテゴリーは，この質問での1と2に対応しており，それ以外の回答（リストを見て「名前を知っている」候補者として挙がらなかった場合，「名前を知っている」候補者として挙がったが第二の質問で「知らない」と回答，あるいはDKないしNAであった場合）を「知らない」に分類した。厳密に言えば，「名前を知らない」（第1の質問で挙げられない）ことと「名前は知っているが，その人物を知らない」（第二の質問で「知らない」と回答する）こととは異なる認知水準であり，後者の方が若干認知度が高いとも考えられるが，この後者のカテゴリー（および第二の質問でのDK・NA）に該当するサンプルはほとんどいなかったため，ここではこれらのカテゴリーも「知らない」に含めることとした。

表1　小選挙区での政党別候補者認知度（単位:％）

	自民	民主	公明	社民	共産
知らない	19.4	46.6	24.5	59.0	73.0
少し知っている	48.5	39.3	53.6	32.0	23.7
よく知っている	32.0	14.2	21.8	9.0	3.3

いなかった。また自民党の候補者に関しては約3分の1の回答者が「よく知っている」と回答しているのに対し、民主党の候補者に関するそうした回答はその半分以下である。その他の政党の候補者に関しては、公明党候補は自民党候補に次いで認知度が高いが、社民党候補は民主党候補よりも認知度が低い。共産党候補の認知度は最も低く、4分の3近くの回答者が全く認知していない。

　そこで、こうした候補者の認知度に影響を与える有権者側の要因について分析してみよう。こうした要因には様々なものが考えられる。例えば年齢や教育程度のような個人的属性（年齢や教育程度が高いほど候補者認知度も高いと予想される）、それぞれの政党に対する愛着（その政党への愛着度が高いほど、その党の候補者の認知度も高まると予想される）、政治的な関心・有効感・知識といった要因（これらが高い有権者ほど候補者認知も高いと予想される）、メディア接触（接触度の高さが候補者認知の高さに繋がる可能性がある）、団体加入（加入団体と繋がりのある政党の候補者の認知度は高くなると予想される）、人脈（その人脈に関連した候補者の認知度は高くなると予想される）などである。

　以下では次の六つのモデルによる重回帰分析を行う。従属変数は、いずれのモデルにおいても表1に示した3段階の候補者認知で、独立変数は、基本属性のみ（モデル1）、基本属性＋政党感情温度（モデル2）、基本属性＋関心・有効感・知識（モデル3）、基本属性＋メディア接触（モデル4）、基本属性＋団体加入（モデル5）、基本属性＋人脈（モデル6）である[4]。いずれのモデルに関しても、分析は候補者の政党ごとに行った。また、候補者側の要因をコントロールするために、いずれのモデルにおいても、前職と元職のそれぞれに関するダミー変数を独立変数に加えた。結果は表2～表4のとおりである[5]。

---

[4] 以下の分析に用いた変数の定義については補遺を参照。

[5] モデル2においては、認知対象となる候補者の政党に対する感情温度だけでなく、五つの政党すべてに対する感情温度を投入した。当該候補者の政党

表2　候補者の認知度に影響を及ぼす要因（基本属性，政党感情温度）

	自民	民主	公明	社民	共産	自民	民主	公明	社民	共産
男性	.07***	.04	.02	.11	.07	.05*	.01	.04	.15*	.07
30代	.07*	.06	.06	.01	.14**	.06	.06	−.03	.10	.14**
40代	.04	.06	.04	.08	.09	.03	.06	−.15	.15	.08
50代	.13***	.15**	−.11	−.01	.11	.08	.14**	−.13	.04	.10
60代以上	.23***	.22***	.16	.00	.18*	.17***	.22***	.11	.06	.21**
居住15年以上	.05*	.05	.07	.09	.10*	.04	.05	.11	.14	.11**
教育程度	−.01	.05	−.18	.04	.00	.01	.03	−.09	−.03	−.01
一戸建	.02	.04	.04	.10	.00	.03	.03	.09	.09	−.01
分譲マンション	.00	−.01	−.10	.16*	.04	.01	−.02	.06	.07	.04
年収400万未満	−.06**	−.00	.12	−.01	−.01	−.03	−.00	.23**	−.08	−.03
年収800万以上	.07**	.04	−.11	.10	−.02	.07**	.05	−.11	.08	−.01
ネットワーク	.06**	.03	.41***	−.11	.04	.05*	.02	.27**	−.07	.02
大都市居住	−.00	−.03	.13	−.23**	−.08*	−.01	−.04	.15	−.15	−.09*
町村居住	.01	−.01	—	.10	−.10**	.02	.00	—	−.01	−.10**
農林漁業	.03	.00	—	−.02	.02	−.00	.00	—	.00	.04
自営業	−.03	.03	.03	.09	−.01	−.03	.04	.00	.11	−.01
管理職	−.03	.03	.22**	.13	.01	−.03	.03	.25***	.15	.01
前職	.24***	.16***	—	.22***	.03	.25***	.18***	—	.27***	.04
元職	.13***	.02	—	.22***	—	.15***	.02	—	.26***	—
自民感情温度	—	—	—	—	—	.12***	−.06	.16	−.15	−.06
民主感情温度	—	—	—	—	—	.01	.13***	−.24**	.15	−.01
公明感情温度	—	—	—	—	—	−.03	−.02	.26**	−.03	−.05
社民感情温度	—	—	—	—	—	−.05	−.02	.01	.27**	.01
共産感情温度	—	—	—	—	—	−.03	.01	−.13	−.14	.10*
adj R²	.07***	.04***	.19**	.13***	.01	.09***	.06***	.44***	.18***	.03**

数字は標準化偏回帰係数（OLS）。　* p<.10　** p<.05　*** p<.01（両側検定）

個々のモデルを検討する前に，候補者側の要因の効果について全体的に確認しておきたい。自民党の候補者に関しては，六つのモデルの全てにおいて前職であることと元職であることは新人であることに比べて認知度を高めており，またその効果は元職であることに比べて，前職であることの方が大きい。言い換えれば，前職，元職，新人の順に認知度が高くなっている。民主党に関しては，前職の効果のみが一貫して有意である。これに対して社民党では，元職の効果は六つのモデルを通じて有意であるが，前職の効果はモデ

　　以外の政党に対する感情の影響が存在するかどうかを確認したかったためである。なお以下の表2～表5の分析において，公明党候補に関しては，独立変数のうち町村居住と農林漁業は投入されていない（モデル6に関しては，管理職も投入されていない）。また公明党の前職と元職，共産党の元職は，回答者の選挙区には存在しない。

表3 候補者の認知度に影響を及ぼす要因（関心・有効感・知識，メディア接触）

	自民	民主	公明	社民	共産	自民	民主	公明	社民	共産
男性	.03	.02	.14	.02	.00	.07***	.05	.14	.14	.06
30代	.08*	.07	.06	.11	.18**	.07*	.08	.11	.13	.17**
40代	.03	.06	.14	.19	.14*	.03	.08	.22	.18	.14*
50代	.11*	.10	−.13	.04	.11	.12**	.15**	−.10	.11	.12
60代以上	.17**	.15*	.24	−.07	.23**	.20***	.21***	.23	.14	.23**
居住15年以上	.04	.07*	.18	.14	.10*	.06*	.08**	.17	.11	.12**
教育程度	−.05	.03	−.21	−.12	−.06	−.03	.04	−.22	−.01	−.01
一戸建	.03	.04	−.05	.10	−.01	.02	.02	−.09	.02	−.02
分譲マンション	.01	−.01	−.09	.14	.08	−.00	−.02	−.07	.14	.07
年収400万未満	−.04	.00	.11	.03	−.04	−.04	−.00	.08	.05	−.02
年収800万以上	.06**	.02	−.09	.07	−.05	.07**	.03	−.12	.16	−.02
ネットワーク	.01	.00	.34**	−.14	−.05	.05	.03	.43***	−.07	.00
大都市居住	.00	−.04	.08	−.27**	−.09*	.01	−.04	.03	−.29**	−.08
町村居住	.02	−.01	—	−.02	−.08*	−.01	−.02	—	−.04	−.10**
農林漁業	.03	−.01	—	−.01	.01	.04	−.01	—	−.05	.00
自営業	−.06**	.03	.01	.06	.01	−.05*	.04	.00	.03	−.02
管理職	−.06**	.04	.26*	.16*	.00	−.04	.05	.33**	.16*	.01
前職	.27***	.18***	—	.14	−.00	.25***	.18***	—	.12	.02
元職	.15***	.04	—	.31***	—	.14***	.03	—	.28***	—
政治関心	.11***	.11***	−.05	.27**	.11*	—	—	—	—	—
左右できる	.01	−.02	−.03	.18**	.14***	—	—	—	—	—
理解できる	.10***	.08*	−.07	.07	.04	—	—	—	—	—
考えている	.04	−.05	.15	−.02	−.04	—	—	—	—	—
知識	.02	−.04	.04	.08	.12**	—	—	—	—	—
テレビ	—	—	—	—	—	.07**	.00	.00	.00	.00
ラジオ	—	—	—	—	—	−.02	−.02	−.08	.09	.03
雑誌	—	—	—	—	—	.02	.00	.06	−.03	.01
インターネット	—	—	—	—	—	−.01	.02	−.11	.14	.02
adj R²	.10***	.05***	.13	.21***	.06***	.07***	.04***	.14	.13**	.01

数字は標準化偏回帰係数（OLS）。 * p<.10　** p<.05　*** p<.01（両側検定）

ル1と2においてのみ有意である。共産党に関しては，こうした候補者側の要因の効果は認められない。このように政党間の差は見られるが，少なくとも共産党を除き総じて新人候補は前職や元職に比べて認知度が低いということができよう。

そこで個々のモデルについて見ていくと，第一に基本属性のみのモデル1では，まず，自民，民主両党に関しては60代，次いで50代の認知度が高く，投票率などと同様の傾向が見られる。特に60代は共産党に関しても認知度が高い。共産党と自民党に関しては，これに続く有意な効果が見られるのは30代である。性別の効果はそれほど顕著ではなく，自民党に関してのみ男性の

表4　候補者の認知度に影響を及ぼす要因（団体加入，人脈）

	自民	民主	公明	社民	共産	自民	民主	公明	社民	共産
男性	.06**	.04	.10	.18*	.06	.10**	.07	−.18	−.14	.09
30代	.06	.07	.13	.14	.14*	.06	−.01	−.33	.08	.20
40代	.01	.06	.17	.21	.13	.06	.09	−.59	.16	.09
50代	.10*	.14*	−.15	.19	.08	.14	.08	−.83	.12	.12
60代以上	.17**	.20**	.18	.20	.21*	.19*	.13	−.93	.16	.18
居住15年以上	.04	.07	.07	.12	.11**	.05	.07	.21	.17	.07
教育程度	−.03	.03	−.24	.02	−.01	−.05	−.04	−.12	.10	.03
一戸建	.01	.04	−.10	.05	−.03	−.04	−.01	.64	.27	−.08
分譲マンション	−.00	−.02	−.20	.13	.05	−.02	−.00	.22	.32*	.04
年収400万未満	−.04	.01	.13	.07	.01	−.08**	−.01	.23	−.22	−.02
年収800万以上	.06**	.02	−.04	.13	−.05	.07	−.07	.06	.27	−.03
ネットワーク	.03	.01	.32**	−.03	−.02	.02	.01	.11	.27	.03
大都市居住	.03	−.02	−.05	−.19	−.07	.02	−.07	.28	−.18	−.17**
町村居住	.01	−.01	—	−.01	−.08	−.02	.02	—	−.14	−.19**
農林漁業	.03	−.01	—	−.09	.00	.05	.05	—	−.03	.10
自営業	−.06**	.03	.04	.03	−.02	−.06	.07	−.35	.01	.05
管理職	−.04	.06	.22	.14	.03	−.07*	.00		.02	.02
前職	.25***	.20***	—	.11	.02	.33***	.19***		.20	.10
元職	.16***	.02	—	.30***	—	.22***	.04		.33**	
自治会・町内会	.05	−.03	−.10	−.21**	.00					
ＰＴＡ	.01	.04	−.19	.04	−.06					
農協・同業者	−.01	.00	−.06	.07	.02					
労働組合	.04	.03	.19	.12	.15***					
生協・消費者	−.03	−.03	.13	.04	.13**					
NPO／NGO	−.00	−.00	−.04	−.16	.00					
ボランティア	.07**	.07*	.02	.02	.04					
住民・市民運動	−.01	.08**	—	−.00	.13***					
宗教団体	−.02	.04	.23	.20**	.05					
同窓会	.00	.02	.09	.08	−.03					
後援会	.12***	.07*	.15	−.07	−.04					
地域的人脈	—	—	—	—	—	.06	.07	.11	−.25*	.06
地方政治人脈	—	—	—	—	—	.00	.03	.44	−.03	.03
高等教育人脈	—	—	—	—	—	.09**	.16***	−.10	−.34**	.05
国政人脈	—	—	—	—	—	.01	.02	.22	.17	.14*
労働人脈	—	—	—	—	—	.02	.08	−.11	.12	.13*
adj R^2	.09***	.06***	.18	.17**	.06***	.07***	.04**	.22	.09	.06**

数字は標準化偏回帰係数（OLS）。　＊ p<.10　＊＊ p<.05　＊＊＊ p<.01（両側検定）

方が認知度が高い。このほか，居住年数の長さは自民党と共産党の候補者の認知度を高め，またネットワークの豊富さは自民党と公明党の候補者の認知度を高めるが，これらは常識的な予想と合致する結果と言える。また社民党に関しては大都市居住が，共産党に関しては大都市および町村居住が認知度にマイナスの効果を与えている。言い換えれば，共産党候補の認知度は中小

都市部で相対的に高いようである。また自民党候補に関してのみ収入の効果が認められ，400万未満ではマイナスの，800万以上ではプラスの効果が認められる。すなわち，年収が増加するにつれ，自民党候補に対する認知度も上昇している。

以上の結果に関して興味深いのは，ここでは教育程度の効果が全く見られないことである。そして以下に確認できるとおり，この効果の不在は六つのモデルで一貫している。ここには投票参加と同様な――恐らく日本に特徴的な――傾向が見て取れる。すなわち，教育程度の上昇（従ってそれと相関すると考えられる認知的能力）が候補者認知とは関連を持たない――それに対して，年齢，居住年数，ネットワークなどは関連を持つ――ということであり，認知動員という観点からは，教育が必ずしも（候補者認知を経由した）認知動員の効果を持たないということである。

第二に，基本属性に政党感情温度を加えたモデル2では，予想通りいずれの政党の候補者認知に関しても，その政党に対する感情温度の有意な効果が認められる。すなわち，有権者は自分が好ましいと思っている政党の候補者ほどよく知っている。加えて，民主党に対する感情温度が公明党候補者の認知にマイナスの影響を与えている。すなわち，民主党を好ましく思っている者ほど，公明党候補を認知していない。言い換えると，公明党の候補者をよく認知しているのは民主党に対する感情温度の低い有権者である[6]。

第三に，独立変数として基本属性に政治関心，有効感，政治知識を加えたモデル3を見ると[7]，まず政治関心の高さは，予想される通り候補者認知にプラスに結びついている。ただし例外的に，公明党候補に関してのみ，こうした効果は見られない。言い換えれば，公明党候補の認知に影響を与えるのは一般的な政治関心の高さではない。これに対して，政治知識の効果は明確ではない。唯一この変数の効果が認められるのは共産党候補者である[8]。最後

---

[6] この点に関しては，因果的な方向性を含めて更に検討する必要があろう。

[7] 3項目の有効感のうち，「自分には政治や政府のことが理解できるか」と「自分には政府のすることを左右する力があるか」は内的有効感に関する項目，「国会議員は国民のことを考えているか」は外的有効感に関する項目である。

[8] この点に関しては，この調査における政治知識に関する質問（省庁の名前を答えさせる）が，やや特殊な知識を測定していた可能性も否定できない。今後，より一般的な知識項目を独立変数とした分析を行うことが望ましい。

に，政治的有効感の効果については，内的有効感では，自民，民主両党の候補者に関しては「理解できる」が，また社民，共産両党の候補者に関しては「左右できる」が，それぞれプラスの効果を及ぼしている。同じ内的有効感に関しても，政党間でニュアンスの違いが見られ興味深い。他方，外的有効感（「考えている」）の効果はいずれの政党の候補者に関しても見られない。公明党候補の認知に対しては，内的，外的を問わず有効感の有意な効果は見られない[9]。

第四に，基本属性にメディア接触を加えたモデル4では，やや意外なことに，自民党の候補者認知に対するテレビの効果以外には有意な効果が全く認められない。ただし注意すべきは，ここでのメディア接触の指標に新聞は含まれていないこと，そして質問は「今度の選挙について選挙期間中によく見聞きしたもの」についてであるということである[10]。個々の選挙区の候補者に関する認知度に関しては，（新聞を除く）各種メディアの選挙関連情報への接触はあまり効果がないと言えるかも知れない。

第五に団体への加入の効果を見ると（モデル5），まずここでも効果のパターンが政党ごとに違うことが明らかである。すなわち，自民，民主両党に関しては，後援会およびボランティア団体への加入のプラスの効果が認められる。特に自民党において後援会の効果が相対的に大きいのは頷けるところである。また民主党に関しては，住民・市民運動団体への加入もプラスの効果をもたらしている。一方，社民党と共産党も，それぞれに独自の効果のパターンを示している。まず共産党に関しては，労働組合，生協・消費者団体，住民・市民運動団体への加入のプラスの効果が見られるが，これはよく理解できるところである。他方，社民党に関しては，自治会・町内会への加入がマイナスの，また宗教団体への加入がプラスの効果を示しているが，このうち宗教団体加入の効果の解釈は（団体の内容までは分からないため）やや困難である。また社民党候補の認知に関して，労組への加入の有意な効果は見られない（係数の符号は予想通りプラスではあるが）。最後に公明党に関して

---

9 公明党候補に関しては，該当するサンプル数が少ないことも有意な効果があまり見られない理由の一つである。ちなみに，外的有効感に関しては，有意ではないが公明党候補において β の値はプラスで最も大きい。

10 新聞に関しては，他のメディアについてと同じ形で接触を尋ねる質問を行っていなかったため，独立変数に含めなかった。

は，宗教団体の係数がプラスで最も大きいが，有意にはなっていない。

最後に，人脈の効果（モデル6）を見ると，ここでも自民，民主両党に関しては同じパターンが見られ，高等教育人脈（記者，弁護士，キャリア官僚，情報処理技術者など）のプラスの効果が認められる。これに対して社民党候補に関してはこの高等教育人脈はマイナスに働き，地域的人脈についてもマイナスの効果が見られる。また共産党候補に関しては，国政人脈と労働人脈がプラスの効果を示している。最後に公明党候補に関しては，地方政治人脈の係数の値が（プラスの方向で）大きいが，どの変数も有意ではない。

以上の結果は，政党ごとに候補者認知を高める要因が異なることを示している。これは，各党の候補者の日常的な活動の場や活動スタイルの違いをかなりの程度反映したものであろう。ただしその一方で，自民，民主両党の候補者に関しては，類似した効果のパターンが見られたことも興味深い。すなわち，有権者がこれら両党候補者の情報に接触する経路は，比較的似たものであることが推測されるのである。

3　候補者認知と候補者評価

それでは，ある候補者に関する認知度は，その候補者に対する評価とどのように関連しているのであろうか。03年調査では，回答者が「少し知っている」，「よく知っている」と回答した候補者に関してのみ，その候補者に対する好悪を感情温度計を用いて質問している。そこで，この感情温度を従属変数とし，回答者の属性，候補者の所属政党に対する感情温度，候補者の認知度を独立変数とする重回帰分析を行った結果が表5である[11]。

この結果を見ると，まず予想される通り，各政党に対する感情温度はその党の候補者への感情に大きな影響を与えている。このほか，自民党候補に対しては40代であることが（20代に比べて）ややマイナスに働き，民主党候補に対しては年収400万未満であること，ネットワークが豊富であることがプラスに働き，公明党候補に対しては男性であることがプラスに，管理職であることがマイナスに働き，社民党候補に対しては教育程度が高いこと，年収

11　候補者認知に関する変数は，「少し知っている」＝0，「よく知っている」＝1である。また候補者に対する感情温度は，0度（最も嫌い）～100度（最も好き）を0～1に再コードした。

400万未満であることがプラスに，男性であること，自営業であることがマイナスに働き，共産党候補に対しては大都市居住であることがプラスに，男性であること，居住15年以上であること，管理職であることがマイナスに働いている。

そして認知度の効果であるが，社民党候補を除いて，政党への感情をコントロールしても，認知度の高さは候補者への感情に対してプラスの効果を及ぼしている（社民党候補に関しても係数の符号はプラスである）。

表5　候補者感情温度に影響を与える要因

	自民	民主	公明	社民	共産
男性	.01	−.00	.21**	−.13*	−.08**
30代	−.04	.02	.11	−.01	−.05
40代	−.07*	.00	.04	−.05	−.03
50代	−.07	.02	.06	−.10	−.06
60代以上	−.04	−.03	−.02	−.02	−.04
居住15年以上	.03	.02	−.13	.03	−.08*
教育程度	−.03	.04	.01	.23***	.06
一戸建	−.04	−.04	.11	.05	.01
分譲マンション	−.01	−.02	.12	−.13	−.03
年収400万未満	−.01	.08**	−.12	.18**	.03
年収800万以上	.02	.01	.00	.08	.00
ネットワーク	−.03	.05*	−.06	−.06	−.00
大都市居住	.01	−.04	−.03	.03	.07*
町村居住	.03	.01	—	.02	.01
農林漁業	.02	−.03		.08	.04
自営業	−.00	−.03	−.02	−.17**	−.04
管理職	.01	.03	−.19**	−.05	−.07*
政党感情温度	.40***	.35***	.56***	.44***	.49***
候補者認知	.28***	.33***	.39***	.12	.22***
adj R²	.28***	.27***	.54***	.35***	.32***

数字は標準化偏回帰係数（OLS）。
* p<.10　** p<.05　*** p<.01（両側検定）

この結果は一方において，単純接触仮説が予想するように，単にある候補者に関する情報に触れることが，その候補者に対する感情にプラスに作用することを示唆するものと考えることもできる。ただし，因果的に逆方向の影響，すなわちもともと支持している候補者に関しては，直接接触する機会も相対的に多く，また選択的に情報接触・情報収集を行ったり，他者からの情報提供を受けたりする可能性も高いため，結果として認知度もさらに上がるといったメカニズムの存在も予想される。これら両方向の効果のどちらがより大きいのかについての検討は，今後の課題としたい。

4　候補者の個人的特性の評価と投票行動

先述の通り，05年調査では，自民，民主両党の小選挙区候補者に関しては，すべて同一の4項目からなる質問を行った。これら4項目は，「政治家としての能力や指導力がある」，「人間的に信頼できる」，「政策的な主張に賛成できる」，「地元に貢献してくれる」である[12]。このうち「能力・指導力」と「人間的信頼」がいわゆる個人的特性に当たるが，これら2項目を用いたのは，

アメリカにおいて，有権者が候補者個人を評価する際に用いる次元として「能力」と「信頼性」が一貫して報告されているためである[13]。またより政治的な側面からの評価も質問する必要があると考えたため，一般的な政策的スタンスへの評価として「政策的主張」を，またパーソナル・ヴォートに関連した評価として「地元への貢献」を質問することとした[14]。

まず表6は，自民党，民主党それぞれの候補者について，四つの評価項目を因子分析にかけた結果である[15]。両党を通じて，政策的主張と人間的信頼が第Ⅰ因子に大きく負荷し，地元貢献が第Ⅱ因子に負荷している点は共通している。言い換えれば，いずれの政党の候補者に関しても，彼らの政策的主張はその人間的な信頼性と一体のものとして評価されており，地元への貢献については，それらとは切り離して評価の対象としているように見える。他方，両党の間でやや異なるのは，民主党候補では能力・指導力が第Ⅰ因子にのみ大きく負荷するのに対し，自民党候補では二つの因子に分かれ，しかも第Ⅱ因子により大

表6　候補者評価の構造

	自民		民主	
	Ⅰ	Ⅱ	Ⅰ	Ⅱ
政策的主張	.87	.19	.77	.19
人間的信頼	.75	.36	.82	.23
能力・指導力	.50	.62	.77	.29
地元貢献	.21	.92	.28	.96
％ＴＶ	40.2	34.9	48.4	27.3

主成分法による因子抽出，バリマックス回転後の負荷量

12　これらの4項目に関しては，いずれも「そう思う」，「どちらともいえない」，「そう思わない」の3段階尺度により質問が行われた。以下の分析においては，これを「そう思わない」＝0，「どちらともいえない」および「わからない」＝0.5，「そう思う」＝1と再コードしたものを用いる。

13　アメリカにおける「能力」と「信頼性」のセイリエンスに関しては，Kinder (1986) を参照。なお Kinder は，これら二つの次元はさらに二つずつの下位次元，すなわち前者に関しては「職務をこなす能力」と「リーダーシップ」，後者に関しては「道徳的規範」と「思いやり」に分かれると論じている。

14　三宅 (2001) は選挙制度改革以後，候補者評価における「地元代表イメージ」の重要性が増したと論じている。なおパーソナル・ヴォートの概念については Cain et al. (1987) を参照。

15　抽出因子数については，固有値1を基準とするといずれの政党に関しても1因子のみの抽出となるが，4項目が大きくどのように分かれるか――パーソナルな側面と政治的側面の評価に分かれるのか，個人的特性と政治的評価に特定の結びつきのパターンが見られるのか――を見たいと考えたため，抽出因子数を2に設定し，その2因子に関してバリマックス回転を施した。

きく負荷している点である。言い換えれば，能力・指導力の評価は，民主党候補を評価する際には，人間的信頼性の評価とともに彼らの政策的主張の評価と一体化している——すなわち，政策的な能力や政策実現に向けての指導力として捉えられている——のに対し，自民党候補の評価においては，第一義的には地元への貢献における能力や指導力として捉えられているように見え，興味深い。

そこで次に，これら4項目の候補者評価を規定する要因を見ていこう。表7は，4項目の候補者評価を従属変数とし，回答者の属性および政党支持を独立変数とした重回帰分析の結果である[16]。

予想されるとおり，両党候補者を通じ，その政党への支持はすべての評価項目に関して一貫して有意なプラスの影響を与えている。言い換えれば，どのような候補者評価も，政党支持態度から自由ではない。なお非標準化偏回

表7　4項目の候補者評価の規定要因

	自民党候補				民主党候補			
	能力	信頼	政策	地元	能力	信頼	政策	地元
男性	−.02	.00	−.01	−.00	−.02	.01	−.02	−.07**
30代	.02	−.05	−.01	−.01	.03	.05	−.01	.01
40代	.00	−.06	−.03	−.00	.10**	.07	.04	.01
50代	−.03	−.05	−.06	−.02	.12**	.04	.04	.03
60代以上	−.01	.01	.04	−.05	.16**	.06	.02	.01
居住15年以上	.00	.00	−.02	−.01	−.03	.03	.01	−.03
教育程度	−.12***	−.07**	−.07**	−.09***	.03	.04	.02	.02
一戸建	.06**	.05	.02	.03	.03	.06*	.02	.09***
分譲マンション	−.03	−.03	−.06*	−.06**	−.04	−.02	−.07**	−.03
年収400万未満	.02	.01	.04	.04	−.03	.02	−.03	−.01
年収800万以上	.00	.04	.03	.06**	−.05*	−.03	−.05*	−.06**
ネットワーク	.07**	.05*	.06**	.09***	−.06**	−.03	−.07**	−.03
大都市居住	.02	.01	.02	−.01	−.04	−.05*	−.03	−.03
町村居住	−.02	.03	.01	−.04	−.03	−.04	−.11***	−.03
農林漁業	.01	.02	−.01	.06**	−.03	.02	.01	−.02
自営業	−.05*	−.04	−.03	−.05*	−.00	−.01	−.05*	−.09***
管理職	.05*	.01	.03	.03	−.06**	−.01	−.06**	−.01
政党支持	.24***	.29***	.33***	.25***	.20***	.24***	.31***	.13***
adj R²	.08***	.12***	.14***	.09***	.05***	.06***	.12***	.03***

数字は標準化偏回帰係数（OLS）。　* p<.10　** p<.05　*** p<.01（両側検定）

[16] 政党支持は，自民党候補，民主党候補のそれぞれに関して，その政党を支持していれば1，それ以外を0とするダミー変数である。

帰係数の比較から，両党のいずれに関しても，政党支持の効果は政策的主張の評価に対して最も大きいことが分かった[17]。これは，信頼性や能力がほぼ純粋にその候補者個人の資質であるのに対し，政策的主張はその政党の政策と一体のものであることから，当然に予想されうる結果である。また，民主党候補に関しては，地元貢献に対する政党支持の効果がやや弱い。すなわち，自民党候補に関しては，自民党を支持していることがその候補者の地元貢献度の評価によりストレートに結び付くのに対し，民主党候補の場合，その結び付きが相対的に弱い。

　それ以外の独立変数の効果については，まず自民党候補に関しては，ネットワークの豊富さが4項目の評価のいずれに対してもプラスに働いている。これは前節で見た，自民党候補の認知度に対するネットワークの効果とも一貫した結果——ネットワークの豊富な有権者は，自民党候補をよく認知し，かつ評価も高い——のように思われる。次に，教育程度の高さは4項目の全てに対してマイナスの影響を与えている。また地元貢献の評価において，年収800万以上と農林漁業がプラスに働き，自営業がマイナスに働いていることも興味深い。このほか，候補者の能力に関しては管理職がプラス，自営業がマイナスの効果を示している。

　一方民主党候補に関しては，これとは対照的な効果がいくつか見られる。まずネットワークの豊富さが能力と政策の評価に関してマイナスに働き，年収800万以上であることが政策と地元貢献の評価にマイナスに働いている。さらに管理職であることが，能力と政策の評価にマイナスに働いている。都市部のホワイトカラー層は民主党にとって重要な支持基盤になりうると考えられるが（第2章参照），そうした層に候補者の政策や能力に関する否定的イメージを抱かれているとすれば，同党にとって問題であろう。また自営業であることが，（自民党候補の場合と同様）政策と地元貢献の評価に対してネガティヴな影響を与えている。なお，民主党候補に関しては，自民党候補の場合には見られなかった年齢，性別の効果が若干見られた。すなわち，能力に関しては年齢が上がるほど評価が高くなり，地元貢献に関しては女性のほう

　17　非標準化偏回帰係数の値は，自民党候補では「能力」：0.15，「信頼」：0.18，「政策」：0.22，「地元」：0.17であるのに対し，民主党候補では「能力」：0.13，「信頼」：0.15，「政策」：0.22，「地元」：0.09である。

が評価が高い。

最後に，これら4項目の候補者評価が投票行動に与える影響をロジスティック回帰分析を行った。従属変数は，小選挙区と比例代表のそれぞれにおいて自民党に投票したかしないか，民主党に投票したかしないか（投票した場合に1，それ以外の場合に0）で，独立変数は，表7の分析と同じ回答者の属性，政党支持に4項目の候補者評価を加えたものである。候補者評価は，第一義的には小選挙区における投票行動に対して影響を与えると考えられるが，他方，その選挙区における候補者の魅力（あるいは問題点）が比例代表での投票行動にも影響を与える可能性は否定できず，また特に重複立候補が認められている現行制度の下においては，支持する候補者の当選の可能性を高めるために，比例代表においてもその候補者の政党に投票する誘引を有権者が持つため，比例代表における投票行動も従属変数に加えた。結果は表8の通りである。

小選挙区における投票への影響を見ていくと，自民党では能力を除く3項目の効果が有意であるが，効果の大きさに関しては政策評価が他の2項目に比べて大きい。また民主党では政策評価のみが有意である。このように，自民，民主両党を通じて，小選挙区での投票行動に大きな影響を与える候補者要因は，政党支持をコントロールした上でもまずその政策的な評価であることが示された[18]。さらに自民党候補に関しては地元貢献に関する評価が投票

表8 自民・民主両党への投票に対する候補者評価の効果

	自民		民主	
	小選挙区	比例代表	小選挙区	比例代表
男性	−.13	.07	−.17	−.10
30代	−.23	−.12	−.15	.04
40代	−.38	−.73**	−.24	.26
50代	−.77**	−.64*	.17	.15
60代以上	−.24	−.42	−.47	−.21
居住15年以上	.16	.15	−.26	−.37*
教育程度	−.08	.06	.21	−.42
一戸建	−.62***	−.07	.08	.15
分譲マンション	−.88*	−.34	.74*	.16
年収400万未満	−.08	−.09	−.21	−.14
年収800万以上	.68***	.29	−.35	−.00
ネットワーク	.07	−.16	−.29	−.47*
大都市居住	.09	.39*	−.00	.01
町村居住	.35	.22	−.19	.07
農林漁業	.31	.08	−.45	−.42
自営業	.20	.02	−.10	−.15
管理職	.25	.01	−.07	−.20
政党支持	1.73***	2.12***	2.27***	2.41***
能力	.12	−.25	.00	−.22
信頼	.93***	.17	.48	.17
政策	2.58***	1.64***	2.13***	1.67***
地元	.87***	.28	.19	−.41
(Constant)	−2.68***	−2.13***	−2.12***	−1.46***
Nagelkerke-R^2	.49***	.40***	.39***	.35***

数字はロジスティック回帰係数。 * $p<.10$ ** $p<.05$ *** $p<.01$

行動に影響を与えるが，民主党候補の場合にはそうした効果が見られないのは，与党である自民党候補の方がそうした貢献を目に見える形で行いやすいということが影響しているものと思われる。他方，候補者の個人的特性の評価が投票行動に及ぼす影響は，かなり限定されている。これらの特性の中で投票行動に有意な影響を及ぼしているのは，自民党候補における信頼感のみである。すなわち，「人」を選ぶ小選挙区での投票においても，候補者の個人的特性（特にその能力）に関しては，有権者は第二義的な意味しか見出していないように見える。もちろんその背景には，有権者が候補者について——特に民主党候補について——極めて限られた情報しか持っていないという状況の存在があると思われる。

次に比例代表における投票行動について見ていくと，ここでは両党とも政策的評価のみが有意な効果を示している。先にも触れたとおり，候補者の政策的主張は多くの場合（特に小選挙区制の導入後）その政党の政策的主張と一体であることが多いため，この結果は意外なものとは言えない。逆に言うと，例えば自民党の候補者が地元への貢献に関して高い評価を得ていたとしても，それは小選挙区でのその候補者に対する投票には結び付くが，比例代表での自民党への投票にはほとんど結び付かないということである。換言すれば，地元に貢献している候補者の当選をより確実にするために，比例代表でもその政党に投票するというような投票行動は見られない。

5　まとめ

以上，本章では，候補者認知および候補者評価と投票行動の関連について分析を行った。その結果，第一に，候補者認知を高める要因は政党ごとに異なっており，それは各党候補者の日常的な活動の場や活動スタイルの違いを反映していると考えられること，第二に，候補者に関する認知度の高さは，政党への感情をコントロールしても，その候補者に対する感情に有意なプラ

18　ただし，ここで注意すべき点は，このデータが05年総選挙時のものであるということである。言うまでもなく，この選挙では郵政民営化が大きな争点となり，有権者の投票行動にも大きな影響を与えた（第7章参照）。従って，ここでの政策的評価には，この争点に関するそれぞれの政党および候補者の立場への評価が強く反映されていると考えられ，分析結果の一般化にはやや慎重を要すると思われる。

スの効果を及ぼすこと，第三に，候補者評価の構造は，自民，民主両党の候補者間でやや異なっている——特に能力・指導力の評価の意味に関して——こと，第四に，候補者の個人的特性の評価が投票行動に及ぼす影響は，小選挙区における自民党候補の信頼性の効果にほぼ限定されていること，などが明らかにされた。

この最後の点については，有権者が衆議院議員の職務に関して抱いているイメージや，候補者個人に関して持っている情報の乏しさなどが影響していると考えられるが，同時に，05年選挙の特殊性の影響もあると考えられることから，結論は今後の他の選挙における同様の分析結果を俟って出すべきであろう。

補遺：変数の定義

1 回答者の属性
第4章補遺（81頁）を参照。

2 政党感情温度
自民，民主，公明，社民，共産の五つの政党それぞれに対する0度（最も嫌い）〜100度（最も好き）の感情温度を，0〜1に再コード。

3 関心・有効感・知識
「政治関心」：政治上の出来事に注意を払っているか。0（払っていない）〜1（払っている）の4段階尺度。
「左右できる」：自分に政府のすることを左右する力があるか。0（ない）〜1（ある）の5段階尺度。
「理解できる」：政治や政府のやっていることを理解できるか。0（できない）〜1（できる）の5段階尺度。
「考えている」：国会議員は国民のことを考えているか。0（考えていない）〜1（考えている）の5段階尺度。
「知識」：「知っている省庁名をいくつでもあげてください」という質問に対して，適切なものをいくつあげられたか。最小値0から最大値14までを，0〜1の範囲に再コード。

4 メディア接触
「今度の選挙について選挙期間中によく見聞きしたもの」をリストの中からい

くつでも選んでもらい，その数を「テレビ」，「ラジオ」，「雑誌」，「インターネット」に分類して集計した上で，全く挙げられなかった場合が0，理論上の最大値が1となるように再コード。

5 団体加入

表にある11の組織・団体について，加入していれば1，加入していなければ0とするダミー変数。

6 人脈

position generatorへの回答に対する因子分析結果によって得られた五つの因子得点。第3章を参照。

7 前職・元職

当該候補者が「前職」である場合と「元職」である場合，それぞれに関するダミー変数。参照カテゴリーは「新人」。

8 候補者の認知度

知らない＝0，少し知っている＝0.5，よく知っている＝1，の3段階尺度。

9 候補者感情温度

当該候補者に対する0度（最も嫌い）〜100度（最も好き）の感情温度を，0〜1に再コード。

第7章

争点態度と争点投票

1 はじめに

　いわゆるミシガン・モデルにおいて，政策的な争点態度は，投票行動の規定要因として政党支持，候補者評価と並ぶ位置付けを与えられてきた。その一方で，日本の選挙において，特定の政策争点がその結果を左右するようなことは比較的稀であった。政策争点に基づく投票行動（「争点投票」）が生じるためには，①有権者がその争点を重視し，なおかつ自分自身の立場が明確であること，②各政党・候補者の立場が明確に異なり，なおかつそれぞれの立場を有権者が認識していること，③各政党が政権を獲得した場合に公約を議会で実現するだけの党内規律が存在していることに対する，最低限の信頼が存在していること，などが必要であるが（平野，2001），郵政民営化問題が争点となった05年衆院選は，消費税が争点となった89年参院選と並び，そうした条件が整い大規模な争点投票が行われた珍しい例の一つであったとされている。上記の条件①，②はもちろんのこと，郵政民営化法案に反対した候補者を公認せず，その選挙区に対立候補を擁立した小泉首相率いる自民党は，③の条件をも満たしていることを有権者にアピールできたと思われるからである。

　本章では，争点投票の分析に格好のケースであると考えられるこの05年衆院選時のデータを用いて，争点態度が投票行動に及ぼす影響について，以下のような手順で分析を行う。第2節で，有権者の争点態度（政策選好）の構造を分析し，そこにおける主要な次元を析出すると同時に，郵政民営化問題が有権者にとってどのような意味を持つ争点であったのかについて考察する。次いで第3節で，郵政民営化およびその他の争点に関する態度が有権者の投票行動に与えた影響について明らかにする。ここでは，個々の争点に対する

態度が与える影響のみならず,争点空間上における選好の方向性が支持政党や投票政党とどのように関連しているのかについても分析する。続く第4節と第5節で,争点投票のメカニズムに関する分析を行う。使用するデータの制約から分析はシンプルなものに留まるが,第4節では有権者自身の争点態度と,彼らが認知する各政党の政策的立場の一致・不一致が投票行動に与える影響について考察し,第5節において,いわゆる「空間モデル（spatial model）」の下位モデルである「近接性モデル（proximity model）」と「方向性モデル（directional model）」の優劣に関して検討を加える。

2 争点態度の構造

まず有権者の争点態度の構造を明らかにし,またそれを通じて郵政民営化問題が有権者にとってどのような意味を持つ争点であったのかを検討しよう。表1は,05年調査において質問された9項目の争点態度について因子分析を行った結果である[1]。

第Ⅰ因子は,「多国籍軍への参加」,「集団的自衛権」,「イラクでの活動」,「改憲」の4項目の負荷が大きく,日本の有権者の争点態度の構造において一貫して見られる「憲法・安全保障」の軸（平野,2005a）であることが分かる。第Ⅱ因子は,「補助金よりも自由競争」,「福祉よりも税負担の軽減」の2項目の負荷が大きく,これは「市場重視対再分配重視」（あるいは「大きな政府対小さな政府」）に関する軸であると考えられる。最後の第Ⅲ因子は,「保険料より消費税」,「景気対策より財政再建」という2項目の負荷が大きい。これは景気対策を望む一方で消費税率の引き上げを警戒する職業グループ（例えば自営業者）と財政再建を支持し保険

表1　争点態度の構造

	Ⅰ	Ⅱ	Ⅲ
多国籍軍に参加すべき	.80	−.05	−.02
集団的自衛権を認めるべき	.76	−.11	−.00
イラクでの活動に関わるべき	.72	.06	−.11
改憲すべき	.62	−.14	−.02
自由な競争社会を目指す	.02	.72	.24
福祉より税負担の軽減	−.15	.68	−.26
景気対策より財政再建	−.07	.19	.64
保険料値上げより消費税	−.02	−.22	.67
郵政民営化すべき	.54	.24	.36
％TV	27.0	12.9	12.6

主成分法による因子抽出,バリマックス回転後の負荷量

---

[1] 固有値1以上の因子が三つ抽出されたため,それらに関してバリマックス回転を行った。なお,争点態度に関する質問項目については補遺を参照。

料の値上げを危惧する職業グループ（例えば都市部のサラリーマン）との対立を反映したものとも，また現役世代に重い負担を課す保険料の値上げや国の借金の先送りへの賛否という世代間の対立を反映したものとも考えられるが，いずれにしても「景気対策か財政再建か」という争点が，「市場重視対再分配重視」の軸（第Ⅱ因子）からは独立し，「保険料の値上げか消費税率の引き上げか」と共に第3の因子を形成している点は興味深い。

そこで，こうした争点態度の構造内における郵政民営化問題の位置を見ると，この争点が三つの因子に分散して負荷しており，その大きさは第Ⅰ因子，第Ⅲ因子，第Ⅱ因子の順になっていることが分かる。すなわち郵政民営化問題は，小泉首相やマスメディアが言うような「大きな政府か小さな政府か」，「官か民か」といった問題であるよりは，むしろ「憲法・安全保障」の問題に近い意味を持つものとして有権者に捉えられている。その上で，「サラリーマン・現役世代の利益か自営業者・年金世代の利益か」という問題であり，最後に「大きな政府か小さな政府か」，「市場重視か再分配重視か」という問題でもある。

以上の結果から，郵政民営化問題は特定の政策次元に限定された意味を持つものとしてではなく，むしろ小泉首相に対する信任・不信任のシンボルとしての意味を持つ争点として有権者に理解されていたものと思われる。そのため，争点態度の各次元を横断するような因子負荷を示すと同時に，過去一貫して自民対非自民の対立のコアにあり，小泉内閣に対する業績評価の要因としても大きな意味を持つ「憲法・安全保障」因子への負荷が最も大きくなったものと考えられる[2]。

3 争点態度と政党支持・投票行動

次に，有権者の争点態度が，彼らの政党支持や投票行動とどのように関連しているかを見ていこう。ここでは独立変数となる争点態度に関して，二つのモデルを設定した。

---

[2] 小泉内閣に対する業績評価に関しては第8章を参照。なお，上述の因子分析において抽出因子数を2に設定した場合，3因子解の第Ⅱ因子と第Ⅲ因子が一つにまとまって第Ⅱ因子を形成するが，郵政民営化問題は第Ⅰ因子に0.54，第Ⅱ因子に0.44の負荷を示す。このことからも，ここでの結果の解釈は妥当なものと考えられる。

第一のモデルは個々の政策次元における争点態度を相互に独立に投入するモデルで，先の9項目の政策選好のうち「郵政民営化」を除く8項目に関する因子分析の結果得られた三つの因子の因子得点，および「郵政民営化」に関する態度という四つの独立変数からなるものである[3]。「郵政民営化」を単独の独立変数としたのは，この争点がこの選挙において特別な意味を持つものであったこと，また先に見たとおりこの争点が三つの因子を横断するような意味を持っていることを考慮したためである。

第二のモデルは，政策空間内における選好の方向性を考慮したモデルである。これは個々の政策次元における立場のみではなく，複数の次元からなる政策空間内における選好の方向性（複数の次元間でのある種の交互作用）と，支持政党や投票政党との間に明確な関連が見られるのではないかという予測に基づいている。この「方向性」をどのように操作化するかについては，複数のモデルを比較検討した結果，図1に示されるような2次元空間上の8方向モデルを採用することとした。これは「郵政民営化」を除く8項目に関して，因子数を2に設定した因子分析を行った上で[4]，個

図1　2次元空間上の8方向モデル

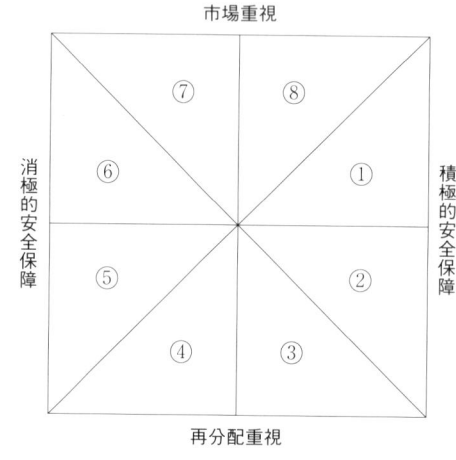

市場重視／消極的安全保障／積極的安全保障／再分配重視

①②③④⑤⑥⑦⑧

---

[3] 「郵政民営化」を除いて因子分析を行った場合も，分析結果は基本的に表1にあるものと全く同じであり，第Ⅰ因子が「憲法・安全保障」，第Ⅱ因子が「市場重視対再分配重視」，第Ⅲ因子が「景気対策／保険料値上げか財政再建／消費税率引き上げか」である。

[4] 「郵政民営化」を除いた理由は，前注2（123頁）で述べた通りこの変数が二つの因子を横断するような性格を持つためである。2因子解によるバリマックス回転後の因子負荷のパターンは，第Ⅰ因子（「憲法・安全保障」因子）に「多国籍軍への参加」(.82),「集団的自衛権」(.77),「イラクでの活動」(.74),「改憲」(.62)の4項目が，また第Ⅱ因子（「市場重視対再分配重視」

々の回答者の因子得点が図1に示した8つの領域のいずれに含まれるかについてのダミー変数を作成するというものである[5]。

分析手法としては，政党支持，投票行動のいずれに関しても，多項ロジスティック回帰分析を用いた。従属変数のカテゴリーは，政党支持に関しては民主支持，公明支持，社共支持，支持なしで，自民支持が参照カテゴリーとなる。また投票行動に関しては，比例代表における民主投票，公明投票，社共投票で，自民投票が参照カテゴリーとなる。独立変数は，先述のとおり，モデル1では政策選好に関する三つの因子得点および「郵政民営化」への態度，モデル2では八つの方向性ダミーのうち方向②から方向⑧までの七つのダミー変数で，方向①が参照カテゴリーとなる。方向①を参照カテゴリーとしたのは，これが小泉内閣の政策的な方向に最も近いと考えられ，比較の基準として適当であると考えたためである。なお，いずれのモデルに関しても回答者の属性をコントロール変数としてモデルに投入した[6]。分析の結果は，支持政党に関しては表2，投票政党に関しては表3に示す通りである。

まず支持政党に関するモデル1の結果を見ていくと，自民支持者と比較して，民主支持者は安全保障・改憲に消極的，景気対策よりも財政再建に賛成，郵政民営化に否定的という立場であり，公明支持者は財政再建よりも景気対策に賛成，郵政民営化に肯定的，社共支持者は安全保障・改憲に消極的，郵政民営化に否定的，支持なしは安全保障・改憲に消極的，再分配よりも市場

　　　因子)に「補助金より自由競争」(.71)，「景気対策より財政再建」(.48)，「福祉より税負担軽減」(.45)，「保険料より消費税」(.38)の4項目が，それぞれ大きく負荷するというものである(括弧内は因子負荷量)。図1における横軸が第Ⅰ因子，縦軸が第Ⅱ因子に対応している。
5 「2次元空間上の8方向モデル」以外に，「2次元空間上の4方向モデル」および「3次元空間上の8方向モデル」による分析も試みたが，分析結果について最も意味のある解釈が可能であった「2次元空間上の8方向モデル」を採用した。
6 回答者の属性に関する変数の定義に関しては第4章補遺(81頁)を参照。なお，ここではモデルの自由度の関係で，政党支持，投票行動のいずれに関しても，職業に関する変数は独立変数として投入していない。また投票行動を従属変数とするモデルに関しては，支持政党を独立変数として投入した場合，その効果によって政策選好と投票政党との関連が見えにくくなるため，支持政党を独立変数から除外した。

表2　政策選好と支持政党

	モデル1				モデル2			
	民主支持	公明支持	社共支持	支持なし	民主支持	公明支持	社共支持	支持なし
男性	.54**	−1.54***	.84**	−.19	.41*	−1.30***	.66*	−.21
30代	−.42	−.89	1.00	−.70	−.66	−.72	.83	−.99**
40代	−.56	−1.34*	.94	−.93*	−.48	−1.14	1.25	−.85*
50代	−.97*	−1.73**	.01	−1.97***	−.94*	−1.48*	.29	−1.97***
60代以上	−1.10**	−2.45***	−.41	−2.15***	−1.08**	−2.26***	−.06	−2.17***
居住15年以上	−.50*	−.47	.60	−.21	−.71***	−.32	.38	−.44
教育程度	.76**	−1.45**	.93	.29	.77**	−1.44**	.94	.32
一戸建	.29	−.28	.68	.06	.36	−.39	.73	.05
分譲マンション	.36	−.93	1.34	.59	.38	−.94	1.55*	.28
年収400万未満	.34	.12	.55	.11	.34	.17	.62	.13
年収800万以上	−.16	−.61	−.84	−.29	−.11	−.68	−.73	−.26
ネットワーク	−.10	1.38**	.76	−.58	−.33	1.28**	.46	−.82**
大都市居住	.45*	.29	.84*	−.02	.35	.32	.85*	.04
町村居住	−.17	−.22	−1.03	−.28	−.06	−.35	−.75	−.18
安全保障・改憲	−.59***	.22	−1.31***	−.63***	—	—	—	—
競争・低負担	.15	.06	−.08	.32***	—	—	—	—
財政再建	.20*	−.35*	.02	.40***	—	—	—	—
郵政民営化	−1.70***	2.22***	−1.99***	−.67**	—	—	—	—
政策方向2	—	—	—	—	.15	.39	−.28	.16
政策方向3	—	—	—	—	.20	.21	.01	.21
政策方向4	—	—	—	—	.75*	−.63	1.67**	.89*
政策方向5	—	—	—	—	1.72***	−.43	2.47***	1.28***
政策方向6	—	—	—	—	1.64***	−.30	2.27***	1.98***
政策方向7	—	—	—	—	1.41***	−1.44	.54	1.95***
政策方向8	—	—	—	—	.69*	−.59	−.34	1.40***
(Constant)	.66	−1.32	−4.09***	1.36**	−1.02	.64	−6.03***	.20
Nagelkerke-R^2	.40				.32			
モデルの有意性	p<.01				p<.01			

数字はロジスティック回帰係数。参照カテゴリーは自民支持。　* p<.10　** p<.05　*** p<.01

重視，景気対策よりも財政再建に賛成，郵政民営化に否定的という立場であることが分かる[7]。ここでの興味深い点としては，第一に，他の3グループが自民支持者よりも安全保障・改憲に消極的であるのに対し，公明支持者の

---

[7] 以下の議論においては，表現が煩雑になるのを避けるため便宜的に，「多国籍軍への参加」，「イラクでの活動」，「集団的安全保障」，「改憲」に関して肯定的な態度を「安全保障・改憲に積極的」，否定的な態度を「安全保障・改憲に消極的」と表現することとする。

表3　政策選好と比例投票政党

	モデル1			モデル2		
	民主投票	公明投票	社共投票	民主投票	公明投票	社共投票
男性	.60***	−.53*	.83**	.37*	−.49*	.62*
30代	.13	−.59	1.63*	−.37	−.43	1.33
40代	.65	−.01	2.23**	.47	.27	2.21**
50代	.22	−.90	1.01	−.12	−.80	1.03
60代以上	−.03	−1.15*	.48	−.35	−.96*	.55
居住15年以上	−.42	−.34	.31	−.59**	−.19	.10
教育程度	.86**	−.49	2.07***	.55*	−.50	1.89***
一戸建	.16	−.32	.38	.40	−.43	.61
分譲マンション	.35	−.30	1.68**	.51	−.19	1.83***
年収400万未満	−.27	−.29	−.02	−.12	−.28	.18
年収800万以上	−.47*	−.44	−1.11**	−.29	−.49	−.88**
ネットワーク	−.09	.28	.15	−.35	.28	−.19
大都市居住	.09	−.01	.01	−.04	−.03	.13
町村居住	−.14	−.30	−.57	−.18	−.32	−.52
安全保障・改憲	−.47***	.02	−1.50***	―	―	―
競争・低負担	−.03	−.03	−.21	―	―	―
財政再建	.13	−.18	.07	―	―	―
郵政民営化	−2.90***	1.14*	−2.68***	―	―	―
政策方向2	―	―	―	.67*	−.03	−.37
政策方向3	―	―	―	.83**	.76*	−.35
政策方向4	―	―	―	1.78***	−.45	1.63**
政策方向5	―	―	―	2.15***	.12	2.72***
政策方向6	―	―	―	2.11***	.34	2.40***
政策方向7	―	―	―	1.66***	−1.03	−.16
政策方向8	―	―	―	.89**	−.13	−.25
(Constant)	1.09*	−.70	−3.60***	−1.57***	.08	−5.77***
Nagelkerke-R^2	.43			.28		
モデルの有意性	$p<.01$			$p<.01$		

数字はロジスティック回帰係数。参照カテゴリーは自民投票。
* $p<.10$　** $p<.05$　*** $p<.01$

みは自民支持者と有意な差が見られず（係数の方向はむしろプラス），また郵政民営化に関しても他の3グループが自民支持者よりも否定的であるのに対し，公明支持者のみがより肯定的な態度を示している。すなわち，これらの争点に関しては，公明支持者は自民支持者と少なくとも同程度，場合によってはそれ以上に小泉内閣の政策的志向と一体化していたことが分かる。言い換えれば，小泉内閣は自民支持層以上に公明支持層から政策的支持を調達していたと考えられる。第二に，民主支持者，社共支持者，支持なしの3グループは，いずれも自民支持者に比べて安全保障・改憲に消極的，郵政民営化

に否定的という共通点を持っているが，それ以外の点ではいくつかの相違が見られる。まず，支持なし層は最もネオ・リベラル的な政策選好を持っているようである。すなわち，自民支持者に比べてより市場重視であり，なおかつ景気対策より財政再建を選好している。民主支持者も自民支持者に比べて景気対策より財政再建を選好しているが，市場重視か再分配重視かに関しては有意な差が見られない。最後に社共支持者は市場重視か再分配重視か，景気対策か財政再建かのいずれに関しても自民党支持者との差が見られない。言い換えれば，社共支持者は憲法・安全保障の次元では自民支持者と鋭く対立しているが，経済・社会保障の次元では，自民支持者とほとんど違いが見られない。第三に，やはりこの選挙においては，郵政民営化に対する態度が各党の支持者を分ける最大の争点であったように見える。この変数のみがすべてのグループについて有意な効果を示している。

次に，政党支持に関するモデル2の分析結果を見ると，このモデルでは「郵政民営化」が独立変数に含まれていないこともあり，モデル1に比べて擬似決定係数の値は小さくなっている。七つの方向性ダミー変数の効果を見ると，まず民主支持に関しては，方向④から⑧までの効果が有意で，特に⑤から⑦までの効果が大きくなっている。すなわち方向①を基準にした場合，安全保障・改憲に関してより消極的で，より市場重視の立場の有権者ほど，自民党よりも民主党を支持する可能性が高まる。社共支持に関しては，方向④から⑥が有意で，特に⑤と⑥の効果が大きい。言い換えると，安全保障・改憲に消極的で，どちらかと言えば再分配志向の立場が，これらの党を支持する可能性を高める[8]。また支持なしに関しては，方向④から⑧までが有意で特に⑥と⑦の効果が大きい。これはほぼ民主支持と同じ傾向であるが，民主支持よりもさらに市場重視の効果が大きいように見える。最後に公明支持であるが，興味深いことに有意なダミー変数は一つもない。言い換えれば，自民支持か公明支持かという観点から，方向①と比較して有意に異なる影響を示すような政策選好の方向はない。この結果は，少なくとも政策選好の方向性に関する限り，自民党支持者と公明党支持者が一体化しつつあることを示唆し

---

[8] これらの結果が示唆する，自民，民主，社共それぞれの支持を高める3本のベクトルの方向は，平野（2004b）が2001年参院選時のデータに基づき，異なる方法によって示した同様の方向（第10章も参照）とほぼ一致している。

ている。

　次に投票行動に関するモデル1の分析結果を見ると，第一に，「郵政民営化」の効果は，全ての投票政党グループに関して有意であり，やはりこの争点が有権者の投票行動に大きな影響を与えていたことが明確に示されている。そして効果の方向であるが，民主投票と社民投票に関しては，予想される通りマイナス，すなわち郵政民営化に否定的であるほど自民よりも民主あるいは社共に投票する可能性が高まる。これに対して公明投票に対する効果はプラス，すなわち郵政民営化に肯定的であるほど自民よりも公明に投票する可能性が高まる。潜在的支持者のすべてが郵政民営化に肯定的ではない自民に対して，公明支持者の方が郵政民営化に対する態度の凝集性が高いことが，こうした結果をもたらす一因であったと思われる。第二に，民主投票および社共投票に関しては安全保障・改憲のマイナスの効果が認められる。すなわち，安全保障・改憲に消極的であるほど，自民よりも民主あるいは社共への投票可能性が高まる。この選挙においても，憲法・安全保障問題は郵政民営化と並んで，自民投票と野党投票を分ける重要な要因になっていたのである。これに対して，第三に，経済・社会保障関連の2変数，すなわち「市場重視か再分配重視か」と「景気対策か財政再建か」はいずれも有意な効果を示していない。小泉首相やマスメディアがこの選挙における大きな争点が「大きな政府か小さな政府か」であると訴えたにもかかわらず，こうした次元に関する政策選好は（少なくとも「郵政民営化」をコントロールした場合には）有権者の投票行動に殆ど影響を及ぼさなかったのである。以上の結果から，05年総選挙における有権者の投票行動は，郵政民営化および憲法・安全保障問題をシンボルとした小泉首相への信任投票という性格を強く持つものであったことが窺える。

　最後に投票行動に関するモデル2の結果を見ておこう。ここでも「郵政民営化」が独立変数として含まれていないため，擬似決定係数はモデル1に比べて小さくなるが，以下に見るとおり政策選好の方向性と投票行動の間には興味深い関連性が認められる。すなわち，まず民主投票に関しては，②から⑧までの全ての方向に関して有意なプラスの効果が見られるが，特に方向⑤，⑥における効果が大きい。換言すると，自民か民主かという選択に関して，方向①は他の全ての方向と比較して有意に自民への投票確率を高める。やはり有権者の認知においても，方向①が小泉内閣の政策の方向性に最も近いも

のであったと推測できる。また社共投票に関しては，方向④から方向⑥が有意な効果を示しており，特に方向⑤と⑥の効果が大きい。これらの結果を見ると，自民投票か，民主あるいは社共投票か，という選択において重要なのはやはり憲法・安全保障の次元であり，特に社共への投票を促進するのは民主よりも狭い範囲，やや再分配志向寄りの方向であることが分かる。最後に公明投票に関しては，方向③のみがプラスの有意な効果を示している。すなわち，自民か公明かという選択に関して，方向①を基準とした場合，方向③（安全保障・改憲にやや積極的である再分配志向）でのみ，公明党への投票可能性が高まる。以上の結果に関して大変に興味深いのは，ここで明らかにされた，それぞれの政党への投票可能性を高めるような政策選好の方向が，谷口（2005）が本報告とは異なるデータと分析方法によって明らかにした自民，民主，社共，公明それぞれの候補者と支持者の政策的立場の相対的な位置関係とほぼ一致していることである[9]。谷口が用いた手法であるMDSは各軸の意味自体を明らかにするものではないが，本報告の分析結果からは，そこでのX軸が憲法・安全保障の軸，Y軸が市場重視か再分配重視かの軸であるとの解釈が可能である。特に，従来安全保障や改憲に関しては消極的であると考えられてきた公明党支持層が，自公連立政権の下で，その立場をより積極的な方向に移動させていることが推測され興味深い。

4　争点投票のメカニズム

本節では，この選挙における有権者の投票行動について，争点投票のメカニズムという視点からの検討を加えたい。前節の分析においては，投票政党を予測するための独立変数として，個々の有権者自身の政策選好が用いられていた。しかし，第1節においても述べたとおり，争点投票においては有権者自身の政策選好と各政党・候補者の（認知された）政策的立場とのマッチングが行われているということが暗黙の前提とされている[10]。

本章で分析対象としている争点態度の質問項目は，対立する二つの立場の

9　同書140頁，図7-1を参照。谷口は2003年に実施された東京大学・朝日新聞社共同世論調査のデータに基づき，自民，民主，公明，社民，共産の各党の候補者および支持者の政策的立場の布置をMDSの手法を用いて分析している。

10　争点投票に関する理論・モデルについては谷口（2005）を参照。

いずれに近いかを4段階の尺度で聞くというものであるため，空間モデルに関する厳密な計量的検証を行うのはやや困難である。そこで以下の分析では，次のようなシンプルでどちらかと言えば質的な方法を用いるが，有権者自身の政策選好と政党の政策的位置の関連から投票行動のメカニズムを解明するという点では十分に意味のあるものと考える。

分析は小選挙区と比例代表のそれぞれにおける投票政党を従属変数とする二項ロジスティック回帰分析によって行った。具体的には，「自民党に投票したかしないか」および「民主党に投票したかしないか」（いずれも投票した場合を1，それ以外を0とするダミー変数）を従属変数とするモデルを設定した。さらに，いずれの政党への投票に関しても，「郵政民営化」，「多国籍軍への参加」，「補助金よりも自由競争」，という三つの争点のそれぞれを独立変数とする下位モデルを設定した。これらの独立変数に関しては，回答者自身の態度（「賛成」と「反対」の二つのカテゴリー）×回答者の認知における当該政党の立場（「賛成」，「反対」，「分からない」の三カテゴリー）の六つのパターンをそれぞれ意味するダミー変数を作成した[11]。従って回答者自身の態度が「分からない」である場合が参照カテゴリーとなる。なお，これらのダミー変数以外に，回答者の属性に関する変数（当該政党に対する支持を含む）をコントロール変数として独立変数に加えた[12]。政党の政策的位置をどのように定めるかについては，公約などから分析者（専門家）が決定する方法，回答者の認知の平均値を用いる方法などもあるが，ここでは個々の回答者自身の認知が重要であるとの立場から，上述の方法を採用した[13]。このモデルによって，投票行動に影響を与えるのが有権者本人の争点態度のみであるのか[14]，あるいは争点投票の理論が予想するとおり，自分自身の立場と政党の

---

11 回答者自身の態度についても，認知された政党の立場についても，「賛成」は「Aに近い」および「どちらかと言えばA」をまとめたもの，「反対」は「Bに近い」および「どちらかと言えばB」をまとめたものである。

12 政党支持については，当該政党を支持している場合を1，それ以外の場合を0とするダミー変数を投入。

13 なお，以上の説明から明らかなとおり，このモデルでは，回答者本人と競合する複数の政党との相対的な位置関係（例えば「どの政党が自分の立場に最も近いか」等）は問題とされていない。

14 こうしたロジックは奇妙に響くかも知れないが，例えばある争点に対して

立場とのマッチングが重要であるのかが明らかになるはずである。さらにこのモデルでは，回答者自身の立場と政党の立場が一致した場合に予想される投票へのプラスの効果と不一致の場合に予想されるマイナスの効果が同程度（対称的）なのか，そうではない（非対称的）のか，またそれは回答者自身の立場が「賛成」であるか「反対」であるかによって異なるのか同じであるの

表4　政策選好に関する自分と政党との組み合わせパターンと投票行動

	自民投票							
	郵政民営化		多国籍軍参加		自由競争		郵政民営化	
	小選挙区	比例代表	小選挙区	比例代表	小選挙区	比例代表	小選挙区	比例代表
男性	−.24	−.08	−.21	−.07	−.03	.06	−.04	.04
30代	−.37	−.30	−.16	−.10	−.22	−.13	−.08	.05
40代	−.26	−.73*	−.22	−.66*	−.29	−.74**	−.26	.18
50代	−.83**	−.75**	−.67*	−.60*	−.64*	−.63*	.19	.18
60代以上	−.12	−.35	−.07	−.31	−.04	−.34	−.42	−.23
居住15年以上	.18	.22	.09	.21	.09	.25	−.26	−.35*
教育程度	−.53**	−.14	−.41*	−.08	−.27	−.05	.29	−.27
一戸建	−.36	.16	−.44**	.00	−.47**	.02	.09	.09
分譲マンション	−.80*	−.06	−1.00**	−.30	−1.03**	−.37	.31	−.22
年収400万未満	.19	.14	.13	.06	.05	.00	−.34*	−.24
年収800万以上	.67***	.29	.71***	.33	.62***	.29	−.37	.08
ネットワーク	.15	−.33	.41*	−.07	.51**	.07	−.23	−.26
大都市居住	−.02	.22	.16	.31*	.09	.29	.01	.06
町村居住	.31	.23	.31	.22	.40*	.24	−.44*	−.14
農林漁業	.48	.16	.33	.06	.35	.08	−.43	−.43
自営業	.10	−.05	.05	−.09	.05	−.13	−.18	−.19
管理職	.42	.18	.24	.05	.30	.07	−.28	−.39
政党支持	1.95***	2.24***	2.00***	2.26***	2.12***	2.38***	2.38***	2.47***
反対／反対	.58	1.26	.18	−.70	−.19	−.26	.78***	.69**
反対／不明	−.02	.15	.02	−.42	.36	.04	−.04	.07
反対／賛成	−1.07***	−1.15***	−.75***	−.62**	−.59**	−.19	.52	.52
賛成／反対	.46	.90	−.31	−.15	−.67***	−.58**	−.88***	−1.03***
賛成／不明	.01	.23	−.17	−.43	−.20	−.51*	−.49	−.66
賛成／賛成	.97***	.99***	.32	.20	−.03	.04	−.44	−.60**
(Constant)	−.58	−1.57***	−.12	−.93**	−.38	−1.19***	−.40	−.60
Nagelkerke-R^2	.44***	.47***	.37***	.38***	.35***	.37***	.39***	.39***

数字はロジスティック回帰係数。　* p<.10　** p<.05　*** p<.01

ある態度を持つ有権者が，その態度の背景にある価値観などから直接的にある政党に投票する場合や，ある政党に関して長期的に形成された政策的・イデオロギー的スタンスのイメージから，現時点でのその政党の立場の認知を経由せずに意思決定が行われる場合などを想定することができる。

第 7 章 争点態度と争点投票 133

か，といった点の解明も期待できる。分析結果は表 4 に示す通りである。

まず自民党への投票については，「郵政民営化」に関しては小選挙区，比例代表共に，「賛成／賛成」でプラスの，「反対／賛成」でマイナスの効果が認められる[15]。言い換えれば，自民党の政策を（正しく）「賛成」と認識した上で，自分も賛成であれば自民党に投票し，反対であれば投票しないということである。この結果自体は，争点投票の理論が予測する通りであるが，やや興味深いのは，郵政民営化に関する自民の立場を正しく理解していない回答者（政治への一般的関心が低いと推測される）に関しては，自分自身の立場にかかわらず争点投票は認められないということである[16]。次に「多国籍軍への参加」に関しては，小選挙区，比例代表を通じて「反対／賛成」のみが有意でマイナスの効果を示している。ここでも，この効果自体は争点投票のモデルに合致しているが，先の「郵政民営化」とは異なり「賛成／賛成」の回答者における有意なプラスの効果は認められない。その意味で，この争点に関しては自分の立場に応じて効果は非対称である。その原因としては，自分自身の意見が「賛成」である者よりも「反対」である者の方が，この争点の重要性を高く感じているのではないかと推測されるが，これを検証するには更なる分析が必要である。なお，ここでも自民党

	民主投票			
	多国籍軍参加		自由競争	
	小選挙区	比例代表	小選挙区	比例代表
	−.04	.06	−.22	−.12
	−.21	−.08	−.23	−.09
	−.30	.16	−.28	.18
	.14	.09	.02	.03
	−.38	−.21	−.53	−.34
	−.21	−.28	−.28	−.38*
	.33	−.24	.21	−.33
	.12	.12	.12	.11
	.40	−.03	.48	.02
	−.27	−.19	−.17	−.09
	−.44*	−.02	−.39*	.03
	−.30	−.47*	−.41*	−.50**
	−.10	−.08	−.07	−.09
	−.37	−.12	−.42*	−.17
	−.38	−.36	−.37	−.37
	−.09	−.10	−.10	−.06
	−.11	−.23	−.10	−.21
	2.51***	2.55***	2.57***	2.61***
	.45	.86***	.50*	.49*
	.26	.84**	−.13	−.37
	.61*	.82*	−.27	−.42
	−.50	.01	.14	.05
	−1.07*	−.73	−.33	−.08
	−.14	.03	.15	.06
	−.84*	−1.43***	−.43	−.65
	.35***	.35***	.33***	.33***

---

15 ここで「賛成／反対」という表記は，回答者自身の争点態度が「賛成」であり，その回答者の認知における当該政党の政策的立場が「反対」であることを示す。

16 ただし，自民党の立場を「反対」と認知した回答者は11名と非常に少ない。

の立場を「反対」と認知している回答者に関しては，自分自身の立場にかかわらず有意な効果は見られない[17]。最後に「補助金より自由競争」に関しては，小選挙区，比例代表を通じて「賛成／反対」で有意なマイナスの効果が見られるほか，小選挙区では「反対／賛成」で，また比例代表では「賛成／不明」で，それぞれ有意なマイナスの効果が認められる。ここでは，小選挙区において「賛成／反対」，「反対／賛成」の両方で有意な効果が見られることが興味深い。この争点に関しては，実際に自民党の候補者の中に様々な立場の者がいるため，自民党の立場に関する認知も「賛成」と考える者544名，「反対」と考える者423名とほぼ拮抗しており，いずれと認知した者に関しても，それが自分の立場と異なる場合にはマイナスの効果が生じている[18]。また，「郵政民営化」を除く二つの争点に関しては，自民党への投票に対する争点の影響は，すべてマイナスの効果（認知された自民党の立場と自分自身の立場が異なる場合に，自民党への投票を控える）であり，この点でも効果の非対称性が見られた[19]。

　次に民主党に対する投票を見ると，まず「郵政民営化」に関しては，小選挙区，比例代表を通じて「反対／反対」が有意なプラスの効果，「賛成／反対」が有意なマイナスの効果を示しており，自民党に対する投票の場合と表裏一体となった（意味的には整合的な）効果のパターンになっている。このほか，比例代表では「賛成／賛成」で有意なマイナスの効果が見られる。これは争点投票のロジックから言えば矛盾しているが，この選挙における郵政民営化問題においては，自分自身が「賛成」であれば，仮に民主党の立場を「賛成」と認知していたとしても自民党（あるいは公明党）に投票するというメカニズムが働いていたからではないかと推測される[20]。次に「多国籍軍への

17　ここでも自民党の立場を「反対」と認知した者は36名のみである。

18　こうした結果から考えて，政党の立場に関して回答者全体の認知の平均値を用いる方法には問題があると言えるだろう。

19　言い換えれば，認知された自民党の立場と自分自身の立場が同じであっても，それが自民党への投票を促進するという効果はあまり見られない。

20　実際には，同じ「賛成」であっても，自民党の立場に関しては「強い賛成」であると認知する回答者が多く，民主党に関しては「弱い賛成」であると認知する回答者が多かった（ただし，民主党に関しては「賛成」と認知した者の数は309名と相対的に少ない）。この点が，こうした結果に影響を与えてい

参加」に関しては，小選挙区，比例代表を通じて「反対／賛成」が有意なプラスの効果を示している。これもまた争点投票のロジックからすれば矛盾と言えるが，ここでは比例代表において「反対／反対」と「反対／不明」も有意なプラスの効果を示していることから，この争点が民主党への投票に対して及ぼす影響は，主として回答者自身の政策選好によって規定されているように思われる。すなわち自分自身が「反対」である回答者は，民主党の立場の認知にかかわらず，民主党に投票する可能性が高まるものと考えられる。このほか，この争点に関しては小選挙区で「賛成／不明」が有意なマイナスの効果を示しているが，やはりこれも上述の効果と表裏一体のもの（自分の立場が「賛成」であると，民主党の立場が「不明」であっても，民主党への投票が抑制される）であるように思われる。最後に「補助金より自由競争」に関しては，小選挙区，比例代表のいずれにおいても「反対／反対」のみが有意な（プラスの）効果を示している。この効果は争点投票のロジックに合致しているが，同様にロジカルである他の効果はすべて有意ではない[21]。

　以上の分析結果から，自民党と民主党のいずれに対する投票に関しても，「郵政民営化」のみが明確に争点投票のロジックに合致した効果のパターンを示していることが分かる。これは，この争点が05年総選挙において圧倒的にセイリエントな争点であったこと，それによって各党の立場も多くの有権者に知られていたであろうこと（民主党の立場に関しては，やや曖昧ではあるが），また有権者自身も比較的明確な態度を形成できたであろうこと，そして同時にこの争点が過度にイデオロギー的な性格を持つものではなかったことなどが影響していると思われる。これに対して，「多国籍軍への参加」のようにイデオロギー的性格の強い争点に関しては，特に民主党への投票に関して顕著に見られたように，有権者自身の政策選好の効果が強く働いているように見える[22]。また自民党への投票に関しては，争点の効果は主としてマイナ

　　　るかもしれない。この問題については第5節で「近接性」モデルと「方向性」
　　　モデルという観点からさらに検討を加える。
　21　この争点に関しては，民主党の立場の認知においても「賛成」と「反対」
　　　は拮抗している。
　22　こうした場合には，政党の立場の認知に関しては，より長期的な政党イメ
　　　ージが重要になっているものと推測されるが，この点については今後の課題
　　　としたい。

スの方向で（すなわち，自分自身の立場と，認知された自民党の立場が異なる場合に，自民党への投票が抑制されるという形で）現れるといった，効果の非対称性の存在も明らかにされた。

5　近接性モデルと方向性モデル

最後に，争点投票のメカニズムに関して近年注目を集めている「近接性モデル」と「方向性モデル」の優位性を巡る議論に関連して，若干の検討を加えておきたい23。先述のように，ここで用いた争点態度の質問項目は，その尺度構成において両モデルの比較を行うには必ずしも相応しくないものであるため分析の可能性は限定されるが，以下のような方法によって可能な限りアプローチしてみたい。

すなわち，回答者自身がある争点に関して「弱い賛成」（「どちらかと言えばA」）であり，なおかつ自民，民主両党の一方の立場を「強い賛成」（「Aに近い」），他方の立場を「弱い賛成」（「どちらかと言えばA」）と認知している場合に，自分自身と全く同じ「弱い賛成」と認知した政党に投票するか（近接性モデルの予測），あるいは同じ方向でより極端な立場（「強い賛成」）であると認知した政党を選ぶか（方向性モデルの予測）を検討してみた。ケース数の関係で，実際に検討対象とすることができたのは，「郵政民営化」について自分自身が「弱い賛成」であり，なおかつ自民党を「強い賛成」，民主党を「弱い賛成」と認知している回答者の投票行動と，「多国籍軍への参加」について自分自身が「弱い賛成」であり，なおかつ自民党を「強い賛成」，民主党を「弱い賛成」と認識している回答者の投票行動のみである。結果は表5のとおりである。

まず「郵政民営化」については，ど

表5　近接性モデルと方向性モデルの比較

郵政民営化について，自民＝強い賛成，民主＝弱い賛成と認知し，本人＝弱い賛成の回答者の投票政党	
小選挙区 (N＝35)	比例代表 (N＝34)
自民　51.4%	自民　41.2%
民主　42.9%	民主　44.1%

多国籍軍への参加について，自民＝強い賛成，民主＝弱い賛成と認知し，本人＝弱い賛成の回答者の投票政党	
小選挙区 (N＝17)	比例代表 (N＝17)
自民　70.6%	自民　70.6%
民主　23.5%	民主　17.6%

23　これらのモデルを巡る議論に関しては，Merrill & Grofman (1999)，谷口 (2005) を参照。

ちらのモデルが優位であるかは全く明確でない。小選挙区に関してはやや方向性モデルが優位，比例代表に関しては若干近接性モデルが優位と見えないこともないが，ケース数が多ければコントロールすべき要因もコントロールされていないことから，いずれのモデルが優位かについて結論を下すことは不可能である[24]。

他方，「多国籍軍への参加」に関しては，より少ないケースに基づく判断ではあるが，明確に方向性モデルの優位が示されている。これは，「多国籍軍への参加」のようにイデオロギー的性格の強い争点に関しては，有権者は自分自身の立場と同じ方向で，より明確な立場を取る政党に投票するという傾向の存在を示すものであると考えられる。いずれにしても，この問題に関してはより多くのケースによる更なる検討が必要である。

6　まとめ

以上，本章では有権者の争点態度と投票行動の関連について，05年総選挙時のデータに基づき分析を行った。その結果，以下の点が明らかとなった。第一に，確かに05年総選挙において「郵政民営化」は有権者の投票行動に大きな影響を与えていた。しかもそれは争点投票のロジックによく一致するような形での影響の仕方であった。これは，この争点が有権者にとってセイリエントであり，各政党の立場も分かりやすく，過度にイデオロギー的ではなかったことによるものと思われる。ただし，この争点が有権者にとって意味していたのは，小泉首相やメディアが論じていたような，「大きな政府か小さな政府か」，「官か民か」といった対立軸上の争点としてではなく，「憲法・安全保障」，「市場重視か再分配重視か」といった大きな政策次元を横断し，しかも第一義的には憲法・安全保障問題に近い意味を持つ争点としてであった。言い換えれば，05年総選挙における郵政民営化問題は，具体的な政策争点というよりは小泉首相に対する信任・不信任のシンボルとして機能していたと考えられる。

第二に，郵政民営化と並んで有権者の投票行動に影響を与えていたのは，

24　なお，方向性モデルの中でも，認知された政党の立場の強さを考慮しないモデル（例えばMatthews（1979））では自民党と民主党は無差別となるので，ここでの結果と矛盾しない結果が予想されることになる。

「55年体制」時代から日本における政治的・政策的対立軸として最もセイリエントであった憲法・安全保障問題であった。これに対して，今日新たな対立軸としての重要性が指摘されている市場重視か再分配重視か，といった争点の影響力はいまだに明確ではない。ただしその一方で，憲法・安全保障問題に関しては，それが長期にわたるイデオロギー的対立を背景に持つものであるために，争点投票のロジックとは必ずしも一致しない，有権者本人の立場のみが大きな規定力を持つというメカニズムの存在も示唆された。

　第三に，2次元の政策空間内における政策選好の方向性の効果に関するモデルを分析した結果，自民，民主，社共，公明の各党投票グループの政策選好の方向は，MDSのような他の分析方法を用いた先行研究の知見とも一致していた。特に，この時点における公明投票者の政策選好の方向が，安全保障・改憲にやや積極的な再分配志向である点なども再確認された。

補遺：争点態度に関する質問項目

　　選挙前調査において質問された以下の9項目に関して，「Aに近い」（1），「どちらかといえばA」（0.67），「どちらかといえばB」（0.33），「Bに近い」（0），のように尺度化を行った。

①「多国籍軍への参加」
　　A国際貢献をするためには，自衛隊もイラクにおける多国籍軍に参加すべきである
　　B現在の憲法の下では，自衛隊はイラクにおける多国籍軍に参加すべきではない
②「集団的自衛権」
　　A日米安保体制を強化するためには，集団的自衛権の行使を認めるべきである
　　B国際紛争に巻き込まれることになるので，集団的自衛権の行使は認めるべきではない
③「イラクでの活動」
　　Aイラクでアメリカなどが行っている活動に，日本も積極的に関わるべきである
　　Bイラクでアメリカなどが行っている活動に，日本は積極的に関わるべきではない

④「改憲」
　A 今の憲法は時代に合わなくなっているので，早い時期に改憲した方がよい
　B 今の憲法は大筋として立派な憲法であるから，現在は改憲しない方がよい
⑤「補助金より自由競争」
　A 国の補助金などを減らして，地方の自由な競争による活力のある社会を目指すべきである
　B 競争力の弱い地域を助けるためには，国が補助金などを配分するのは当然である
⑥「福祉より税負担軽減」
　A 福祉などの公共サービスが低下しても，税負担を軽減すべきである
　B 増税してでも，福祉などの公共サービスを充実させるべきである
⑦「景気対策より財政再建」
　A 今のように政府の借金が多い時には，景気対策が遅れることになっても財政再建を行うべきである
　B 今のように景気がよくない時には，財政再建が遅れることになっても景気対策を行うべきである
⑧「保険料より消費税」
　A 全ての世代が同じように負担するために，消費税の税率を上げるべきである
　B 将来的に安定した財源を確保するために，保険料を値上げすべきである
⑨「郵政民営化」
　A 郵政事業の効率を良くしてコストを下げるためには，郵政民営化に賛成である
　B 郵政事業が撤退して困る地域が出てくるので，郵政民営化には反対である

第8章

投票行動における業績評価と期待の役割

1　はじめに

　本章に先立つ三つの章では，社会心理学的な投票行動モデルにおける三つの主要な説明変数である政党支持，候補者評価，争点態度と投票行動の関連について見てきた。本章では，これら3変数に加えて近年大きな注目を集めるようになってきた「政権に対する業績評価」およびこれと密接な関連を有する「政権への期待」が投票行動において果たす役割についての分析を行いたい。

　業績評価に基づく投票を一般に「業績投票（retrospective voting）」（あるいは「業績評価投票」）と呼び，有権者が現政権の業績を高く評価すれば与党候補に投票し，評価しなければ野党候補に投票するといった投票行動を指すものとされている。これまでの業績投票の研究において最も多くの注目を集めてきたのは経済に関する業績評価に基づく経済的業績投票（第4章参照）であるが，業績評価の対象は外交，安全保障，社会保障，政治改革など様々な分野に及ぶものである[1]。

　また，こうした業績評価を投票行動に結び付けるメカニズムについても，一つの定まったモデルがあるわけではない。最も単純なモデルは「賞罰投票モデル」（Key, 1966）で，これは単純に政府の業績が良ければ賞を与え，悪ければ罰を与えるという投票行動を示している。より洗練されたモデルは，過去の業績を将来のパフォーマンスを予測するための情報として用いるというモデル（Downs, 1957）である。しかし，いずれのモデルも，合理的選択理論に基づく争点投票モデルが要請するような過度の認知的負担を有権者に課

---

[1]　業績投票の概念と研究のレビューについては平野（1998）も参照。

すことはないという意味において，現実的なモデルであると言える。

　他方，政権に対する期待も有権者の投票行動に大きな影響を与える可能性を持つ変数であるが，それが形成されるメカニズムはやはり多様である。すなわち，上述のDownsのモデルのように，政権の過去の具体的なパフォーマンスの評価に基づき，一定以上の合理性をもって形成される場合もあるであろうし，そうした判断材料のない政権誕生直後などであれば，与党や政権リーダーが掲げる政策から形成される場合もあろう。さらには，それらの具体的な判断材料に拠らず，例えば政権リーダーのパーソナルなイメージに基づいて期待が形成されるといったこともありうるだろう。

　以上のことから，投票行動において業績評価や期待が果たす役割，特にそれらが及ぼす影響の相対的なウェイトは，個々の選挙が置かれたコンテクストに大きく依存すると考えられる。JES Ⅲ調査は，小泉内閣発足後間もない01年参院選から，05年衆院選まで，同内閣の下で行われた4回の国政選挙をすべてカバーしている。そこで以下本章では，この4回の選挙において，有権者の業績評価と期待が投票行動に及ぼす影響がどのような変遷を辿ったかを分析し，それぞれの選挙が置かれたコンテクストとこうした投票行動のメカニズムとの関連を考察することとしたい[2]。

2　小泉内閣に対する業績評価と期待の推移

　表1はJES Ⅲ調査で継続して質問された「財政構造改革」，「景気対策」，「外交」および「全体として」の4項目についての業績評価と期待が，4回の選挙でどのように推移したかを示したものである[3]。

　これを見ると，第一に，すべての項目において，01年から03年にかけて，評価の明確な低下が認められる。特に，01年において高い値を示していた「財政構造改革」と「全体」に関する期待において，こうした低下が顕著である。これに対して，03年から04年にかけては，全体としてそれほど大きな変化は認められない。ただし「景気対策」と「外交」に関する業績評価はやや持ち直し，01年の水準に近づいているが，逆に「財政構造改革」と「全体」

---

[2] 以下の分析に用いられる諸変数の定義については補遺を参照。
[3] ただしこの平均値は，後に表4で示す投票行動のシミュレーション・モデルにおいて分析対象となっている回答者のみの平均値である。

表1 小泉内閣に対する業績評価と期待（2001年～2005年）

	01	03	04	05
業績評価				
財政構造改革	0.59	0.50	0.50	0.53
景気対策	0.47	0.37	0.45	0.44
外交	0.57	0.49	0.54	0.43
全体	0.62	0.51	0.52	0.53
期待				
財政構造改革	0.68	0.51	0.47	0.51
景気対策	0.57	0.46	0.46	0.47
外交	0.60	0.49	0.51	0.42
全体	0.67	0.51	0.48	0.50

5段階評価で，最も悪いとする評価を0，最も良いとする評価を1とした時の平均値。

に関する期待は低下し続けている。さらに04年から05年にかけて，この「財政構造改革」と「全体」に関する期待は若干上昇したものの，それは03年レベルへの回復に止まり，01年レベルには遠く及ばない。その一方で「外交」に関する期待は対アジア外交やイラク問題を反映してか，04年から05年にかけて大きく落ち込んでいる。業績評価に関しても，「外交」は大きく落ち込んでいるが，それ以外の項目では大きな変化は見られない。こうして見ると，05年選挙においても小泉内閣への期待が高まっていたわけではなく（少なくとも01年のレベルを回復したわけではなく），また業績評価も目立った上昇は見られず，むしろ外交に関する業績評価と期待の双方の落ち込みが目立っており，少なくともこれらの結果からは05年選挙での自民党の勝利は説明できない。

　第二に，01年においてはすべての項目で業績評価よりも期待の方が高い値を示している。これは内閣の成立から間もない時期の調査結果として予想される通りである。ただし，その差には項目ごとにばらつきがあり，「外交」においては相対的に小さく，「財政構造改革」と「景気対策」において大きい。これが03年になると，「景気対策」を除いてほぼ差がなくなり（言い換えれば，「景気対策」のみはこの時点においてもなお期待が先行している），さらに04年には「景気対策」においてもほぼ差がなくなると同時に，他の項目に関してはむしろ業績評価のほうが高い値を示すようになり，期待先行の内閣評価が一段落したことが分かる。そしてそのパターンは05年においても全く変わらない。05年選挙は期待中心の選挙と言われるが，それでも依然として内閣成立直後のような期待先行の評価に戻っていたわけではない。

　第三に，項目間での評価の差を見ていくと，先述の通り01年には「財政構造改革」と「全体」の値が（特に期待に関して）高いことが分かる。しかし03年にはこうした突出は消える。そして04年には業績評価と期待のいずれにおいても「外交」の値が最も高くなるが，05年には一転して「外交」は業績評価と期待のいずれにおいても最低の値となる。このように小泉内閣の外交

に関する評価は大きな揺れを示す。他方,「景気対策」は01年から04年まで業績評価においても期待においても一貫して最も低い値を示しており,05年においても「外交」に次いで評価が低い。この相対的な低評価は業績評価において特に顕著である。すなわち経済的業績評価は,相対的な意味において一貫して小泉内閣の弱点となっていたのである。

3　業績評価と期待の形成メカニズム

それでは,こうした小泉内閣に対する業績評価や期待はどのような要因によって形成されていたのであろうか。表2は4項目の業績評価を従属変数とし,回答者の属性および自民党への支持を独立変数として行った重回帰分析の結果である。全体的な業績評価に関しては,各個別領域の業績評価をも独立変数として加えてある。

この結果を見ると,第一に,全体的業績評価に対する個別業績評価の効果のパターンは4回の選挙を通じて一貫している。すなわち「財政構造改革」の効果が常に最も大きく,「外交」がこれに次ぎ,「景気対策」の効果は,有意ではあるが一貫して相対的に小さい。言い換えれば,小泉内閣の業績に対する全体的な評価は,内閣成立直後からその4年後までの間一貫して,システム改革に関連した業績評価によって大きく左右されており,その一方で,「景気対策」に関する評価の影響はあまり受けていない。先に見たとおり,前者に関する評価は高く,後者に関する評価は低いことから,こうした効果のパターンは小泉内閣にとって有利であったことが分かる。この突出パターンは05年には一層顕著となり,「財政構造改革」の重要性がさらに増大する一方,「外交」の重要性はやや低下している。なお,決定係数は4回の選挙を通じて一貫して上昇しており,内閣成立から時間を経るにつれて,個々の領域の業績評価による全体的業績評価の形成がより明確になっていく様子がうかがえる。

第二に,自民党支持の効果はすべてのモデルにおいて有意であり,業績評価が政党支持によって部分的に規定されていることが確認できる。ただし,その効果には選挙間で差が見られ,01年における効果は03年以降と比較して小さなものとなっている[4]。これは内閣発足後間もない01年参院選時におい

4　これは表中には示されていない非標準化偏回帰係数を比較することにより

表2　小泉内閣に対する業績評価の形成

	01年参院選				03年衆院選			
	構造改革	景気対策	外交	全体	構造改革	景気対策	外交	全体
男性	−.01	−.04*	−.13***	.04**	−.00	.00	−.04*	−.00
30代	−.03	−.00	.03	−.04	−.05	−.01	−.00	−.00
40代	−.03	−.03	−.02	−.03	−.03	−.09**	−.07*	.01
50代	−.09**	−.07*	−.06*	−.04	−.04	−.10**	−.13***	−.03
60代以上	−.00	−.01	−.02	−.03	.10**	.01	−.06	−.01
居住15年以上	.01	.01	.02	.01	.00	−.02	.00	.00
教育程度	−.07***	−.06**	−.07**	.00	−.04	−.08***	−.06**	.02
一戸建	−.03	−.03	.02	.00	.03	.04	.02	.00
分譲マンション	−.05**	−.02	−.03	.00	−.05**	−.02	−.04	−.02
年収400万未満	−.01	−.03	−.02	.00	−.01	−.02	−.03	.03**
年収800万以上	.00	−.02	−.01	.01	.03	.01	.02	.04***
ネットワーク	−.00	−.00	−.03	.03*	.02	.03	.04*	−.01
大都市居住	−.05**	−.02	−.03	−.00	.03	.03	.01	−.00
町村居住	.05*	−.07**	−.03	−.01	−.02	−.03	−.02	−.03**
農林漁業	−.00	.01	−.05**	−.01	−.00	.02	−.02	.02
自営業	−.03	−.02	−.01	.01	−.05**	−.06**	−.01	.02
管理職	.03	−.03	−.00	−.03	.02	.02	.05**	−.04
自民党支持	.21***	.11***	.15***	.03*	.30***	.22***	.27***	.07***
構造改革	―	―	―	.44***	―	―	―	.45***
景気対策	―	―	―	.11***	―	―	―	.19***
外交	―	―	―	.34***	―	―	―	.29***
adj R^2	.06***	.02***	.05***	.52***	.13***	.08***	.09***	.66***

数字は標準化偏回帰係数（OLS）。　* p<.10　** p<.05　*** p<.01（両側検定）

ては，内閣の業績に対する党派的な判断を下すだけの材料に乏しかったこと，同時に業績評価が小泉首相個人に対する好悪——必ずしも党派的態度に基づかない——によって大きな影響を受けていたことによるものと考えられる。他方，同様に小泉首相個人への党派を超えた支持の効果が大きいのではないかとも思われた05年では，こうした政党支持の効果の弱まりは認められず，過去4年間の業績に対する党派的な判断も持続していたことが示されている。

第三に，属性の効果として目立つのが，高学歴層や，40代～50代といった社会の中核を形成する年齢層における評価が総じて低いこと，03年から05年にかけて，「景気対策」に関する自営業者の評価が低いことなどが挙げられる。最後の点については，相対的に安定した支持率を示す小泉内閣の下で，伝統

確認できる。すなわち，全体的な業績評価に関する非標準化偏回帰係数は，01年が.01，03年と04年が.04，05年が.05である。

	04年参院選				05年衆院選			
	構造改革	景気対策	外交	全体	構造改革	景気対策	外交	全体
	−.00	.03	−.02	−.01	.07**	.03	−.04	.01
	−.02	−.04	−.01	.01	−.06	−.07	−.02	.02
	−.06**	−.06*	−.05	−.00	−.09*	−.17***	−.07	.02
	−.05	−.06*	−.08**	.02	−.13**	−.18***	−.21***	.02
	.02	.02	−.03	−.00	.00	−.02	−.14**	.00
	.03	.04	.03	−.00	.02	.03	.03	.01
	−.06**	−.02	−.04*	−.01	−.05*	.02	−.06*	.01
	.01	.02	−.02	.00	−.04	−.02	−.01	−.02
	−.03	.00	.00	−.00	−.06**	−.03	−.04	−.00
	−.01	−.00	−.02	−.00	−.04	−.07**	−.02	−.01
	−.02	.01	−.04*	−.01	.01	−.00	−.01	.02
	.05**	.05**	.05**	.02	.06**	.07***	.01	.01
	.01	−.01	−.02	.01	−.02	.01	.03	.01
	−.01	−.01	−.01	.01	−.01	−.06**	−.04	.03**
	.01	.01	.03	−.01	.00	−.01	.01	.00
	−.03	−.07***	−.01	.02	−.02	−.08***	−.01	−.01
	.00	−.01	.01	.00	.04	.02	.03	−.01
	.32***	.25***	.32***	.08***	.32***	.27***	.33***	.09***
	—	—	—	.43***	—	—	—	.51***
	—	—	—	.17***	—	—	—	.17***
	—	—	—	.33***	—	—	—	.27***
	.13***	.09***	.11***	.69***	.15***	.12***	.12***	.73***

的な自民党支持層である自営層が，彼らの生活に最も直接的な影響を及ぼすと考えられる景気対策についての業績を特に低く評価しているという点で，この内閣の持つ特徴的な一面——従来の堅い支持層からの評価は必ずしも高くなく，むしろこれまであまり自民党の内閣を評価してこなかった層からの高い支持を支えとする——を示唆しており興味深い。

次に，小泉内閣に対する期待の形成要因について同様の分析を行った結果が表3である。ここでは，期待の各項目に対応する業績評価も独立変数に加えてある。これを見ると，第一に，全体的期待に対する個別的期待の効果に関しては，業績評価においてと同様，「財政構造改革」の効果が一貫して最も大きく，特に01年における効果が突出している。これに対して，他の2項目の相対的な影響力には時間的な変化が見られる。すなわち，01年においては「景気対策」の効果のほうが僅かに大きかったが，03年にはほぼ同じになり，04年には「外交」の効果の方が大きくなるが，05年には再びほぼ同じになっ

表3 小泉内閣に対する期待の形成

	01年参院選				03年衆院選			
	構造改革	景気対策	外交	全体	構造改革	景気対策	外交	全体
男性	.05**	.00	.01	−.02	.02	−.00	.01	−.00
30代	−.05	−.06**	−.06*	−.01	−.03	.01	−.01	−.01
40代	−.06*	−.08**	−.07**	−.02	−.01	.01	−.03	.01
50代	−.06*	−.11***	−.13***	−.03	−.01	.01	−.04	.01
60代以上	−.02	−.07*	−.09**	−.02	.03	.07	−.02	−.02
居住15年以上	−.02	−.03	−.01	.03*	.01	.02	.02	.01
教育程度	−.00	−.07*	−.07***	.01	.01	−.03	−.03	.01
一戸建	.02	.03	.02	−.01	.00	.01	.01	−.00
分譲マンション	.02	.03	.07***	.01	−.01	−.01	−.03	−.02*
年収400万未満	−.04*	−.04	.00	−.02	−.03	−.05**	−.01	.01
年収800万以上	.02	−.01	.02	−.02	.02	.01	.02	.02
ネットワーク	.05**	.05**	.03	.04***	.04**	.05**	.01	.01
大都市居住	−.02	−.03	.01	.02	−.02	.01	.00	−.01
町村居住	−.05**	−.01	−.03	.01	.01	−.01	.01	−.01
農林漁業	.00	−.03	−.01	−.00	−.01	−.02	.01	−.01
自営業	.03	−.01	−.01	.01	.00	−.00	−.01	.00
管理職	−.04*	−.01	−.02	−.01	.00	.00	−.01	−.00
自民党支持	.13***	.15***	.09***	.04***	.17***	.16***	.10***	.03***
構造改革(業績)	.40***	—	—	—	.55***	—	—	—
景気対策(業績)	—	.34***	—	—	—	.50***	—	—
外交(業績)	—	—	.49***	—	—	—	.59***	—
全体(業績)	—	—	—	.14***	—	—	—	.16***
構造改革(期待)	—	—	—	.46***	—	—	—	.38***
景気対策(期待)	—	—	—	.21***	—	—	—	.23***
外交(期待)	—	—	—	.18***	—	—	—	.24***
adj R²	.21***	.15***	.27***	.67***	.40***	.34***	.40***	.76***

数字は標準化偏回帰係数(OLS)。 *p<.10 **p<.05 ***p<.01(両側検定)

ている。表1から分かるとおり,こうしたパターンの変化は,ここでも小泉内閣に有利に働いている。

　第二に,三つの個別領域の期待に対する業績評価の効果は,予想通り01年においては相対的に弱く,03年以降,大きくなっている。内閣成立から一定の時間が経つことにより,過去の業績に関する情報が将来のパフォーマンスを予測するための有効な情報として利用されるようになってくることが見て取れる。これは,業績評価とは切り離された期待による投票が行われたとも考えられる05年においても例外ではなく,実際にはこの選挙でも,期待の裏付けとしての業績評価の役割が低下してはいなかったことが分かる。なお,全体の期待に対する全体的業績評価の効果は個別的な期待の効果をコントロ

	04年参院選				05年衆院選			
	構造改革	景気対策	外交	全体	構造改革	景気対策	外交	全体
	−.03*	−.02	−.02	−.02	.00	.01	.01	−.01
	−.01	−.03	.00	−.05***	−.02	−.03	.05	.01
	.00	−.02	.02	−.04**	−.07*	−.07*	.00	.01
	.00	−.03	−.01	−.05***	−.04	−.07	.02	−.01
	.02	.01	.00	−.06***	−.05	−.05	.01	−.01
	.01	.02	−.02	.01	−.03	−.02	−.01	.01
	−.03	−.03	−.02	−.01	−.04*	−.05*	−.06***	−.02
	−.03	−.02	.00	.02	.01	.01	.02	.01
	−.01	−.03	.01	.00	−.04	−.03	−.01	.02
	−.04**	−.03*	−.02	.00	−.04*	−.00	−.04	.01
	−.01	−.01	.00	.01	.01	.00	−.03	.02
	.06***	.05**	.01	.02*	.08***	.04*	.01	.01
	.01	.01	−.01	.00	.02	.05**	.02	.02
	−.02	−.02	−.02	−.01	.01	.00	.00	.03**
	.04**	.02	−.02	−.01	−.02	−.03	−.02	.01
	−.01	−.02	.01	−.02*	−.03	−.01	−.02	.01
	−.04**	−.02	−.03*	.00	−.00	−.01	.01	.00
	.16***	.21***	.14***	.04***	.21***	.20***	.12***	.00
	.56***	—	—	—	.59***	—	—	—
	—	.48***	—	—	—	.52***	—	—
	—	—	.62***	—	—	—	.62***	—
	—	—	—	.17***	—	—	—	.18***
	—	—	—	.37***	—	—	—	.35***
	—	—	—	.19***	—	—	—	.23***
	—	—	—	.26***	—	—	—	.24***
	.42***	.34***	.45***	.77***	.49***	.38***	.46***	.76***

ールするとあまり大きなものとはならない。これは将来のパフォーマンスを予測するための情報となるのが，主として個別的な領域に関する業績評価であり，これがそれぞれの領域における期待を経由して全体的な期待を形成していることを示唆する点で興味深い。

　第三に，期待に対する業績評価の効果を項目ごとに比較すると，相対的に「外交」での効果が大きく，「景気対策」での効果が小さい。これは，「外交」に関するパフォーマンスの可視性が高いのに対し，「景気対策」に関するパフォーマンスの同定は難しいということが，情報としての利用可能性の差を生じさせているためではないかと推測される。

　第四に，期待に対する政党支持の効果に関しても，01年から05年にかけて

若干の増大が認められるが，業績評価に関して見られたほど顕著なものではない。05年には「財政構造改革」での効果が大きくなっており，この選挙では党派的な態度の影響力が弱まってはいないことを再び示唆する結果となってはいるが，その一方で全体的期待に対する政党支持の直接的な効果は消えており，明確なパターンが示されるには至っていない。

最後に，回答者の属性の効果に関しては，01年における個別的な期待や04年における全体的期待に関して20代の回答者の期待の高さ——通常の効果のパターンとは異なる——に起因する有意な年齢の効果が見られること，ネットワークの豊富さが内閣への期待にプラスに働いていることなどが示されている[5]。

4 業績評価と期待が投票行動に及ぼす影響

以上においては，小泉内閣に対する業績評価や期待の形成メカニズムを明らかにしてきた。そこで次に，小泉内閣に対する業績評価と期待が自民党への投票に及ぼした影響を分析してみよう。最初に，8項目の業績評価や期待が，それぞれ単独で投票行動に及ぼす効果について見ていきたい。分析の手順としては，まずこれまでの分析と同じ属性変数，自民党支持，および8項目の業績評価・期待のうちの一つを独立変数とし，自民党への投票（比例区／比例代表，選挙区／小選挙区のそれぞれについて）を従属変数とするロジスティック回帰分析を行った。次いで，その結果に基づき，業績評価・期待以外の独立変数の値を平均値に固定した上で，業績評価・期待を最小値から

---

[5] ここで指摘した最後の点，すなわちネットワーク（政治的な会話を行う他者の数）の豊富さの効果は，先に表2で見た業績評価においても，また以下で分析を行う投票行動に関しても認められ，今後さらに検討すべき課題であると思われる。こうした要因については，すでに池田（2004，2005）が詳細に分析しているが，ここでは，次の点のみを指摘しておきたい。すなわち，このネットワークの豊富さと相関の高い変数を調べてみると，将来志向，将来への楽観的態度，向社会的態度，互酬性の規範などであることが分かる。特にこの中の将来志向や楽観的態度などが，内閣への高い期待の基底にある心理的な要因となっている可能性がある。また，向社会的態度や互酬性の規範は，言うまでもなく社会関係資本（social capital）の重要な構成要素であり，社会関係資本の厚さと政府への期待の関連が示唆され興味深い。

最大値まで動かした時に，自民党への投票確率がどれほど変化するかについてのシミュレーションを行った。その結果が表4である。

表中の「効果」の列が，それぞれの項目が自民党への投票確率に与える効果である。まず八つの項目ごとに四つの時点における効果の大きさを比較すると，全体として05年における効果が圧倒的に大きく，次いで03年，04年，01年と，明確な差が見られる。すなわち，参院選時に比べて衆院選時の方が大きな効果が見られ，また同じ衆院選，参院選同士を比べた場合，時間的に後の選挙における効果の方が大きい。前者に関しては，衆院選は直接政権を選択する選挙であるという意味において現内閣に対する評価の影響が出やすいためであると考えられ[6]，また後者に関しては，時間の経過に従って投票の意思決定において考慮する材料として業績評価や期待が持つ実質的な意味が増大したことの現れであると解釈できる[7]。

第二に，八つの項目の効果を比例区／比例代表と選挙区／小選挙区で比較してみると，ほぼ全てのケースにおいて，選挙区／小選挙区における効果の方が比例区／比例代表における効果よりも大きい（比例区／比例代表における効果の方が大きい若干のケースにおいても，04年の「景気対策」に関する業績評価を例外として，その差は非常に小さい）。この傾向は参院選よりも衆院選において，とりわけ05年において特に顕著である。これが有権者のどのような意識に起因するものであるのかは，今後さらに検討を要する問題であるが，少なくとも個々の選挙区事情が最も強く働くと考えられる衆議院の小選挙区での投票において，内閣に対する業績評価や期待の効果が最も大きいことが示されたことは興味深い。

6 　衆院選は，一方において直接政権を選択する選挙であるという意味において，現内閣に対する評価の影響が出やすいとも考えられるが，他方においては個々の選挙区事情や地元利益に関する考慮が働きやすいという点で，内閣評価の影響が出にくいとも考えられる。ここでの分析結果は，前者の仮説を支持するものとなっている。

7 　この点に関しても，確かに業績評価に関しては時間の経過と共にその実質的な意味が大きくなるというロジックに特に疑問はないが，期待に関しては，むしろ時間の経過と共に，今後どれだけその内閣が存続するかに対する見通しとの関連の中で，その効果が低下することも考えられる。ここでの結果は，期待の効果に関してこうした低下が生じないことを明らかにしている。

表4　自民党への投票に対する業績評価・期待の効果

2001年参院選

比例区	最低評価	最高評価	効果	選挙区	最低評価	最高評価	効果
構造改革(業績)	25.5	37.2	11.7	構造改革(業績)	28.2	37.8	9.6
景気対策(業績)	27.1	37.8	10.7	景気対策(業績)	26.0	42.9	16.9
外交(業績)	22.8	40.5	17.7	外交(業績)	23.8	41.9	18.1
全体(業績)	24.1	38.1	14.0	全体(業績)	20.6	43.3	22.7
構造改革(期待)	18.3	40.0	21.7	構造改革(期待)	15.7	43.6	27.9
景気対策(期待)	19.0	44.0	25.0	景気対策(期待)	18.2	47.4	29.2
外交(期待)	19.4	41.1	21.7	外交(期待)	21.2	41.6	20.4
全体(期待)	11.5	45.9	34.4	全体(期待)	12.9	46.3	33.4

2003年衆院選

比例代表	最低評価	最高評価	効果	小選挙区	最低評価	最高評価	効果
構造改革(業績)	19.9	55.2	35.3	構造改革(業績)	25.2	71.1	45.9
景気対策(業績)	24.2	58.7	34.5	景気対策(業績)	32.3	73.6	41.3
外交(業績)	20.8	53.8	33.0	外交(業績)	27.4	68.5	41.1
全体(業績)	16.3	58.9	42.6	全体(業績)	23.5	71.6	48.1
構造改革(期待)	16.1	58.2	42.1	構造改革(期待)	22.0	73.6	51.6
景気対策(期待)	19.0	57.3	38.3	景気対策(期待)	25.0	74.3	49.3
外交(期待)	17.5	57.7	40.2	外交(期待)	24.1	73.6	49.5
全体(期待)	14.4	61.5	47.1	全体(期待)	20.4	75.5	55.1

2004年参院選

比例区	最低評価	最高評価	効果	選挙区	最低評価	最高評価	効果
構造改革(業績)	11.9	38.3	26.4	構造改革(業績)	13.6	47.1	33.5
景気対策(業績)	10.5	45.8	35.3	景気対策(業績)	16.4	46.1	29.7
外交(業績)	10.9	36.9	26.0	外交(業績)	14.5	42.0	27.5
全体(業績)	8.5	43.5	35.0	全体(業績)	10.9	49.9	39.0
構造改革(期待)	10.6	43.1	32.5	構造改革(期待)	13.0	49.5	36.5
景気対策(期待)	11.3	41.8	30.5	景気対策(期待)	13.3	49.9	36.6
外交(期待)	10.6	40.1	29.5	外交(期待)	10.9	49.5	38.6
全体(期待)	10.3	42.5	32.2	全体(期待)	12.1	50.3	38.2

2005年衆院選

比例代表	最低評価	最高評価	効果	小選挙区	最低評価	最高評価	効果
構造改革(業績)	17.7	66.0	48.3	構造改革(業績)	18.1	83.1	65.0
景気対策(業績)	21.7	67.8	46.1	景気対策(業績)	22.0	86.9	64.9
外交(業績)	27.1	61.4	34.4	外交(業績)	29.9	80.8	50.9
全体(業績)	12.3	73.4	61.1	全体(業績)	17.3	84.2	66.9
構造改革(期待)	13.7	72.9	59.2	構造改革(期待)	15.1	86.5	71.4
景気対策(期待)	16.1	73.5	57.4	景気対策(期待)	18.8	86.6	67.9
外交(期待)	22.3	70.0	47.7	外交(期待)	26.4	85.1	58.7
全体(期待)	12.4	76.3	63.9	全体(期待)	15.6	88.0	72.5

最低評価, 最高評価は, 他の予測変数の値をそれぞれの平均値に固定した時に, 当該項目が最低値, 最高値をとった場合の投票確率(％)。効果は, 最低評価と最高評価の差。

第三に，業績評価の効果と期待の効果を比較すると，01年においては比例区と選挙区のいずれにおいても，期待の効果の方が業績評価の効果よりも明確に大きい。この傾向は03年にも引き続き見られるが，その差は01年に比べて小さくなっている。そして04年には明確な差がなくなり，比例区においても選挙区においても全体的業績評価の効果は僅かではあるが全体的期待の効果を上回るまでになっている。すなわち，01年から04年にかけては内閣成立後の時間の経過に従って，期待から業績評価へというウェイトの移動を確認することができる。しかし，05年において再び期待の効果が業績の効果を明確に上回るようになり，この点においては05年選挙が期待の選挙であった——特に小選挙区での投票において——ということが示されている。個々の選挙区事情や地元利益に関する考慮が最も働きやすいと考えられる衆院選の小選挙区において，内閣に対する（しかも構造改革に対する）期待の効果がこれだけ大きかったという点は，やはりこの選挙の特徴として特筆されるべきであろう。

　最後に，領域別に効果の大きさを比較すると，まず予想される通り，いずれの選挙においても全体的業績評価や全体的期待が相対的に大きな効果を示している。個別の領域に関しては，01年の業績評価では「外交」，期待では「景気対策」，03年は業績評価，期待のいずれにおいても「財政構造改革」，04年には比例区の期待と選挙区の業績評価が「財政構造改革」，比例区の業績評価が「景気対策」，選挙区の期待が「外交」，05年には業績評価，期待のいずれにおいても「財政構造改革」と，選挙ごとに異なる効果のパターンが見られるが，01年を除くと基本的に「財政構造改革」の効果が大きい。

　さて，以上の分析では，業績評価や期待に関する変数を一度に一つずつしかモデルに投入していない。そこで最後に，自民党に投票したかしないかを従属変数とし，これまでの分析と同じ属性変数，自民党支持，個別3領域の業績評価と期待を独立変数としたロジスティック回帰分析を行った[8]。いずれの年に関しても，独立変数が業績評価のみ（業績モデル），期待のみ（期待モデル），業績評価と期待の両方（総合モデル），という三つのモデルが設定

---

[8] 全体的な業績評価と期待を投入すると，それらの変数が個別領域の変数の効果を吸収してしまい，領域別の効果が見えにくくなると考えられるため，ここでは全体的な業績評価と期待は独立変数として投入しなかった。

されている。比例区／比例代表での投票を従属変数とした分析結果が表5，選挙区／小選挙区での投票行動を従属変数とした分析結果が表6である。

まず，業績評価と期待の効果を年を追って見ていくと，01年では，比例区と選挙区を通じて業績モデルでは「外交」，期待モデルでは「景気対策」が有意な効果を示しており，さらに選挙区の期待モデルで「財政構造改革」の効果が有意である。選挙区においても比例区においても，総合モデルで有意な効果を示すのは期待モデルで有意であった変数のみである。このパターンは03年に大きく変化する。そこでは，比例代表，小選挙区のいずれにおいても，業績モデルでは3項目のすべてが，また期待モデルでは「財政構造改革」と「外交」の2項目が，それぞれ有意な効果を示している。換言すれば，「景気対策」への期待のみが有意でない点が目立つ。また総合モデルでも，比例代

表5　比例区／比例代表での自民党への投票に対する業績評価・期待の影響

	01年参院選			03年衆院選			04年参院選	
男性	−0.16	−0.19	−0.21	−0.32**	−0.35***	−0.33**	0.04	0.14
30代	−0.09	0.07	0.03	−0.05	0.00	−0.06	−0.20	−0.22
40代	−0.12	−0.05	−0.09	−0.04	−0.10	−0.10	0.08	−0.01
50代	0.24	0.23	0.31	0.11	0.09	0.03	0.24	0.11
60代以上	0.54*	0.52	0.61*	0.34	0.38	0.27	0.56*	0.43
居住15年以上	0.38**	0.44**	0.41**	0.48***	0.45***	0.48***	0.50**	0.54***
教育程度	0.11	0.17	0.17	−0.05	−0.07	−0.11	0.20	0.19
一戸建	−0.19	−0.13	−0.25	0.51**	0.54***	0.57***	0.08	0.13
分譲マンション	0.10	0.14	0.01	0.28	0.42	0.47	0.65	0.82**
年収400万未満	−0.10	−0.17	−0.11	0.01	−0.04	−0.01	−0.05	−0.04
年収800万以上	0.34*	0.33*	0.40**	0.08	0.01	0.06	−0.18	−0.09
ネットワーク	0.12	0.06	0.01	−0.02	−0.03	−0.02	0.56**	0.40*
大都市居住	0.25	0.23	0.30	0.14	0.13	0.12	−0.20	−0.27
町村居住	0.28	0.31*	0.39*	0.27*	0.23	0.23	0.01	0.04
農林漁業	0.18	0.26	0.21	0.65**	0.74***	0.61**	0.93***	0.85***
自営業	−0.17	−0.20	−0.17	0.03	0.02	0.06	0.26	0.20
管理職	−0.12	−0.09	−0.10	0.05	0.08	0.06	0.17	0.21
自民党支持	2.04***	2.02***	1.98***	1.94***	1.97***	1.94***	2.30***	2.19***
構造改革(業績)	0.28	—	0.16	0.77**	—	0.49	0.25	—
景気対策(業績)	0.18	—	−0.21	0.77**	—	0.24	1.44***	—
外交(業績)	0.68*	—	0.32	0.90***	—	0.41	0.80**	—
構造改革(期待)	—	0.39	0.47	—	1.14***	0.85**	—	1.13***
景気対策(期待)	—	0.77*	0.89**	—	0.42	0.32	—	0.38
外交(期待)	—	0.44	0.24	—	1.07***	0.83**	—	0.81**
(Constant)	−2.82***	−3.26***	−3.36***	−3.52***	−3.76***	−3.94***	−4.66***	−4.44***
Nagelkerke R^2	.32***	.33***	.34***	.40***	.42***	.43***	.44***	.43***

数字はロジスティック回帰係数。　* p<.10　** p<.05　*** p<.01

表と小選挙区を通じて「財政構造改革」と「外交」に関する期待が有意であるばかりではなく，小選挙区ではこれら2項目の業績評価も有意（ただし「外交」に関してはp = .102）であり，全体として業績評価および期待の効果は大きい。こうしたパターンは04年においてもある程度持続する。すなわち，選挙区と比例区のいずれにおいても業績モデルでは「外交」，期待モデルでは「財政構造改革」と「外交」の効果が有意であるほか，比例区の業績モデルでは「景気対策」，選挙区の業績モデルでは「財政構造改革」がそれぞれ有意である。ただし総合モデルにおいては，期待に関しては比例区では「財政構造改革」のみが，また選挙区では「外交」のみが有意であり，業績評価に関しては，比例区での「景気対策」のみが有意である。さらに05年になると，小選挙区と比例代表のいずれにおいても，業績モデルと期待モデルの双方で，すべての項目が有意となっており，この選挙における小泉内閣への業績評価や期待の重要性が改めて示されている。また，そのいずれにおいても，「財政構造改革」の効果が最も大きく，「改革」に関する業績評価や期待の持つ意味が特に大きかったことも明らかである。そして総合モデルにおいては，比例代表では「財政構造改革」に関する期待のみが有意であり，小選挙区では「財政構造改革」と「外交」への期待および「景気対策」の業績評価が有意であるが，後者においても「財政構造改革」の期待の効果が最も大きく，やはり「改革」への期待が重要であったことが分かる。

以上の結果をまとめてみると，第一に，やはり01年においては，03年以降と比較して，業績評価および期待の効果は小さい。特に業績評価の効果が小さいが，これは先にも述べた通り，内閣成立直後であるため，投票意思決定において実質的

	05年衆院選		
0.07	−.01	−.02	−.03
−0.17	−.07	−.06	−.06
0.09	−.60	−.39	−.43
0.23	−.43	−.30	−.32
0.52*	−.41	−.24	−.30
0.53***	.24	.21	.26
0.21	.07	.10	.17
0.09	.07	.07	.06
0.75*	−.10	−.08	−.06
−0.05	.11	.11	.13
−0.15	.32	.31	.30
0.47**	−.15	−.42*	−.41
−0.24	.28	.23	.25
0.01	.19	.20	.17
0.80***	−.01	−.00	−.06
0.25	−.02	−.03	−.00
0.17	−.10	−.09	−.10
2.20***	2.12***	1.93***	1.92***
−0.15	1.55***	—	.51
1.18***	.71*	—	.15
0.33	.55*	—	−.07
0.82*	—	2.01***	1.81***
0.16	—	.84***	.76
0.68	—	.59*	.62
−4.81***	−2.75***	−2.96***	−3.17***
.45***	.41***	.45***	.45***

表6　選挙区／小選挙区での自民党への投票に対する業績評価・期待の影響

	01年参院選			03年衆院選			04年参院選	
男性	−0.18	−0.27*	−0.25*	−0.09	−0.21	−0.14	−0.10	0.07
30代	0.00	0.27	0.14	−0.20	−0.27	−0.26	−0.23	−0.19
40代	0.44	0.59*	0.51	−0.11	−0.22	−0.19	−0.04	−0.06
50代	0.41	0.49	0.47	−0.12	−0.25	−0.27	0.22	0.16
60代以上	0.68**	0.70**	0.76**	−0.11	−0.13	−0.22	0.36	0.28
居住15年以上	0.41**	0.44**	0.43**	0.48***	0.44**	0.51***	0.43**	0.50***
教育程度	−0.14	−0.13	−0.10	−0.42*	−0.47**	−0.50**	−0.33	−0.36
一戸建	−0.14	−0.10	−0.12	0.08	0.11	0.14	0.21	0.26
分譲マンション	−0.04	−0.02	−0.09	0.35	0.50	0.56	0.41	0.47
年収400万未満	−0.04	−0.14	−0.07	0.00	0.04	0.10	0.02	0.05
年収800万以上	−0.11	−0.13	−0.08	0.08	0.05	0.11	0.27	0.31
ネットワーク	0.60***	0.53**	0.52**	0.32*	0.28	0.31	0.45**	0.40*
大都市居住	−0.21	−0.20	−0.20	0.06	0.05	0.04	−0.36**	−0.40**
町村居住	0.55***	0.51***	0.60***	0.50***	0.67***	0.55***	0.26	0.29
農林漁業	0.23	0.22	0.22	0.70**	0.93***	0.85***	0.46*	0.44*
自営業	0.29	0.22	0.30	−0.13	−0.15	−0.15	0.16	0.13
管理職	0.20	0.16	0.25	−0.34	−0.39	−0.41	0.18	0.28
自民党支持	1.42***	1.39***	1.35***	1.45***	1.40***	1.36***	1.97***	1.89***
構造改革(業績)	−0.17	—	−0.62	1.05***	—	0.64*	1.10***	—
景気対策(業績)	0.64	—	0.33	0.78**	—	0.27	0.56	—
外交(業績)	0.68*	—	0.35	1.03***	—	0.55+	0.70**	—
構造改革(期待)	—	0.77*	0.98**	—	1.40***	1.10***	—	0.86**
景気対策(期待)	—	1.03***	0.92**	—	0.54	0.54	—	0.39
外交(期待)	—	0.03	−0.09	—	1.23***	0.88**	—	1.32***
(Constant)	−2.74***	−3.33***	−3.33***	−2.49***	−2.59***	−2.92***	−3.82***	−4.02***
Nagelkerke R²	.24***	.26***	.26***	.33***	.36***	.37***	.41***	.41***

数字はロジスティック回帰係数。　* p<.10　** p<.05　*** p<.01　+ p = .102

に役立つような業績に関する情報が乏しかったことによるものと思われる。また期待に関しても，集計レベルにおける期待の高さは自民党の得票を増やしたと考えられるが，それが個人レベルの意思決定において及ぼした効果の大きさ——期待と投票の結びつきの強さ——そのものは，特に顕著であったわけではないように見える。これに対して03年以降，業績評価および期待の効果は増大している。特に業績評価に関しては，期待を経由しての間接的な効果のみならず，直接的な効果も見られるようになり，時間の経過によりこの要因が意思決定における役割を増大させていく様子がうかがえる。

　第二に，三つの個別領域の効果の強弱を見ると，まず業績モデルにおいて一貫して有意な効果を示しているのは「外交」である（ただし05年においては，この項目の相対的な影響力は低下している）。これに対して「財政構造改

	05年衆院選		
−0.03	−.15	−.20	−.20
−0.22	−.01	.09	.14
−0.07	.01	.23	.28
0.14	−.39	−.27	−.17
0.28	−.10	.17	.13
0.48**	.16	.24	.22
−0.36	−.31	−.33	−.31
0.29	−.38	−.49**	−.48*
0.47	−.81*	−.81*	−.83*
0.02	.19	.17	.21
0.26	.66***	.74***	.71***
0.40*	.19	−.03	−.04
−0.40**	.12	.12	.13
0.29*	.32	.45*	.42*
0.38	.45	.57*	.55
0.14	.24	.22	.28
0.24	.21	.27	.26
1.87***	1.70***	1.52***	1.46***
0.65	1.71***	—	.54
0.22	1.67***	—	1.29***
−0.21	.91***	—	.26
0.65	—	2.56***	2.05***
0.25	—	.87*	.43
1.43***	—	.96***	.74*
−4.11***	−2.55***	−2.62***	−3.04***
.42***	.44***	.47***	.48***

革」と「景気対策」の効果は03年以降明確に現れるようにはなるが，やや一貫性に欠ける。また期待モデルにおいては，01年の比例区を除いて一貫して有意な効果を示しているのが「財政構造改革」である（特に05年ではその効果は突出している）。また「外交」も03年以降常に有意である。これに対して「景気対策」は01年においては有意であったが，03年と04年では効果が見られなくなり，その後また05年において有意な効果が現れる。従って，小泉政権下の4回の国政選挙を通じて，業績評価に関しては「外交」の効果が，期待に関しては「財政構造改革」の効果が，それぞれ最も安定していたと言えるだろう。

最後に，他の要因の効果について触れておくと，まず自民党支持の直接的効果に関しては，予想されるとおり，いずれの年においても，基本的に政党に対する投票である比例区／比例代表における効果の方が選挙区／小選挙区における効果よりも大きい。また，04年における自民党支持の効果は，比例区においても選挙区においても01年および03年よりも大きくなっている。すなわち04年の投票行動は，それに先立つ2回の選挙時に比べて，支持政党の影響をより強く受けた——ある意味で，より通常の状態に近づいた——ものであったように思われる。しかしながら05年において，その効果は再び若干減少しており，政党支持の直接的な拘束力に関しては，04年よりも弱まっているように見える。これ以外に，01年から04年にかけての3回の選挙を通じて自民党への投票を促進する要因として目立っているのは，長期の居住，豊富なネットワーク，町村居住，農林漁業などであり，これらはいずれも従来の研究が明らかにしてきた自民党投票者の特徴と整合的であるが，05年においては，このうちの小選挙区での町村居住と農林

漁業を除いては明確な効果が見られなくなり（ネットワークの豊富さは比例代表の期待モデルで逆にマイナスの有意な効果），代わって小選挙区では年収800万以上がプラスの，一戸建や分譲マンションへの居住がマイナスの効果を示すようになるなど，属性の効果に若干の変化が見られる。

5 まとめ

　以上，本章では小泉内閣下の4回の国政選挙時のデータを用いて，内閣に対する業績評価や期待が投票行動に対して及ぼす影響を分析した。その結果は，本章の第一節において述べたように，業績評価や期待が果たす役割は個々の選挙が置かれたコンテクストに大きく依存するということを明らかにするものであった。

　すなわち，第一に，内閣の成立直後の選挙においては，その業績を評価するための材料が乏しいことにより，業績評価が投票行動に及ぼす影響はあまり大きなものとはならず，その後時間の経過とともにそうした判断材料が増えるにつれ，業績評価の効果も徐々に増大する。第二に，こうした効果の増大は——直感には反する部分もあるが——期待においても見られた。これが小泉内閣に特有のものであるのか，一般化できるものであるのかは今後の研究を俟たねばならないが，少なくとも首相の強いリーダーシップのもとに解散総選挙が行われた05年のような状況においては，内閣成立後4年半近くを経ていたとしても極めて大きな期待の効果が見られることが明らかとなった。第三に，業績評価や期待の効果は，参院選よりも衆院選で，また比例区／比例代表よりも選挙区／小選挙区で，より大きいものであった。個々の選挙区事情が最も強く働くと考えられる衆議院の小選挙区において，内閣に対する業績評価や期待の効果が最も大きいことが示されたことの意味は大きいと言えよう。最後に，様々な領域の業績評価や期待の中で投票行動に対して特に大きな影響を及ぼすのは，それぞれの選挙時におけるセイリエントな争点に関連したものであると予想されるが[9]，4回の選挙を通じて業績評価に関しては「外交」の，また期待に関しては「財政構造改革」の効果が一貫して明確で，特に05年における「財政構造改革」への期待の効果が突出する一方，「景気対策」に関する業績評価や期待の効果は相対的に不安定であることは，

　9　この点については大和田（2004）を参照。

この予想を裏付ける結果といってよいであろう。

付記：本章は，平野（2005b）に05年のデータを付け加えた上で大幅な改訂を施したものである。

補遺：変数の定義

1　回答者の属性
　　第4章補遺（81頁）を参照。
2　自民党支持
　　支持政党が自民党の場合を1，それ以外の場合を0とするダミー変数。
3　小泉内閣の業績評価
　　「財政構造改革」，「景気対策」，「外交」，「全体として」のそれぞれに関する小泉内閣の実績についての評価。0（悪い）～1（良い）の5段階尺度。
4　小泉内閣への期待
　　「財政構造改革」，「景気対策」，「外交」，「全体として」のそれぞれに関する小泉内閣への期待。0（期待できない）～1（期待できる）の5段階尺度。
5　自民党への投票
　　自民党（自民党候補）に投票した場合を1，それ以外の場合を0とするダミー変数。参議院の選挙区，衆議院の小選挙区に関しては，自民党の公認候補が立候補していない場合は分析から除外。

第3部

制度とシステム

第9章

選挙制度の改変と2票の使い分け

1 はじめに

　第5章から第8章まで，有権者の投票行動に影響を与える社会心理的要因について検討を加えてきた。言うまでもなく，投票行動は一方においてこうした内的な要因によって影響を受けると同時に，選挙制度やマクロな政治システムといった外的要因によっても拘束され，さらにまたこれらの外的要因に対するフィードバックを通じてシステムの変動を引き起こす。本章および第10章では，こうした投票行動と制度・システムとの関わりについて考察していきたい。具体的には，まず本章において選挙制度の改変が有権者の投票行動に与える影響を2票の使い分けという観点から検討し，次いで第10章においては投票行動と政党システムとの関連について考察する。

　現在，日本の有権者は衆院選においても参院選においても二つの票によって自らの意思を表明することができる。そこでは，2票を異なる政党に投ずるという分割投票（split-ticket voting）を行うことが可能となる。実際に少なからぬ有権者がこうした分割投票を行っているということは，各政党の小選挙区／選挙区と比例代表／比例区の得票率を比較することによっても明らかである。

　表1は，01年参院選と03年衆院選における各政党の相対得票率を示したものである。いずれの選挙においても，各政党の選挙区での得票率と比例代表での得票率は一致していない[1]。例えば03年衆院選において，自民党の比例

　1　言うまでもなく，二つの得票率が一致していたとしても，個々の有権者レベルにおいては分割投票が行われている——しかし，それらの結果がキャンセルアウトされて，集計結果には現れていない——可能性は十分にあるが，

表1　01年参院選と03年衆院選における各政党の相対得票率

		自民	民主	公明	共産	社民	自由
01年参院選	選挙区	41.0	18.5	6.4	9.9	3.4	5.5
	比例区	38.6	16.4	15.0	7.9	6.6	7.7
03年衆院選	小選挙区	43.8	36.7	1.5	8.1	2.9	—
	比例代表	35.0	37.4	14.8	7.8	5.1	—

数字は%。
01年参院選で選挙区に候補者を立てていない保守党と03年衆院選で比例代表に候補者を立てていない保守新党は表から除いてある。

代表における得票率は小選挙区の得票率を大幅に下回るが，民主党は比例代表の得票率の方がやや高く，公明党の得票はほとんどが比例代表において得られたものである。

注意すべき点は，分割投票には様々なスタイルのものがあり，それを引き起こす理由も一つではないということである。例えば，①比例代表／比例区では支持政党に投票するが，小選挙区／選挙区では支持政党の候補者が立候補していないため，他党の候補者に投票する，②比例代表／比例区では支持政党に投票するが，小選挙区／選挙区では支持政党の候補者に当選の見込みがないため，当選可能性のある候補者の中で最善と思われる他の候補者に投票する（すなわち，戦略投票を行う），③比例代表／比例区では支持政党に投票するが，小選挙区／選挙区では政党にとらわれずに候補者を選んだ結果，分割投票となる，④小選挙区／選挙区では支持政党の候補者に投票するが，比例代表／比例区では議席のバランスを考えて他の政党に投票する，など様々である。

このうちバランス型の分割投票については，日本においては特定の一つの政党のみを選好し他の政党に対しては全く選好を持たない有権者は必ずしも多くはなく，むしろ少なからぬ有権者が様々な「幅」と「強度」を組み合わせた政党選好を持っているため（三宅，1998），1回の選挙で2票を投ずることができるのであれば，それはそうした選好をそのまま表明するための手段となりうる。また，そうした単なる政党選好を越えて，選挙結果における議席配分に関して同様な選好を持つ有権者も存在すると考えられる。蒲島（1988）の言う「バッファー・プレーヤー」も，与野党伯仲を望むという点に

逆にこれらが一致していない場合には間違いなく分割投票が行われているはずである。

おいてこうした議席配分のパターンに対する選好を持つ有権者の一類型であると言える。こうした選好を達成するための手段として，自分の持つ2票を利用する（例えば，選挙区においては第一党になって欲しい政党の候補者に投票し，比例区においてはある程度の議席を獲得してほしいが苦戦を伝えられている政党に投票する）のはある種の合理的を持った（あるいは洗練された）投票であると言えるかもしれない。ただし，こうした選挙結果に対する選好は，それが達成されるかどうかが他の有権者の投票行動や票から議席への変換装置としての選挙制度など様々な媒介的変数によって左右されるため，それが実質的な合理性をどこまで持ちうるかに関しては，議論の余地のあるところである。

　さらに，現在の日本においては，分割投票のメカニズムをより複雑にする要因が制度の中に組み込まれている。すなわち，衆院選に関しては重複立候補による復活当選がありうるため，比例代表での投票政党を小選挙区における支持候補者の政党と一致させるような圧力を生み出し，同時に小選挙区での戦略投票が抑制される可能性がある。また，参院選に関しては，2001年の選挙から比例区において非拘束名簿方式が導入された。これにより，選挙区では支持政党の候補者に投票し，比例区では魅力のある候補者個人に投票するといった新しいタイプの分割投票の可能性が生まれた[2]。

　そこで本章では，非拘束名簿方式による初の選挙である01年参院選，および小選挙区比例代表並立制による3回目の選挙である――従って，有権者の間にこの選挙制度に対する学習効果が生まれていることが予想される――03年衆院選における分割投票の実態を明らかにしていきたい。具体的には，次節で2回の選挙における分割投票のパターンやその理由を概観した上で，第3節では自民と民主の二大政党化が顕著となった03年衆院選におけるこれら両党間での分割投票のメカニズムについてやや詳細に検討を加え，第4節において01年参院選の比例区における政党名投票／候補者名投票のメカニズムについての分析を行いたい。

---

[2] 分割投票の類型化に関するより詳細な議論および先行研究のレビューに関しては，Hirano（2004b），品田（1999）を参照。

2 分割投票のパターンとその理由

まず有権者が2票をどのように使ったのかを見ていこう。表2および表3は、01年参院選と03年衆院選のそれぞれにおける回答者の投票パターンを見たものである[3]。

この結果を見ると、2票を同一の政党に投票（「一致投票」）した者は、01年で61.7%、03年で69.7%である。言い換えれば、参院選では4割、衆院選でも3割の回答者が何らかの形の分割投票を行っていることになるが、これは決して少なくない数字であると言えるだろう。そこで相対的に頻度の多い分割投票のパターン（どちらが小選挙区／選挙区でどちらが比例代表／比例区

表2　01年参院選での投票パターン

		比例区							
		自民	民主	公明	社民	共産	自由	保守	その他	合計
選挙区	自民	39.2	1.6	4.3	0.6	0.5	1.4	0.8	1.3	49.8
	民主	2.0	11.5	0.7	1.7	0.8	1.3	0.2	0.7	19.0
	公明	0.8	0.1	3.6	0.1	0.1	0.0	0.0	0.0	4.8
	社民	0.2	0.6	0.0	1.7	0.2	0.0	0.0	0.0	2.8
	共産	1.0	0.2	0.5	0.4	3.5	0.1	0.0	0.1	5.7
	自由	1.4	0.4	0.2	0.2	0.0	2.3	0.0	0.1	4.7
	その他	5.1	2.5	0.8	1.4	0.4	0.7	1.1	1.2	13.3
	合計	49.9	16.9	10.2	6.1	5.5	5.9	2.2	3.5	100.0

数字は%（N =836）。選挙区の「その他」は無所属を含む。

表3　03年衆院選での投票パターン

		比例代表					
		自民	民主	公明	社民	共産	合計
小選挙区	自民	36.5	5.9	7.0	0.6	0.4	50.4
	民主	2.7	27.6	0.9	1.4	1.0	33.5
	公明	1.2	0.3	0.8	0.0	0.0	2.4
	社民	0.3	1.3	0.0	1.3	0.2	3.1
	共産	0.3	0.9	0.1	0.3	3.4	4.9
	保守新	0.9	0.3	0.1	0.0	0.0	1.2
	その他	2.3	1.7	0.3	0.1	0.1	4.4
	合計	44.2	38.0	9.1	3.8	4.9	100.0

数字は%（N =1783）。選挙区の「その他」は無所属を含む。

3　選挙後調査において、二票のいずれに関しても投票政党を回答した者のみを含む。

かを問わず)を見ていくと，01年では「自民⇔公明」(5.1%)，「自民⇔民主」(3.6%)，「自民⇔自由」(2.8%)，「民主⇔社民」(2.3%)などであり，03年では「自民⇔民主」(8.6%)，「自民⇔公明」(8.2%)，「民主⇔社民」(2.7%)などである。このことから，これら2回の選挙において比較的よく見られる分割投票は，連立与党として選挙協力関係にある政党間(「自民⇔公明」)，政権を争う二大政党間(「自民⇔民主」)，歴史的および政策的に親近性があると考えられる政党間(「民主⇔社民」，「自民⇔自由」)におけるものであることが分かる。

次に，それぞれの選挙において，ある政党に少なくとも1票を投じた回答者のうち，2票ともその政党に投票した者，選挙区でのみ投票した者，比例区でのみ投票した者がそれぞれどのような割合を占めるかを見たものが表4である。

この結果は，分割投票をもたらす最大の理由が，投票したい政党の候補者が自分の選挙区で立候補していないことによるものであること——すなわち「強制された」分割投票であること——を明確に示している。僅かな選挙区にしか候補者を立てない政党に投票しようとすれば，そのほとんどは必然的に「比例代表／比例区のみ」の投票となる。表を見ると，2回の選挙を通じて，多くの選挙区に候補者を立てている自民，民主，共産の3党(共産党は両選挙で，また自民党は01年参院選において，全選挙区に候補者を立てている)では一致投票の率が高く，相対的に少ない選挙区にしか候補者を立てなかった公明，社民，自由各党の一致投票率は低い。そして後者の諸政党においては，「小選挙区／選挙区のみ」に比べて「比例代表／比例区のみ」の割合の方がかなり高いが(その典型的な例が，300選挙区のうちの10選挙区にしか候補者を立てなかった03年衆院選における公明党である)，これは表1で見た各

表4　一致投票と分割投票

	01年参院選			03年衆院選		
	2票とも	選挙区のみ	比例区のみ	2票とも	小選挙区のみ	比例代表のみ
自民	65.0	17.4	17.6	62.8	23.9	13.2
民主	47.1	30.9	22.1	62.8	13.5	23.6
公明	31.6	10.5	57.9	7.9	14.2	77.9
社民	23.3	15.0	61.7	24.2	32.3	43.4
共産	44.6	29.2	26.2	52.2	23.5	24.3
自由	27.5	29.0	43.5	—	—	—

数字は%

党の得票率のパターンとも一致する。

さらに支持政党別に主な投票パターンを見たものが表5である。まず01年に関しては，すべての支持者グループにおいて，支持政党に対する一致投票が最も多く見られるパターンである。ただし，後で改めて考察するように，その割合は支持政党ごとに大きく異なっている。自民，民主両党の支持者に関しては，選挙区では「その他・無所属」の候補者に投票し比例区では支持政党というパターンも比較的多く，また民主党支持にもかかわらず自民党に対する一致投票を行っている者もかなりいる。また01年参院選では自民，公明両党間での選挙協力が広範に行われたが，そこでは公明党が候補者を立てない選挙区において公明党の支持者は選挙区投票で自民党に投票する代わりに，自民党支持者は比例区において公明党に投票するとのバーゲニングがなされていたとされる。ここでの結果を見ると，確かに公明党支持者の投票パターンで公明党への一致投票の次に多い——公明党支持者の約3分の1に及ぶ——のがこの「自民／公明」パターンで，公明党支持者の側では選挙協力がある程度実行されていたことが分かる。他方自民党支持者の側での「自民／公明」パターンは2.7％とかなり低く，両党支持者間の非対称的な協力関係を見て取ることができる。このほか，社民党支持者には社民，民主両党間で

表5　支持政党別の主要投票パターン

	01年参院選					03年衆院選				
自民	自／自	他／自	民／民			自／自	民／民	自／公	自／民	民／自
	64.5	8.3	4.9			62.9	11.0	5.3	5.0	4.3
民主	民／民	自／自	他／民			民／民	自／民	社／民		
	49.0	13.5	11.5			70.3	7.4	5.2		
公明	公／公	自／公	他／公			自／自	民／民	公／公	自／自	
	43.4	32.1	5.7			68.5	11.0	9.6	4.1	
社民	社／社	民／社	社／民	他／社	民／民	民／社	民／民	社／社	自／社	他／民
	18.2	15.9	11.4	9.1	9.1	23.4	19.1	14.9	8.5	6.4
共産	共／共					共／共	民／民	共／民	民／共	
	68.0					57.4	19.1	4.3	4.3	
自由	由／由	民／由	自／由	他／由	由／自	—	—	—	—	—
	31.6	21.1	10.5	10.5	5.3	—	—	—	—	—
支持なし	自／自	民／民	共／共			民／民	自／自	民／民	自／公	
	25.8	11.3	5.0			37.4	25.5	6.6	4.4	

上段左側が選挙区（小選挙区）投票政党，右側が比例区（比例代表）投票政党を表わす。下段の数字は各支持者グループ内での％。選挙区の「他」は無所属を含む。
各支持者グループとも上位5位までのパターンを示した。ただし，4.0％以下のものについては表から除いた。
また01年参院選における保守党，03年衆院選における保守新党の支持者は非常に僅かであったので，表には示していない。

の分割投票を行う者が比較的多いのに対し，共産党支持者の投票パターンは支持政党への一致投票に集中していること，支持なしグループにおいても主要なパターンはいずれかの政党に対する一致投票であり，自民，民主，共産のいずれかに対する一致投票を行ったものだけで4割以上を占めていることなどが目につく。

　同様に03年に関しても，自民，民主，共産各党の支持者においては支持政党への一致投票が突出して多く，特に民主党支持者における一致投票率の高さが目につく。これに対して小選挙区での擁立候補者の少ない社民，公明両党支持者では，支持政党への一致投票率は非常に低く，社民党支持者では「民主／社民」の分割投票，次いで民主党への一致投票が最も多いパターンとなっている。またこの選挙においても公明党支持者の7割近くは，与党間の選挙協力の枠組みに従って「自民／公明」という投票を行っている。一方，自民党支持者で「自民／公明」という投票を行っている者は5.3%であり，母集団の大きさから票の絶対数は多くなるとは言え，ここでも両者の協力関係は非対称的である。また，支持なしグループにおける主要な投票パターンは民主党，次いで自民党に対する一致投票であり，この両タイプで全体の6割以上を占めている。

　なお，支持政党に対する一致投票率は政党ごとに大きく異なっており，その大きな理由が小選挙区／選挙区における各党の候補者擁立状況の違いにあると考えられることは先述のとおりである。実際に，自分の選挙区に支持政党が候補者を立てている回答者のみに限定して一致投票率を計算してみると，01年では民主党：49.0%→52.0%，公明党：43.4%→84.0%，社民党：18.2%→36.8%，自由党：31.6%→54.5%，03年では自民党：62.9%→67.4%，民主党：70.3%→78.9%，公明党：9.6%→100.0%，社民党：14.9%→53.8%といずれも一致投票率の上昇が見られる[4]。ただし，それでもその絶対的なレベルは必ずしも高いとは言えず，政党間の差は大きなままである。このことは，強制的分割投票以外にも様々な理由による分割投票を有権者が行っているということを示唆するものである。

　そこで以下，有権者が小選挙区／選挙区と比例代表／比例区のそれぞれの

　4　両選挙における共産党，01年参院選における自民党はもともと全選挙区に候補者を立てているため，一致投票率は変わらない。

投票先を決定する際に特にどのような点を考慮しているのかを分析することを通じて，こうした分割投票の理由について，より直接的に考察していきたい。

表6の上段は，「投票政党（候補者）を決めるに当たって考慮した事柄」に関する回答（01年は多重回答，03年は単一選択）である。この結果を見ると，いずれの選挙においても，小選挙区／選挙区と比例代表／比例区に関する回答のパターンはかなりよく似ており，2票の決定理由は実際にはそれほど違わないようにも見えるが，それでも若干の違いは認められる。すなわち，01年では「候補者個人への支持」は比例区においてよりも選挙区において明らかにより多くの回答者によって考慮に入れられている。非拘束名簿方式が導入されても，候補者の個人的な要因はやはり選挙区においてより重要な意味を持つように見える。逆に比例区においてより多くの回答者が考慮に入れている要因——その差はあまり大きくはないが——は，予想されるとおり「政党支持」である。同様の傾向は03年においても見られる。すなわち，小選挙区においてより多く考慮されている要因は「候補者の人柄」であり，比例代表においてより多く考慮されている要因は「政党支持」や「各党の政策」である。このほか，大きな差ではないが,「地元の利益」は小選挙区においてよ

表6 投票時に考慮した事柄と分割投票の理由

投票先を決めるときに考慮した事柄					
	01年参院選（多重回答）			03年衆院選（単一選択）	
	選挙区	比例区		小選挙区	比例代表
首相や内閣への支持	40.3	36.6	首相や党首への支持	6.4	8.5
政党支持	61.4	65.0	政党支持	31.8	39.8
各党の政策	40.7	41.0	各党の政策	8.7	17.7
候補者個人への支持	46.3	28.6	候補者の人柄	20.2	5.0
職場の利益	7.9	6.5	候補者の政策	5.1	3.3
議席のバランス	14.5	12.6	職場の利益	1.1	0.7
投票依頼	15.4	12.4	地元の利益	8.9	4.7
			議席のバランス	5.4	8.9
			投票依頼	3.9	4.7
分割投票を行う理由					
	01年参院選（単一選択）			03年衆院選（単一選択）	
選挙区に支持する政党の候補者がいない		30.2	小選挙区に支持する政党の候補者がいない		41.4
選挙区では支持する候補者の当選が確実		6.8	小選挙区では支持する候補者の当選が確実		7.2
選挙区では支持する候補者の落選が確実		0.6	小選挙区では支持する候補者の落選が確実		2.9
比例区に支持政党以外に投票したい候補者		22.8	比例代表に支持政党以外に投票したい候補者		13.6
選挙区も比例区も政党支持にとらわれない		16.0	小選挙区も比例代表も政党支持にとらわれない		18.0
議席のバランスを考えて		6.8	議席のバランスを考えて		5.5

数字は％。回答の中で「その他」，DK, NAは表から除いてある。

り重視されており，他方「議席のバランス」は比例代表においてより重視されている。いずれにしても，衆参両院選を通じて，「人」の要因は小選挙区／選挙区においてより重視され，「党」の要因は比例代表／比例区においてより重視されており，これが分割投票を生じさせる原因の一つとなっていることが推測される。

　次に表6の下段は，それぞれの選挙の選挙前調査において，小選挙区／選挙区と比例代表／比例区の投票予定政党が異なっている回答者に対してその理由を質問した結果である。これを見ると，第一に，二つの選挙を通じて最も多い回答は「選挙区に支持政党の候補者がいない」というものであり，分割投票の最大の理由が候補者の擁立状況により「強制された」ものであることが確認できる。第二に，これに続く理由が「比例代表に支持政党以外に投票したい候補者がいる」と「選挙区も比例代表も政党支持にとらわれずに投票する」であるが，前者は01年に特に多く，やはり非拘束名簿方式の導入により比例区で支持政党以外の魅力的な候補者に投票することができるようになったために，そうした分割投票がかなり広範に行われたことを推測させる。これに対して拘束名簿方式による衆院選（03年）では，後者の理由の方が多く挙げられている。これらに対して，第三に，いわゆる戦略投票を理由として挙げた回答者は非常に少ない。特に狭義の（「上方への」）戦略投票，すなわち最も支持する候補者の当選可能性が低いため当選可能な次善の候補者に投票するという形の戦略投票を理由として挙げた者は01年で0.6％，03年でも2.9％に留まる。また，一つの選挙区から複数の当選者が出る場合に生ずる「下方への」戦略投票，すなわち最も支持する候補者が当選確実であるため当落線上にある次善の候補者に投票することを理由として挙げた者もこれよりは多いが，それでも01年で6.8％，03年で7.2％であり，これら2種類の戦略投票を合わせても，理由全体の1割程度である[5]。第四に，「バランス型」

5　小選挙区制が採られている衆院選において「下方への」戦略投票が理由として挙げられていることは一見して奇異である。しかし重複立候補による復活当選が認められている日本の場合，次善の候補者の惜敗率を上げることにより，その選挙区から複数の当選者を出すことを目指すという戦略投票が行われる可能性も否定できない。ただし，ここでの回答者が実際にそうした意図を持っていたのか，あるいは単に小選挙区制という制度に対する理解が不足していたのかは明らかでない。

の分割投票を理由として挙げる者も実際には少なく，01年，03年でそれぞれ6.8％，5.5％である。

さらに，これら様々な理由を挙げた回答者が実際にどのようなパターンの投票を行ったのかを見たものが表7である。残念ながら分析に足るだけのケース数が確保できたのは01年で二つ，03年で三つの理由のみであったため，表にもそれらの理由を挙げた者のみが示されている[6]。

まず01年では，「選挙区に支持政党の候補者がいない」と答えた者では，「自民／公明」というパターンが突出して多い。この中には，先述のように自公協力の枠組みに従って投票した公明党支持者も含まれるであろう。これに続くのが「自民／民主」，「民主／社民」（すなわち選挙区で自民党に投票した民主党支持者や選挙区で民主党に投票した社民党支持者）といったパターンである。また「比例区に支持政党以外に投票したい候補者がいる」と答えた者に関しては特定の突出したパターンは見られないが，彼らが比例区において投票したいと思う候補者には，自民党，社民党，「その他」の候補者が多い。

他方03年では，やはり「小選挙区に支持政党の候補者がいない」と答えた者の中では「自民／公明」が突出して多い。さらに「公明／自民」という，

表7　分割投票を行った理由別の投票パターン

01年参院選				
選挙区に支持する政党の候補者がいない（N＝26）	自／公 30.8	自／民 11.5	民／社 7.7	他／公 7.7
比例区に支持政党以外に投票したい候補者（N＝25）	自／他 16.0	民／自 12.0	他／自 12.0	他／社 12.0
03年衆院選				
小選挙区に支持する政党の候補者がいない（N＝115）	自／公 31.3	民／社 7.0	公／自 7.0	自／民 6.1
比例代表に支持政党以外に投票したい候補者（N＝36）	自／公 25.0	民／自 8.3	他／自 8.3	
小選挙区も比例代表も政党支持にとらわれない（N＝49）	自／公 12.2	自／民 10.2	社／民 8.2	他／自 6.1

上段左側が選挙区（小選挙区）投票政党，右側が比例区（比例代表）投票政党を表わす。下段の数字は理由別グループ内での％。各グループとも実際に行われた分割投票の中で回答の多かった主要パターンを示す。選挙区の「他」は無所属を含む。

6　煩雑さを避けるため主要な投票パターンのみを示す。なお，選挙前調査では分割投票を行う予定であると回答していたが実際には一致投票を行った回答者も表からは除いてある。

公明党候補が立っている選挙区での自公協力の枠組みに従った自民党支持者の投票行動と一致するパターンも見られる。このほか「民主／社民」，「自民／民主」などのパターンが見られるのも01年と同様である。また「比例代表に支持政党以外に投票したい候補者がいる」において顕著に多いのは「自民／公明」（自民党候補が立っている選挙区で，自公協力の枠組みに従った自民党支持者がここに含まれよう）である。これに続くのが，小選挙区で民主党や無所属候補に投票した者が比例代表では自民党に投票するといったパターンである。最後に「小選挙区でも比例代表でも政党支持にとらわれない」と回答した人々であるが，ここでも最も多いのは「自民／公明」である。ただし，ここでは他のパターンとの差はそれほど顕著ではなく，「自民／民主」，「社民／民主」などのパターンがこれに続いている。

3　03年衆院選における自民・民主両党間の分割投票

　次に本節では，03年衆院選において二大政党化が顕著になったとされる自民，民主両党間の分割投票に焦点を当てて分析を行いたい。先に見たとおり，これら両党の間での分割投票は03年調査において最も多く見られた組み合わせであると同時に，政権を争う二つの政党に対する投票行動という意味で，特に分析する価値のあるパターンであると考えられる。

　分析にあたり，まず回答者の中から次の四つのグループを抜き出した。すなわち，自民，民主両党の候補者が立候補している選挙区の有権者で，①小選挙区，比例代表のいずれにおいても自民党に投票した者（「自民／自民」N＝561），②小選挙区では民主党，比例代表では自民党に投票した者（「民主／自民」N＝39），③小選挙区では自民党，比例代表では民主党に投票した者（「自民／民主」N＝87），④小選挙区，比例代表のいずれにおいても民主党に投票した者（「民主／民主」N＝439）である。言うまでもなく分割投票者は一致投票者に比べて僅かであり，その中でも「民主／自民」グループは少数である。また両党の候補者が立候補している選挙区の有権者に絞った理由は，「強制された」分割投票者を分析から除きたかったからである。

　まず，各グループの支持政党を見ていくと，どのグループも自民党支持，民主党支持，支持なしが上位3位までを占めている。その内訳は，「自民／自民」：自民党支持81.6％，民主党支持1.3％，支持なし13.3％，「民主／自民」：自民党支持68.6％，民主党支持11.4％，支持なし20.0％，「自民／民主」：自民

党支持44.9％，民主党支持20.3％，支持なし24.6％，「民主／民主」：自民党支持20.6％，民主党支持42.8％，支持なし30.1％，となっており，①この順番で党派色が自民寄りから民主寄りに移っていくこと，②同時にこの順番で支持なしの比率が高まっていく（言い換えれば党派色自体が薄くなっていく）こと，③同じ一致投票者でも自民党に対する一致投票者の方が民主党に対する一致投票者よりもはるかに投票政党への支持率が高いこと，④小選挙区での投票政党よりも比例代表での投票政党の方が支持政党と密接に関連していること，などが明確に示されている。

　次に，これらのグループ別に，小選挙区と比例代表での考慮事項の中で頻度の高い組み合わせを示したものが表8である。これを見ると，第一に，自民，民主を問わず一致投票者は，小選挙区，比例代表のいずれにおいても政党支持を理由とするものが突出して多い。第二に，しかしながら，それ以外の理由に関しては両党への一致投票者はかなり異なっている。自民党一致投票者では，小選挙区では候補者の人柄，比例代表では政党支持を理由とする者，小選挙区でも比例代表でも首相への支持を理由とする者，小選挙区でも比例代表でも地元の利益を考慮する（あるいは比例代表では政党支持を考慮する）者などが上位を占めるが，民主党一致投票者では小選挙区でも比例代

表8　自民・民主投票タイプ別の考慮事項

自民／自民（N=561）	②／b	④／b	①／a	⑦／g	⑦／b	④／d
	33.9	8.7	7.8	6.2	4.3	4.1
民主／自民（N=39）	④／c	④／b	④／a	②／b		
	15.4	15.4	10.3	7.1		
自民／民主（N=87）	④／c	④／h	⑦／c	④／b		
	12.6	11.5	9.2	6.9		
民主／民主（N=439）	②／b	③／c	⑧／h	②／c	④／d	
	30.8	10.7	7.5	4.8	4.1	

上段の左側が小選挙区での考慮事項，右側が比例代表での考慮事項を示す。
下段は各タイプの中での％。

小選挙区での考慮事項	比例代表での考慮事項
①首相や党首への支持	a 首相や党首への支持
②政党支持	b 政党支持
③各党の政策	c 各党の政策
④候補者の人柄	d 候補者の人柄
⑤候補者の政策	e 候補者の政策
⑥職場の利益	f 職場の利益
⑦地元の利益	g 地元の利益
⑧議席のバランス	h 議席のバランス
⑨投票依頼	i 投票依頼

表でも各党の政策を考慮する(あるいは小選挙区では政党支持を理由とする)者，小選挙区でも比例代表でも議席のバランスを考慮する者などが上位を占めている。第三に，これに対して二つの分割投票グループにおいては，小選挙区での考慮事項を候補者の人柄とする組み合わせが大きな割合を占めており，小選挙区では候補者の人柄，比例代表では各党の政策という組み合わせが最も多い。第四に，その一方で，二つの分割投票グループの間には明らかな違いも見て取れる。すなわち比例代表における考慮事項として，「民主／自民」グループでは政党支持や首相への支持を挙げる者がより多いのに対し，「自民／民主」グループでは議席のバランスを挙げる者が比較的多く，また小選挙区では地元の利益，比例代表では各党の政策という組み合わせを挙げる者も比較的多い[7]。以上をまとめれば，一致投票者は分割投票者に比べて政党支持をより重視し，その中で自民党一致投票者は首相への支持や地元利益，民主党一致投票者は政策や議席バランスを重視する傾向が見られる。他方，分割投票者は小選挙区において候補者の人柄を特に重視するが，「民主／自民」グループは比例代表において政党支持や首相への支持をより重視し，「自民／民主」グループは比例代表において政策や議席バランスをより重視する点で，前者は自民党一致投票者により近く，後者は民主党一致投票者により近い。

　こうした党派色の違いは，表9に掲げた政権形態に対する選好や，選挙結果に対する評価にもはっきりと現れている。まず政権選好に関しては，自民党一致投票者では「自民・非民主連立」が最も好まれ「自民単独」がこれに次ぐが，「民主／自民」グループでは同じく「自民・非民主連立」が最も好まれるものの，それに続くのは「自民・民主連立」である。そして「自民／民主」グループではこの順位が逆転し，「自民・民主連立」が最も好まれ「自民・非民主連立」がこれに次ぎ，最後に民主党一致投票者では同じく「自民・民主連立」が最も好まれるが，これに次ぐのは「非自民連立」であり，やはり政権選好に関してもこの順番で自民寄りから民主寄り（あるいは非自民寄り）へと変化していくことが明らかである。ただし同時に，自民党一致投票

---

[7]　「民主／自民」グループの中に小選挙区，比例代表のいずれにおいても政党支持を重視するとした回答が見られるが，この回答の意味するところは定かではない。両党に対する感情温度の分析等，更なる検討が必要である。

表9　自民・民主投票タイプ別の政権選好および選挙結果への評価

	政権選好				選挙結果の評価			
自民／自民	②	①	③	④	②／b	①／b	①／c	②／c	②／a
	31.5	30.2	19.7	1.3	37.1	15.9	13.9	10.0	5.3
民主／自民	②	③	①	④	②／b	②／a	①／b		
	42.9	22.9	20.0	0.0	38.5	23.1	17.9		
自民／民主	③	②	④	①	②／a	②／b	③／a	③／b	
	37.7	17.4	15.9	13.0	34.5	29.9	23.0	5.7	
民主／民主	③	④	②	①	③／a	②／b	②／a	③／b	
	39.8	34.5	7.4	4.7	57.9	14.8	11.4	7.3	

数字は％。選挙結果の評価に関して，左側が自民の議席に対する評価，右側が民主の議席に対する評価を示す。

政権選好
①自民単独
②自民と，民主を除く政党との連立
③自民と民主を含む連立
④非自民連立

選挙結果への評価
自民の議席
①もっと多い方がよい
②ちょうどよい
③もっと少ない方がよい

民主の議席
a もっと多い方がよい
b ちょうどよい
c もっと少ない方がよい

者においても「自民単独」は第一位ではなく，また民主党一致投票者においても「非自民連立」が第一位でないことは興味深い。

　また選挙結果への評価に関しても，自民党一致投票者では「自民も民主もちょうどよい」が最も多く，「自民はもっと多い方がよく，民主はちょうどよい」がこれに続くのに対し，「民主／自民」グループでは，一位は同じく「自民も民主もちょうどよい」であるが，これに続くのは「自民はちょうどよいが，民主はもっと多い方がよい」である。そして「自民／民主」グループでは，一位が「自民はちょうどよいが，民主はもっと多い方がよい」で，「自民も民主もちょうどよい」，「自民はもっと少ない方がよく，民主はもっと多い方がよい」と続く。さらに民主一致投票者では，突出した一位が「自民はもっと少ない方がよく，民主はもっと多い方がよい」となり，「自民も民主もちょうどよい」がこれに続く。ここでも自民寄りから民主寄りへのスペクトルは明確である。

　最後に，回答者がどのグループに属するかを従属変数とする多項ロジスティック回帰分析を行うことにより，どのような要因が投票のパターンに影響を与えているのかを明らかにしたい。具体的には，①従属変数を「自民／自民」，「民主／自民」，「自民／民主」の3カテゴリーとし，「自民／自民」を参照カテゴリーとすることによって，二つの分割投票グループがそれぞれ自民党一致投票者とどのように異なっているのかを検討する分析，②従属変数を「民主／民主」，「民主／自民」，「自民／民主」の3カテゴリーとし，「民主／

民主」を参照カテゴリーとすることによって，二つの分割投票グループがそれぞれ民主党一致投票者とどのように異なっているのかを検討する分析，の両者を行い，さらにそれぞれの分析に関して，回答者の属性および党派的態度のみを独立変数とするモデル（モデル1）と，政策選好をも独立変数に加えたモデル（モデル2）を設定した。分析結果は表10に示すとおりである[8]。

まず自民党一致投票者を参照カテゴリーとする分析の結果を見ると，「民主／自民」グループは，モデル1ではより教育程度が高く，より民主党を支持しているという特徴が見られる。モデル2では教育程度の効果が有意ではなくなる代わりに，二つの政策態度変数の効果が有意となる。すなわち，自民党一致投票者に比べて「民主／自民」グループは改憲にはより反対で，集団的自衛権の行使にはより賛成の態度を示している。他方，「自民／民主」グループは，モデル1では自民党をより支持せず，小泉首相に対する感情もより非好意的である一方で，より民主党を支持し，菅代表に対する感情もより好意的である。また，自民と民主の連立政権あるいは非自民の連立政権をよ

---

[8] 独立変数に関して，回答者の属性（性別，年齢，教育程度）については第4章の補遺（81頁）を参照。

党派的態度については，自民党支持と民主党支持はそれぞれの政党を支持している場合に1，それ以外の場合を0とするダミー変数。小泉首相および菅代表に対する感情は，それぞれ0度（反感）～100度（好意）を0（反感）～1（好意）に再コード。自民党および民主党の政権担当能力に関する態度は，政権担当能力のある政党（多重回答）としてそれぞれの政党を挙げた場合を1，それ以外の場合を0とするダミー変数。

政権形態の選好に関しては，「自民単独・非民主連立」は望ましい政権として「自民単独」あるいは「自民と，民主以外の政党による連立」を挙げた場合を1，その他の場合を0とするダミー変数。「自民民主・非自民連立」は望ましい政権として「自民と民主を含む連立」あるいは「非自民の連立」を挙げた場合を1，その他の場合を0とするダミー変数。

政策選好については，①「景気よりも財政再建」に対する0（反対）～1（賛成）の4段階尺度，②「福祉よりも税の軽減」に対する0（反対）～1（賛成）の4段階尺度，③「補助金より競争」に対する0（反対）～1（賛成）の4段階尺度，④「改憲すべきではない」に対する0（反対）～1（賛成）の4段階尺度，⑤「集団的自衛権は認められない」に対する0（反対）～1（賛成）の4段階尺度，⑥「首相は靖国神社に公式参拝すべきでない」に対する0（反対）～1（賛成）の4段階尺度，である。

表10　自民・民主投票パターンに影響を与える要因

		自民/自民との対比		民主/民主との対比	
		モデル1	モデル2	モデル1	モデル2
民主/自民	男性	.03	−.00	−.17	−.34
	30代	.67	.65	−1.09	−.71
	40代	.69	1.09	−.61	−.12
	50代	1.20	1.45	.52	.45
	60代以上	.76	.83	.43	.47
	教育程度	1.62**	1.21	1.73**	1.64*
	自民党支持	−.12	.32	1.62***	2.63***
	民主党支持	2.32***	2.43**	.18	.30
	小泉首相に対する感情	−.74	−.93	5.41***	4.55**
	菅代表に対する感情	1.51	2.07	−4.50***	−4.15**
	自民政権担当能力	.49	−.98	.99	−.72
	民主政権担当能力	−.19	−.06	−1.12**	−.78
	自民単独・非民主連立	.28	−1.22	.39	−.64
	自民民主・非自民連立	.19	−.82	−1.12	−2.02**
	景気よりも財政再建	—	.05	—	.40
	福祉よりも税の軽減	—	.19	—	−.24
	補助金より競争	—	−.62	—	.01
	改憲に反対	—	1.84***	—	1.76**
	集団的自衛権を否定	—	−2.14**	—	−2.78***
	公式参拝に反対	—	−.13	—	−.75
	(Constant)	−5.06***	−2.56***	−4.58***	−1.98
自民/民主	男性	.63*	1.14	.33	.99**
	30代	1.00	1.04**	−.08	.58
	40代	.30	−.06	−.60	−.45
	50代	.82	.70	.05	.01
	60代以上	−.69	−1.12	−.81	−.52
	教育程度	.26	.17	−.48	−.69
	自民党支持	−.94**	−1.05**	.64*	.77*
	民主党支持	2.00***	1.74**	−.28	−.26
	小泉首相に対する感情	−4.27***	−3.88***	1.89**	2.50**
	菅代表に対する感情	3.71***	3.13**	−.98	−.91
	自民政権担当能力	.07	−.45	.41	.07
	民主政権担当能力	.26	.47	−.67**	−.54
	自民単独・非民主連立	.35	−.02	.74	.89
	自民民主・非自民連立	1.35**	.71	.18	.32
	景気よりも財政再建	—	−.40	—	−.92*
	福祉よりも税の軽減	—	.24	—	.40
	補助金より競争	—	−.66	—	.30
	改憲に反対	—	−.27	—	−.71
	集団的自衛権を否定	—	1.12*	—	.76
	公式参拝に反対	—	1.07**	—	.45
	(Constant)	−2.18*	−1.74	−1.95*	−3.27**
	Nagelkerke-R^2	.34***	.44***	.35***	.44***

数字はロジスティック回帰係数。　* p<.10　** p<.05　*** p<.01

り強く望んでいる。またモデル2では政権選好が有意でなくなる代わりに，やはり二つの政策態度変数の効果が有意となる。すなわち，このグループは自民党一致投票者と比べて集団的自衛権の行使と首相の靖国公式参拝により否定的である。

次に民主党一致投票者を参照カテゴリーとする分析結果を見ると，「民主／自民」グループは，モデル1ではより教育程度が高く，より自民党を支持し，小泉首相に対する感情もより好意的である一方，菅代表に対してはより非好意的で，民主党の政権担当能力に関してもより否定的である。またモデル2では，政権担当能力に関する認知の効果が有意でなくなる代わりに，政権選好（自民と民主の連立政権あるいは非自民の連立政権を望まない）の効果が有意となる。同時に，このグループは民主党一致投票者と比べた場合に，改憲により反対で，集団的自衛権の行使にはより賛成の態度を示している。これに対して「自民／民主」グループは，モデル1ではより自民党を支持し，小泉首相に対してもより好意的で，民主党の政権担当能力にもより否定的である。モデル2では，やはり政権担当能力に関する認知の効果が有意でなくなる代わりに，景気か財政再建かの効果が有意となる。すなわち，このグループは民主党一致投票者と比べて，財政再建よりも景気対策を重視している。

以上の結果から，党派的態度に関して「民主／自民」グループは民主党一致投票者とは大きく異なり，他方「自民／民主」グループは自民党一致投票者とは明確に異なることが示され，先に見た党派的態度のスペクトルが再確認された。そればかりではなく，「民主／自民」グループはいずれの一致投票者グループと比べても改憲にはより反対，集団的自衛権の行使にはより賛成という政策的態度を示し，また「自民／民主」グループは自民党一致投票者と比べて集団的自衛権の行使と首相の靖国公式参拝により否定的，民主党一致投票者と比べて財政再建よりも景気対策を重視するといったように，各グループがそれぞれ特徴的な政策選好を持つことも明らかとなった。

4　01年参院選比例区における候補者名投票の分析

最後に本節では，01年参院選から新たに導入された比例区での非拘束名簿方式の下で，有権者が政党名で投票するのか候補者名で投票するのかにどのような要因が影響を与えているのかを01年調査のデータに基づき分析してみたい。選挙後調査の回答では，政党名で投票した者68.7％，候補者名で投票

した者31.3％とほぼ7対3の割合で政党名での投票が多いが，実際にはこの割合は投票政党によって大きく異なっている。政党名での投票率は自民党：73.3％，民主党：81.3％，公明党：25.0％，社民党：64.8％，共産党：91.5％，保守党：21.1％，自由党：76.5％，その他の政党：51.5％，である。共産党への投票においては政党名での投票が9割を越えているのに対し，公明党への投票においては4分の3が候補者名での投票であるが，これはこの両政党の選挙戦略，すなわち共産党の場合には候補者ではなく政党を前面に出した選挙運動，公明党の場合には全国をブロック化して候補者名での投票を呼びかける選挙キャンペーンをそれぞれ反映したものと考えられる。

そこで，政党名で投票したか候補者名で投票したかを従属変数とする二項ロジスティック回帰分析を行った結果を示したものが表11である。ここでは回答者の属性のみを独立変数とするモデル，投票政党を独立変数に加えたモデル，さらに比例区での投票にあたって考慮した要因を加えたモデルの三つのモデルを設定して分析を行った9。

これを見ると，まず有権者の

表11　候補者名投票に影響を与える要因

	モデル1	モデル2	モデル3
男性	.03	.21	.56**
30代	.09	.11	.14
40代	.03	.17	−.05
50代	.00	.32	.10
60代以上	.05	.50	.05
居住15年以上	−.23	−.34	−.07
教育程度	−.43*	.04	.09
一戸建	−.06	.17	−.01
分譲マンション	.08	.09	.29
ネットワーク	.46**	.60**	.64*
大都市居住	−.30*	−.23	−.10
町村居住	−.04	−.03	.07
農林漁業	−.06	−.08	−.04
自営業	.16	.08	.29
管理職	−.18	.11	.02
政治的関心	.43*	.55*	.59
政治的知識	−.13	.34	.34
自民党投票	—	−1.06***	.47
民主党投票	—	−1.62***	−.41
公明党投票	—	1.19***	1.86***
社民党投票	—	−.68	.05
共産党投票	—	−2.52***	−1.30*
保守党投票	—	1.35*	1.95**
自由党投票	—	−1.33***	−.32
首相・内閣への支持	—	—	−1.04***
政党支持	—	—	−1.13**
候補者個人への支持	—	—	2.93***
投票依頼を受けた	—	—	1.15***
(Constant)	−.61	−1.05*	−2.59***
Nagelkerke-R^2	.02	.23***	.56***

数字はロジスティック回帰係数。
* p<.10　** p<.05　*** p<.01

9　回答者の性別から職業までの属性については第4章の補遺を参照。政治的関心は，0（全く注意していない）〜1（いつも注意を払っている）の4段階尺度。政治的知識は，国の省庁名に関する知識を問う質問への回答に基づ

属性に関しては，政治的関心の高さとネットワークの豊富さが候補者名での投票を促進する一方，教育程度の高さと大都市居住は政党名での投票を促進するようである。ただし，教育程度の効果は投票政党の効果に媒介されたもののように見える。これに対して社会的ネットワークの効果は他の変数に媒介されない独立したものと考えられる。この社会的ネットワークの効果は，以下に見るような投票依頼の効果と何らかの関連を持つものであるかもしれない。また男性の方が女性に比べて候補者名で投票する可能性が高いように見える。

次に投票政党の効果は極めて明白である。すなわち，共産党を筆頭に，民主，自由，自民各党への投票は相対的に政党名での投票の可能性を高め，公明，保守両党への投票は候補者名での投票の可能性を高めているが，その理由については先述のとおりである。ただし，投票政党の効果のある部分は，投票時に考慮した要因の効果と関連しているように見える。これらの要因をモデルに投入した場合，公明党，共産党，保守党の効果のみが残る。言い換えれば，これら3党に関しては，その党に投票すること自体が政党名での投票か候補者名での投票かに影響を与えている。

最後に，投票時に考慮した要因に関しては，予想される通り「首相・内閣への支持」および「政党支持」は政党名での投票を促進し，「候補者個人への支持」は候補者名での投票を促進する。また「投票依頼を受けた」も候補者名での投票を促進しているが，この結果は01年参院選における比例区での投票依頼の多くが特定の候補者に関するものであったことを示唆している。

5 まとめ

以上，本章では01年参院選および03年衆院選における有権者の分割投票および参院選における非拘束名簿方式の下での候補者名投票について分析してきた。01年では4割，03年では3割の回答者が何らかの形での分割投票を行

き構成された，0（知識レベル最低）～1（知識レベル最高）の5段階の得点。投票政党は，自民党から自由党までの7政党について，比例区で投票した場合を1，それ以外の場合を0とするダミー変数（参照カテゴリーは「その他の政党に投票」）。投票時に考慮した要因は，表6に掲げた7項目のうち予備的分析の結果から4項目を選び，それらを考慮した場合を1，考慮しなかった場合を0とするダミー変数としたものである。

っており，そうした分割投票を生じさせる最大の理由が小選挙区／選挙区において支持政党の候補者が立候補していないことにある——「強制された」分割投票——ということが示唆された。これ以外にも，比例代表／比例区において支持政党の候補者以外に投票したい候補者がいる（特に非拘束名簿方式の参院選で），政党にとらわれず投票する（支持なし層の多い今日においては特に重要である），といった理由による分割投票が行われている。他方，戦略投票（「下方への」戦略投票も含む）による分割投票や「バランス型」の分割投票は比較的少ないようである。また分割投票における具体的な政党間の組み合わせとして目立つのは，連立与党としての選挙協力関係にある自民党と公明党，政権を争う二大政党である自民党と民主党，歴史的・政策的に親近性を持つ民主党と社民党，自民党と自由党などであった。

　このうち03年衆院選における自民，民主両党間での分割投票の分析結果は，一致投票者と分割投票者の間，また二つの分割投票者グループの間には党派的・政策的な態度や投票にあたって考慮する事柄などについて様々な違いが見られることを明らかにした。また非拘束名簿方式の下での投票行動の分析の結果，政党名で投票するか候補者名で投票するかはどの政党に投票するかによって大きく左右されるが，同時に投票にあたって考慮する要因や有権者の属性の影響をも受けることが明らかとなった。

　以上の点に関して，今後有権者の投票行動がさらにどのような方向に変化していくかは，彼らが新しい選挙制度の使い方をどのように学習していくかにかかっている。この学習過程のフォローが今後の研究課題である。

第10章

政党システムと投票行動

1 はじめに

　ある国における政党システムは，選挙において有権者に提示される選択肢の構造を規定するという意味において，有権者の投票行動を外部から拘束する要因となっている。ここで言う政党システムとは，どのような大きさと内容を持った政党がいくつ存在するのか，またそれらの政党間の関係はどのようなものであるのかを指している。

　こうした政党システムは，一方においてその国における政治的な対立軸（特に対立軸の数）によって，他方においてその国の選挙制度によって規定されるものであるとされる（Taagepera & Shugart, 1989）。これら二つの要因は，いずれも部分的には有権者の投票行動に媒介されてシステムに影響を及ぼすと考えられる。すなわち，有権者はゲームのルールとしての選挙制度を前提に，自分の1票をできるだけ有効に行使しようと考えるであろうし（第9章参照），また自分にとって重要な対立軸上における自分と各政党の立場を考慮して投票する政党を決めるであろう。

　このように，政党システムと有権者の投票行動とは相互に規定し合う関係にある。もちろん，そうした規定関係は歴史的な前提を抜きにしたものではありえない。システムにある変化が生じた場合，それがどのような結果をもたらすかは，それ以前のシステムのあり方に大きく規定される——すなわち，そこには経路依存性が存在する。場合によっては，大きな歴史的慣性（inertia）が働く可能性もあろう。

　本章では，こうした政党システムと投票行動との関係について，両者を媒介する変数としての「有権者によって認知された政治的対立軸の構造」に光を当て，JES Ⅲプロジェクト開始の年である01年から最後の年である05年に

かけて，有権者の認知における政治的対立軸の構造がどのように変化したのか（あるいはしなかったのか）を検討し，そこに選挙制度の影響についての考察を重ね合わせることにより，今後の日本における政党システムのあり方とその変化の方向性について考えていきたい。

2　対立軸認知の論理

平野（2004b）は，今日の日本における「理論上」の政治的対立軸の構造として，図1のようなモデルを提示した。すなわち理論的には，①55年体制下における保革対立のコアであり，今日，冷戦後の国際情勢への対応という新たな課題の中で再びセイリエンスを高めつつある憲法・安全保障問題の軸，および②今日的な政策論争の中で重要性を高めてきた，「市場競争を重視し規制緩和や既得権の見直しを要求するネオ・リベラルの立場」と「税制・補助金による再分配政策の維持や政策的既得権の保護を求める立場」との対立の軸1，という二つの主要な対立軸がクロスした政策空間が成立しているが，

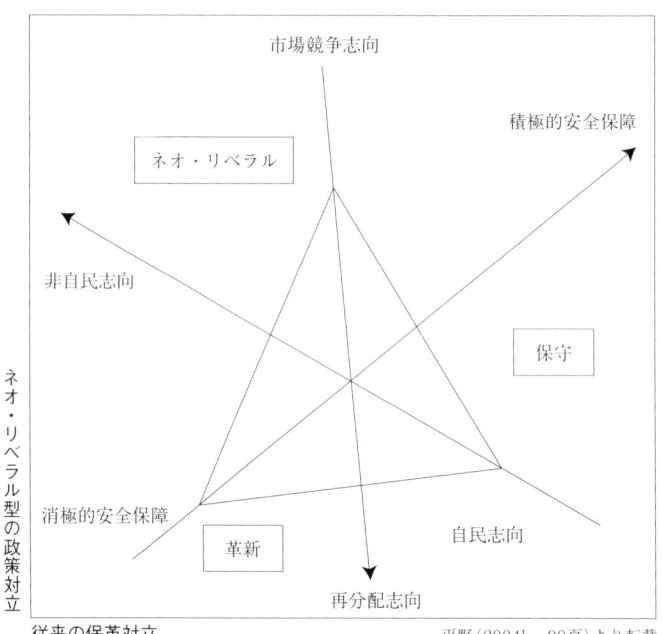

図1　2次元的な政策空間における3本の対立軸

平野（2004b, 90頁）より転載

そこに「保守」,「革新」,「ネオ・リベラル」という三つのアクターがトライアングル状に布置した場合[2], 有権者の目には直交する2本の対立軸ではなく, 相互に相関を持つ3本の対立軸が存在するように認知されるのではないかということである。これら3本の対立軸とは, ①「保守＋ネオ・リベラル vs 革新」という「安全保障」の軸, ②「保守＋革新 vs ネオ・リベラル」という「市場競争対再分配」の軸, そして③「革新＋ネオ・リベラル vs 保守」という「自民対非自民」の軸である。

　もちろん, こうした認知的構図が生ずるためにはいくつかの前提が必要である。第一に, 以前から存在する憲法・安全保障問題をコアとした従来の保革対立の次元に, 市場競争対再分配の次元が新たに加わった場合, この2次元的な政策空間の中に実際に三つのアクターから成る三極構造が出現するかどうかである。これは理論的には, 次のような議論から, そうなることが予想される。すなわち, Taagepera & Shugart（1989）によれば, ある国において新しい対立軸が生まれた場合, その対立軸の両極に新たな政党が誕生するということは稀である。多くの場合, 新しい対立軸は両極的（bipolar）なものとしてよりも単極的（monopolar）なものとして現れるが, これは既存の政党がそれまでその存在を認めていなかった対立に関して, ある政党がその一方の極に立ってこれを政治のアリーナに持ち込むことが多いためであるとされる。換言すれば, 新しい対立軸はその対立軸上の一方の極に位置する一つの新政党を伴って現れることになる。これを日本の場合に当てはめれば, 安全保障問題をコアとする保革対立の両極に位置する二つの勢力に, それとクロスする新たな対立軸（市場競争対再分配）において市場競争の極に位置するネオ・リベラル勢力が加わるという形での三極構造の出現ということになろう。そして実際に, 専門家調査によって得られたデータに基づき, 2000年総選挙後の主要7政党の政策次元上の位置付けを検討した加藤・レイヴァー（2003）のデータを再分析してみると, 先に予想した通りの三極構造が示され

1　本書の第1部ですでに議論した通り, この第二の対立軸は, 大企業労使連合と政策的再分配依存セクターとの対立（伊藤, 1998）といった, 現実の社会集団や地域に根を下ろした対立である点において大きな意味を持つ。

2　ここで言う「保守」,「革新」は, 第5章でも論じたような戦後の日本に特殊な政治的スタンスを意味するものとして用いられており, より一般的な政治思想史的概念とは区別すべきものであることに注意されたい。

た（平野，2004b）。

第二の前提は，厳密には「政策的な」対立軸とは言い難い「自民対非自民」という対立軸が有権者の側で一つの対立軸として認知され続けているということである。上述のように，今日政党間の政策論争は多次元化し，しかも自民党も野党第一党である民主党も，各次元上で多様な意見を持つメンバーを党内に抱えている。こうした状況の下では，もはや自民対非自民という対立関係が特定の政策対立を明確に意味するものとはなりえない。しかし，この対立は55年体制時代を通じて政策的には保革の対立軸と，また政権という点からは与野党間の対立と重なり合ってきた。そのため，社会学的新制度論が言うように[3]，歴史的慣性の働きによって，今日でも多くの有権者の認知においてはこの対立軸が擬似的な政策的対立軸として重要な位置づけを与えられ続けているのではないかという予想が成り立つ。

3　認知された政治的対立軸の構造——01年

以上のことを確認するために，平野（2004b）は01年調査データを用いて，実際に有権者の間にこうした認知構造が見られるかどうかを分析した。具体的には，「安全保障」に関する項目として「集団的自衛権行使の是非」，「市場競争対再分配」に関する項目として「地方への補助金の是非」，「自民対非自民」に関する項目として「望ましい政権の形態」を取り上げ，この3項目への回答について主成分分析を行った[4]。その結果，固有値1以上の成分が二つ抽出されたため，これら二つの主成分からなる平面上に上記の3変数をプ

3　伊藤（2002）を参照。
4　各項目の実際の質問文は次の通りである。『集団的自衛権行使の是非』：「（A）日米安保体制を強化するためには，集団的自衛権の行使を認めるべきである」，「（B）国際紛争に巻き込まれることになるので，集団的自衛権の行使を認めるべきではない」で，「Aに近い」(1)から「Bに近い」(4)までの4段階尺度。『地方への補助金の是非』：「（A）競争力の弱い地域を助けるためには，国が補助金などを配分するのは当然である」，「（B）国の補助金などを減らして，地方の自由な競争による活力のある社会を目指すべきである」で，「Aに近い」(1)から「Bに近い」(4)までの4段階尺度。『望ましい政権の形態』：「自民党を除いた他の政党の連立政権」(1)，「自民党と民主党を含めた連立政権」あるいは「民主党を除いた，自民党と他の政党の連立政権」(2)，「自民党単独政権」(3)の3段階尺度。

ロットしたものが図2である[5]。

　この図には，予想された形での3方向に伸びるベクトルが認められる。すなわち，原点から右下方向に伸びる「自民対非自民」のベクトル，左下方向に伸びる「安全保障」のベクトル，そして上方に伸びる「市場競争対再分配」のベクトルである。そして，第一のベクトルの先端が「保守」（自民党単独政権を希望），第二のベクトルの先端が「革新」（集団的自衛権の行使に反対），第三のベクトルの先端が「ネオ・リベラル」（補助金の削減と競争に賛成）のポジションを，それぞれ示している。言い換えれば，有権者の政治的判断の枠組みの中には相互に関連しあう3本の対立軸が存在し，それぞれの軸の一方の極に三つの勢力のうちの一つが位置づけられ，またそれぞれの軸における反対の立場に立つものとして他の二つの勢力がイメージされていたのである。

　また図2には，六つの政党の支持者グループと支持なしグループそれぞれの重心がプロットされている[6]。重心の位置で見る限り，自民支持グループは相対的に「保守」の極に近く，社民，共産，公明支持グループは「革新」

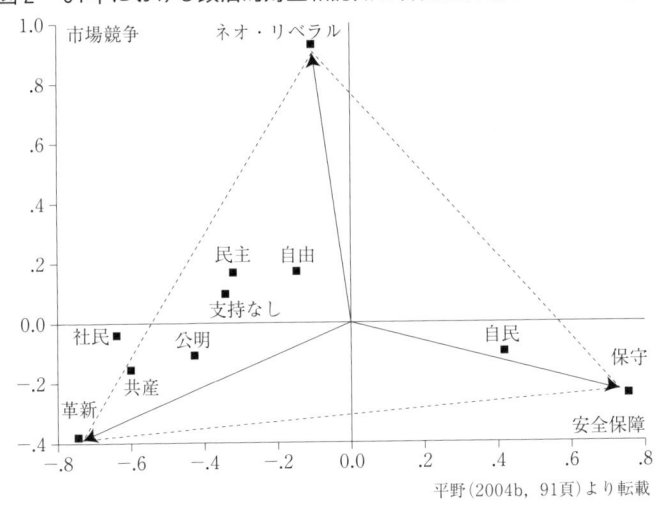

図2　01年における政治的対立軸認知と各党支持者グループの布置

平野（2004b, 91頁）より転載

　5　二つの主成分の説明率はそれぞれ37.6％，34.4％であった。
　6　サンプル数の少ない保守党支持グループは以下の分析から除外されている。

の極に近く位置している。また民主,自由支持グループは「ネオ・リベラル」の極と「革新」の極の中間付近に位置している。これらは先に触れた加藤・レイヴァー (2003) による分析結果から見ても,01年の時点における各党の政策に関する「相対的な」位置関係をほぼ反映していると考えてよいと思われる。ただし同時に,この図は,有権者の支持政党と最も密接に関連している軸は「自民対非自民」であり,これに「安全保障」の軸が続き,「市場競争対再分配」の軸と支持政党との関係は相対的に希薄であることをも示唆している。言い換えれば,有権者レベルでは明確な「ネオ・リベラル」の極がいまだ形成されていないことが見て取れる。

この点を確認するために,主成分分析に用いた3項目のそれぞれを従属変数とし,支持政党を独立変数とする一元配置分散分析を行ったところ,表1のような結果となった。予想どおり「望ましい政権の形態」と「集団的自衛権行使の是非」については1%レベルで有意な効果が認められ,特に前者の効果が大きいことが明らかとなった。多重比較の結果,「望ましい政権の形態」については,自民支持グループと他のすべてのグループとの間に,予想される方向での1%レベルの有意差が認められたが,それ以外のグループの間には有意な差は見られなかった。また「集団的自衛権行使の是非」に関しては,自民支持グループは自由支持グループ以外のすべてのグループよりも1%レベルで有意に集団的自衛権の行使に肯定的であった。さらに公明支持グループは民主,自由支持グループに比べて,また社民,共産支持グループは自由支持グループに比べて,それぞれ10%レベルで集団的自衛権の行使に否定的である傾向が見られた(社民,共産支持グループと民主支持グループの間にも,前者が自衛権の行使により否定的であるというマージナルな傾向が認められた)。これに対して,「地方への補助金の是非」については5%レ

表1　三つの項目に関する一元配置分散分析の結果 (01年)

	反集団的自衛権	補助金より競争	自民党政権
自民	2.12	2.44	2.35
民主	2.38	2.62	1.89
公明	2.93	2.47	1.98
社民	2.87	2.56	1.82
共産	2.94	2.32	1.77
自由	2.13	2.76	1.97
なし	2.57	2.64	1.97
F 値	11.34	1.97	42.16
有意確率	p<.01	p<.07	p<.01

有意差のある組み合わせ
*** p<.01　　自由<公明 *　　社民<自民 ***
** p<.05　　自由<社民 *　　民主<自民 ***
* p<.10　　自由<共産 ***　なし<自民 ***
+ p<.11　　自由<公明 ***　自由<自民 ***
　　　　　　自由<社民 ***　公明<自民 ***
　　　　　　自民<なし ***
　　　　　　民主<共産 +
　　　　　　民主<公明 +
　　　　　　民主<社民 +

ベルでの支持政党の有意な効果は認められず，多重比較の結果を見てもグループ間での有意な差は全く認められなかった。

このように，01年の時点においては，3本の対立軸のうち「安全保障」の軸と「自民対非自民」の軸は有権者の党派的態度と明確に関連しているが，「市場競争対再分配」の軸はいまだ有権者レベルにおける党派的な対立軸としては明確に機能していないことが示された。これは前二者が55年体制下における保革対立のコア部分を占めていたことにより，今日においても多くの有権者の認知的において中心的な位置を保持しているのに対し，「市場競争対再分配」の問題は，日本の政治的アリーナに登場したのが比較的新しく，しかも従来の保革の軸とクロスする形となり，さらに争点自体が複雑で理解が難しいといった理由によるものと考えられる。

4　認知された政治的対立軸の構造——05年

それでは，4年後の05年において，有権者による政治的対立軸の認知には何らかの変化が生じていたであろうか[7]。これを明らかにするために，01年と同様な主成分分析を行った結果が図3である[8]。

---

[7] 第7章で見たとおり，03年衆院選時の候補者および有権者に対する調査データを分析した谷口（2005）は，多次元尺度構成法（ALSCAL）という特定の次元の存在を仮定しない分析方法によって，候補者レベルにおいて（そしてより弱い程度にではあるが有権者のレベルにおいても），上記の2次元空間内における三極構造と一致する構造を見出している。また谷口（2006）も同じ03年の候補者調査データにカテゴリカル主成分分析を施した結果，各党とも候補者間の分散が相当大きいが，相対的には自民，民主，社共の三つの極を特定できるような構造を見出している。従って，少なくとも03年（特にエリートレベル）においては，上に論じたような構造が持続していたと考えられる。

[8] 「集団的自衛権行使の是非」と「地方への補助金の是非」については01年と全く同一の質問で，同一のコーディングである。「望ましい政権の形態」に関しては，選択肢として「民主党単独政権」が加わったため，これと「自民党を除いた他の政党の連立政権」を1とし，他の選択肢に関しては01年と同一のコーディングとした。また，政党支持グループに関しては，サンプル数の少ない国民新党と新党日本の支持グループは分析から除外されている。

なお，二つの主成分の説明率はそれぞれ41.8％，33.3％であった。

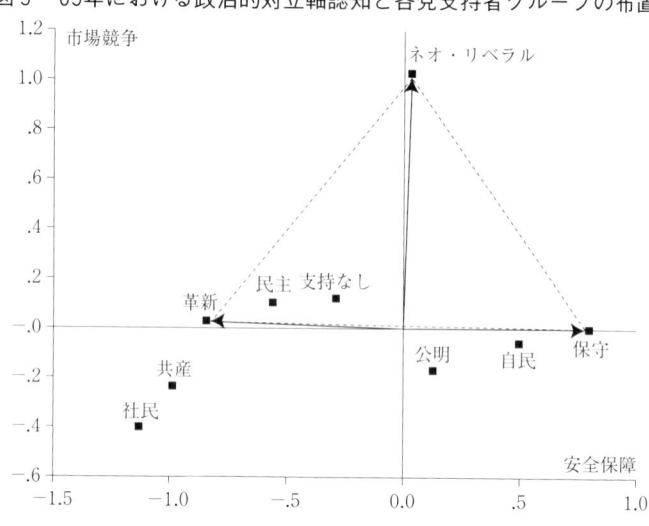

図3　05年における政治的対立軸認知と各党支持者グループの布置

まず，認知構造上の明らかな変化は，安全保障のベクトルと自民対非自民のベクトルがほぼ一体化してしまったことである。言い換えれば，自民か非自民かの判断は，憲法・安全保障問題におけるスタンスのみによって下されるようになったのである。第7章での分析から明らかになったとおり，05年総選挙での最大の争点であった郵政民営化問題は，有権者の認知において第一義的には安全保障の問題であったが，ここでの結果もその知見と整合的である。また各党支持者グループの布置を見ていくと，相対的な位置関係はほぼ保たれているものの，支持なしがやや自民支持グループの方に近づいていること，そして何よりも，公明支持グループが自民支持グループの方向に顕著に移動していることが目につく。連立を組む両党支持者間の政策選好に違いがなくなってきていることは大変興味深い[9]。

また郵政民営化問題が有権者にとって第一義的には「市場競争対再分配」という対立の意味を持たなかったことを反映してか，この軸上での各党支持

9　こうした重心の移動が，公明党支持層のコアの部分における政策選好の変化によって生じたものか，あるいは自民党との連立が長期化する中で支持層そのものが入れ替わってきたために生じたものかは大変興味深い問題であり，今後の検討課題としたい。

者グループ間の分散は決して大きくなってはいないように見える。そこで01年と同様に，3項目を従属変数とする一元配置分散分析を行ってみたところ表2のような結果となった。「望ましい政権の形態」と「集団的自衛権行使の是非」については，ここでも1％レベルで有意な効果が認められ，やはり前者の効果が特に大きいことが明らかになった。多重比較の結果，「望ましい政権の形態」については，ここでも自民支持グループと他のすべてのグループとの間に，予想される方向での1％レベ

表2 三つの項目に関する一元配置分散分析の結果（05年）

	反集団的自衛権	補助金より競争	自民党政権
自民	2.14	2.24	2.33
民主	2.71	2.41	1.49
公明	2.35	2.23	2.03
社民	3.31	2.00	1.32
共産	3.37	2.12	1.44
なし	2.73	2.50	1.80
F値	21.34	2.89	100.52
有意確率	p<.01	p<.05	p<.01

有意差のある組み合わせ
*** p<.01　自民<共産***　　自民<なし**　　社民<自民***
** p<.05　自民<社民***　　　　　　　　　共産<自民***
* p<.10　自民<なし***　　　　　　　　　民主<自民***
　　　　　自民<民主***　　　　　　　　　なし<自民***
　　　　　公明<共産***　　　　　　　　　公明<自民***
　　　　　公明<社民***　　　　　　　　　社民<公明***
　　　　　民主<共産***　　　　　　　　　共産<公明***
　　　　　なし<共産**　　　　　　　　　　民主<公明***
　　　　　　　　　　　　　　　　　　　　　なし<公明*
　　　　　　　　　　　　　　　　　　　　　社民<なし***
　　　　　　　　　　　　　　　　　　　　　共産<なし***
　　　　　　　　　　　　　　　　　　　　　民主<なし***

ルの有意差が認められたほか，公明支持グループが自民支持グループ以外のすべてのグループよりも有意に自民党政権を望み，また支持なしグループも自民，公明両党支持グループ以外のどのグループよりも有意に自民党政権を望んでいることが明らかとなった。また「集団的自衛権行使の是非」については，自民支持グループは公明支持グループを除くすべてのグループよりも1％レベルで有意に集団的自衛権の行使に肯定的であり（言い換えれば，公明支持グループのみ，この争点に関して自民支持グループとの違いが見られない），さらに共産支持グループは社民支持グループを除くすべてのグループよりも集団的自衛権の行使に有意に否定的，社民支持グループも公明支持グループより有意に否定的であった。これに対して「地方への補助金の是非」は，01年とは異なり5％レベルでは有意とはなっているが，グループ間での有意差は，支持なしグループと自民支持グループとの間で（前者がより補助金に否定的という方向で）5％レベルで見られるのみであった。

なお，これら3項目に関する01年から05年にかけての各党支持者グループの平均値の変化に関して，目立った点を二つほど述べておきたい。第一に，

集団的安全保障に関する公明支持者グループの平均値が2.93から2.23に大きくシフトしていることで，これは先に図上の布置に関して述べたことを再確認するものである。第二に，05年衆院選では郵政民営化を掲げた自民党が勝利を収めたにもかかわらず，地方への補助金の是非に関しては，すべてのグループにおいて，01年から05年にかけて再分配重視の方向へのシフトが生じている。特に大きな変化は社民支持グループで，平均値が2.56から2.00へと大きく変化しているが，これは社民党支持者の認知において，地方への補助金の是非という問題の持つ意味が，既得権の打破から弱者の救済（＝反小泉内閣）へと変化したためではないかと推測される。

　以上のように，論理的には市場対再分配の軸に大きな関連を持つと考えられる郵政民営化問題を最大の争点とした05年衆院選ではあったが，有権者の対立軸認知においては，むしろ自民対非自民の軸は安全保障の軸と一体化し，また有権者の党派的態度との関連においても，自民対非自民／安全保障の軸が極めて大きな関連を示すのに対し，市場競争対再分配の軸に関しては（01年と比較して若干の関連性の増大は認められるものの），明確な関連は依然として認められない。すなわち，01年の分析結果に関して上に述べた「『市場競争対再分配』の軸はいまだ有権者レベルにおける党派的な対立軸としては明確に機能していない」という状況は，4年後の05年においても基本的には変わっていないように思われる。

5　まとめ

　以上に見たとおり，01年，05年のいずれにおいても，有権者の認知においては「市場競争対再分配」を独立した次元に持つ2次元的な政策空間が形成されていた。しかし，この「市場競争対再分配」の軸は，有権者の党派的態度との関連が明確でなく——従って，投票におけるレリヴァンスも小さく——そのためにまた理論的には予想される明確な三極構造も出現するには至っていない。

　その理由の一部は，先述のように，この対立軸が日本の政治においては比較的新しく馴染みの薄いものであり，また有権者にとって必ずしも理解が容易なものではないことにあろう。しかし，もう一点見落としてはならないのが，選挙制度の重要性である。

　表3は，96年から05年にかけての，新しい制度の下での4回の衆院選の結

果における，議席率で見た有効政党数（小選挙区のみ，比例代表のみ，全体）の変遷である（比較のため，80年から93年にかけての，中選挙区制

表3　議席率で見た有効政党数の変遷

	1980-93	1996	2000	2003	2005
小選挙区	—	2.36	2.37	2.29	1.77
比例代表	—	3.84	4.72	3.04	3.15
全体	3.08	2.94	3.16	2.59	2.27

の下での5回の衆院選の平均値も示してある）。これを見ると，少なくとも議席率に関する限り，4回の選挙を経て二大政党化がかなり進行しているように思われる。このうち，00年から03年にかけての有効政党数の顕著な減少は，主として比例代表部分における大幅な収斂（4.72から3.04）によるものであるのに対し，03年から05年にかけての減少は，小選挙区部分における収斂（05年には1.77と2を下回る）によるものであることが分かる。ここには選挙制度の持つメカニカルな効果（Duverger, 1954）と，Reed（1994）の主張するような，選挙制度に対する有権者の適応的な学習の効果の双方が現れていると考えられる。

　このように，小選挙区制を中心とする選挙制度の下で二つの大政党が政権を争うような場合，有権者は多次元的な争点空間上における選択ではなく，1次元的な争点空間における選択を強いられるようになるであろう。仮に潜在的に複数の争点次元が存在していたとしても，実際にはそれら複数の次元を架橋するような一つのシンボリックな争点次元上での選択を余儀なくされる可能性が高い。第7章で見たとおり，05年選挙における郵政民営化問題は，まさにそうしたシンボリックな争点であった。

　平野（2004b，100頁）は，01年における対立軸認知の分析結果を前に，今後の日本における政治的対立軸の行方について，「これは端的に言って，『安全保障』の軸と『市場競争対再分配』の軸のいずれが，強い慣性を持った『自民対非自民』の軸と一体化して主要な対立軸を形成するようになるかという問題に帰着しよう。仮に『安全保障』の軸が『自民対非自民』の軸と再び重なり合い，これが二つの政党間の対立軸となるのであれば，かつての保革対立の再現となる。しかし『市場競争対再分配』に関わる社会集団間の対立がますますセイリエントになりつつある現状から見て，こうした状況になれば，二大政党による競争は機能不全を起こし，政策決定も停滞するであろう。他方，仮に『安全保障』に関する争点がある程度「合意争点」化し，『市場競争対再分配』の軸が『自民対非自民』の軸と一体化して二つの政党間の主要

な対立軸となるのであれば，この対立軸に関して各党とも極めて多様なスタンスのメンバーを抱えている点に鑑み，早晩エリートレベルでの政党再編が予想されるのみならず，有権者レベルにおいても新たな連合の形成が行われ，本来の意味における政党再編が生ずるものと思われる」と論じているが，05年衆院選において見られたのは，明らかに前者の方向性であった[10]。

　もし今後の日本政治がそうした方向に進むとすれば，これからも「市場競争対再分配」の軸に関わる争点は，ある種の「安全保障問題」化によって，あるいは「自民対非自民」対立のシンボルとされることによって，解決され続けていくことになるかもしれない。

---

[10] ただし，「市場競争対再分配」の軸も，各党の戦略に影響を及ぼすことによって，間接的に有権者の選択に影響を与えたかもしれない。すなわち，小泉首相が郵政民営化問題に関してネオ・リベラル的なレトリックを用いたことが，野党である民主党に政策空間上でより社民的（旧革新的）な方向に移動するというリアクションを取らせ，結果として潜在的な民主党支持層であった都市部ホワイトカラーなどのネオ・リベラル的な有権者の票を民主党から奪うことに繋がったというシナリオである。

終章

投票行動から見た日本政治

　序章において述べた本書の目的は，有権者の投票行動の分析を通じて，日本の政治がなぜ，どのようにして現在あるようなもの——社会や経済の変化に何とか追いつこうと日々苦闘する政治——となっているのかを明らかにすることであった。

　ここまで10章を費やして考察してきたが，もちろんそこで得られた知見は，この大きな問題の一端を解明したに過ぎない。しかしそれでも，次のような暫定的結論を述べることは許されよう。すなわち，政治の変動に対しては，大きな歴史的慣性が働いている。

　第一に，現在でも有権者は日本の政治を「自民対非自民」の対立として説明する。彼らにとってこの「自民対非自民」の対立とは，第一義的には「憲法・安全保障」をめぐる対立である。そして「憲法・安全保障」問題に対する彼らの態度は，権威への服従や集団への同調といった価値に対するスタンスによって明らかな影響を受けている。すなわち，戦後の日本政治を特徴付けた「文化政治」は今も存続している。これに対して「市場競争対再分配」の対立は，その現実的な重要性にもかかわらず，有権者の意識における政治的な対立軸としては未成熟なままである。同時に，ここには小選挙区制という選挙制度の効果——多次元的な政策空間を1次元的な対立軸に収斂させる——も働いていると考えられる。この対立軸に関連した争点が選挙で大きな意味を持つためには，それが有権者の意識において「安全保障問題」化されるか，あるいは「自民対非自民」の対立のシンボルとして認知されることが必要である。

　第二に，戦後の日本政治を支えてきたもう一つのメカニズムとも言える「利害政治」も健在である。社会階層や職業はそれ自体が党派的態度や投票行動に影響を与えるのではなく，ある階層的地位にあることやある職業に就い

ていることによって生ずる利害感覚や，結び付けられる「利害のネットワーク」を通じて，そうした党派的な態度や行動に導くのである。市場における強者としての大企業管理職と再分配依存セクターとしての農林漁業者や中小自営業者が，それぞれの利害感覚やネットワークを通じて自民党支持の連合（「55年連合」あるいは「自前連合」）を組んでいる限り，職業威信を始めとする社会階層と党派的な態度や行動との関連は——少なくともリニアな関連という意味では——希薄なものとならざるをえない。

第三に，無党派層の増大や政党支持の希薄化が言われて久しいが，他方でそうした党派的態度は部分的には現在でも強固なものがある。支持政党に対する帰属意識（PID）を有する者がかなりの程度存在する一方，選挙において戦略投票やバランス型の分割投票を行う者は意外なほど少ない。

最後に，しかしながら，いくつかの変化の兆しも見て取れる。第一に，確かに「市場競争対再分配」の対立軸のセイリエンスは依然として低いが，そうした明確な政治的シンボルとしてではなく，より生活に密着したレベルにおいて，この潜在的な対立の効果が現れ始めているかもしれない。それは端的には，「55年連合」からの管理職の脱落（そしてもしかすると販売・サービス・労務職の加入）という形として見ることができる。また同時に，客観的な階層的地位に規定された主観的な階層帰属意識が政党支持や投票行動に及ぼす影響も明確に見られるようになってきており，日本における「階層政治」のセイリエンスについても，今後注目していく必要があろう。第二に，かつてのように「経済状況の悪いときこそ自民党」といったレトリックはもはや通用しなくなってきているように見える。短期的な景気の変動がよりストレートに政権への評価に結び付くようになり，個々の選挙区の事情を最も反映した投票行動が見られると考えられる衆議院の小選挙区において内閣に対する業績評価や期待の大きな効果が見られるようになり，また候補者評価においても政策的スタンスの評価が地元への貢献以上に重視されているという知見は，従来の日本型選挙のイメージを覆す。これは小選挙区制の導入にも影響された，政治におけるアカウンタビリティの重要性の増大や，政治の「全国化（nationalization）」といった流れを示すものであるように思われる。

こうした変化は，現実に選挙の結果にも影響を及ぼし始めている。筆者は05年総選挙直後に，①日本の政治を取り巻く環境の変化という長期的要因，②新選挙制度の導入と定着という中期的要因，③小泉首相の存在という短期

的要因，という三つの要因が一点で交わったことが自民党に勝利をもたらしたと論じたが（平野，2005c），このうち①と②の要因は，まさに上記の二つの変化に密接に関連したものである。

　もちろん，こうした変化が一定のスピードで着実に進行するとは考えられない。例えば政権の実績を踏まえた上での業績評価と，具体的な根拠のない期待が投票行動に対して及ぼす影響は，個々の選挙が置かれたコンテクストによって大きく変化する。また，01年参院選における全会一致的な「小泉連合」の形成のように，一時的な擬似的「政党再編（party realignment）」が生ずることもあろう。しかし，前進と後退を繰り返しながらも結局のところ政治は社会的，経済的な変動に適応的な方向に少しずつ進んで行くであろう。もしも有権者がそうした社会的，経済的な変動に多少なりとも適応する能力を持っているのであるならば。

引用文献

Cain, B., Ferejohn, J., and Fiorina, M. 1987 *The Personal Vote*, Cambridge: Harvard University Press.
Calder, K. 1988 *Crisis and Compensation: Public Policy and Political Stability in Japan, 1949-1986*, Princeton: Princeton University Press.
Downs, A. 1957 *An Economic Theory of Democracy*, New York: Harper and Row.
Duverger, M. 1954 *Political Parties: Their Organization and Activity in the Modern State*, New York: Wiley.
Fiorina, M. 1981 *Retrospective Voting in American National Elections*, New Haven: Yale University Press.
Flanagan, S. & Richardson, B. 1977 *Japanese Electoral Behavior: Social Cleavages, Social Networks and Partisanship*, London: Sage.
Flanagan, S., Kohei, S., Miyake, I., Richardson, B., and Watanuki, J. 1991 *The Japanese Voter*, New Haven: Yale University Press.
Greene, S. 1999a Understanding Party Identification: A Social Identity Approach. *Political Psychology*, 20, 393-403.
Greene, S. 1999b *The Psychological Foundation of Partisanship, Affect Cognition, and Social Identity in Party Identification*, Paper prepared for delivery at the 1999 Annual Meeting of the American Political Science Association, Atlanta.
平野浩　1989　「情報・イメージ・投票行動──記号としての候補者と意味としての候補者イメージ」『選挙研究』4号，84-108頁．
平野浩　1998　「選挙研究における『業績評価・経済状況』の現状と課題」『選挙研究』13号，28-38頁．
平野浩　1999　「わが国初の長期パネル世論調査データにもとづく投票行動の研究」『選挙研究』14号，153-156頁．
平野浩　2001　「投票行動と政党」川人貞史・吉野孝・平野浩・加藤淳子『現代の政党と選挙』有斐閣 175-198頁．
平野浩　2002　「政党支持概念の再検討：社会的アイデンティティ理論によるアプローチ」『学習院大学法学会雑誌』38巻1号，1-23頁．
Hirano, H. 2004a The Dismantlement of the Koizumi Coalition and Changes in Voters' Policy Preferences. *Social Science Japan*, 29, 6-8.
Hirano, H. 2004b Split-ticket Voting under the Mixed Electoral System in Japan.『選挙学会紀要』No.2，19-37頁．
平野浩　2004a　「政治・経済的変動と投票行動：90年代以降の日本における経済投票の変容」『日本政治研究』第1巻第2号，6-25頁．
平野浩　2004b　「政治的対立軸の認知構造と政党－有権者関係」『レヴァイアサン』35号，86-104頁．

平野浩　2005a　「日本における政策争点に関する有権者意識とその変容」小林良彰（編）『日本における有権者意識の動態』慶應義塾大学出版会，61-80頁．

平野浩　2005b　「小泉内閣下の国政選挙における業績評価投票」『年報政治学』2005－Ⅰ，66-87頁．

平野浩　2005c　「『小泉連合』内部に利害対立」読売新聞2005年9月14日朝刊13面．

池田謙一　2004　「2001年参議院選挙と『小泉効果』」『選挙研究』19号，29-50頁．

池田謙一　2005　「2003年衆議院選挙・2004年参議院選挙の分析：期待の政治のひとつの帰結と有権者」『年報政治学』2005－Ⅰ，36-65頁．

池田謙一　2007　『政治のリアリティと社会心理：平成小泉政治のダイナミックス』木鐸社．

池田謙一・小林良彰・平野浩　2006　『21世紀初頭の投票行動の全国的・時系列的調査研究』平成13年度〜平成17年度科学研究費補助金（特別推進研究）研究成果報告書および2005年衆議院選挙のパネル調査コードブック．

Inglehart, R. 1977 *The Silent Revolution*, Princeton: Princeton University Press.

Inglehart, R. 1990 *Culture Shift in Advanced Industrial Society*, Princeton: Princeton University Press.

伊藤光利　1998　「大企業労使連合再訪－その持続と変容」『レヴァイアサン』1998年冬号，73-94頁．

伊藤修一郎　2002　「社会学的新制度論」河野勝・岩崎正洋（編）『アクセス比較政治学』日本経済評論社　147-162頁．

蒲島郁夫　1988　『政治参加』東京大学出版会．

蒲島郁夫　1998　『政権交代と有権者の態度変容』木鐸社．

蒲島郁夫・竹中佳彦　1996　『現代日本人のイデオロギー』東京大学出版会．

片瀬一男（編）　1998　『政治意識の現在』1995年　調査研究会．

加藤淳子・マイケル・レイヴァー（杉之原真子訳）　2003　「2000年総選挙後の日本における政策と政党間競争」『レヴァイアサン』33号，130-142頁．

苅谷剛彦　2000　「『中流崩壊』に手を貸す教育改革」『中央公論』2000年7月号，148-163頁．

河村和徳　1997　「社会的属性と投票行動・政治意識」小林良彰（編）『日本人の投票行動と政治意識』木鐸社　15-45頁．

Key, V. O., Jr. 1966 *The Responsible Electorate*, New York: Vintage.

Kinder, D. 1986 Presidential Character Revisited. In Lau, R. & Sears, D. (eds.) *Political Cognition*, Hillsdale: Lawrence Erlbaum, pp.233-155.

小林良彰（編）　1997　『日本人の投票行動と政治意識』木鐸社．

小林良彰　1997　『現代日本の政治過程』東京大学出版会．

Kramer, G. 1971 Short-Term Fluctuations in U. S. Voting Behavior, 1986-1964. *American Political Science Review*, 65, 131-143.

Lin, N. 2001 *Social Capital: A Theory of Social Structure and Action*, Cambridge: Cambridge University Press.

Lin, N., Fu, Y., and Hsung, R. 2001 The Position Generator: Measurement Techniques for Investigations of Social Capital. In Lin, N., Cook, K., and Burt, R. (eds.) *Social Capital: Theory and Research*, New York: Aldine de Gruyter.

Matthews, S. 1979 A Simple Direction Model of Electoral Competition. *Public Choice*, 34, 141-156.

Merrill, S. & Grofman, B. 1999 *A United Theory of Voting*, Cambridge: Cambridge University Press.

三村憲弘 「日米国民における党派性の構造：政党評価と党派的アイデンティティ」（未公刊論文）

三宅一郎 1985 『政党支持の分析』創文社．

三宅一郎 1998 『政党支持の構造』木鐸社．

三宅一郎 2001 『選挙制度変革と投票行動』木鐸社．

宮野勝 2000 「階層と政治」海野道郎（編）『公平感と政治意識』東京大学出版会 53-71頁．

直井道子・徳安彰 1990 「政党支持意識：1985年まで自民党支持率はなぜ減らなかったか」原純輔（編）『階層意識の動態』東京大学出版会 149-172頁．

西澤由隆 1998 「選挙研究における『政党支持』の現状と課題」『選挙研究』13号，5-16頁．

西澤由隆 2001 「自民党支持と経済業績評価」三宅一郎・西澤由隆・河野勝『55年体制下の政治と経済』木鐸社 121-138頁．

大和田宗典 2004 「国政選挙における業績評価投票に関する実証分析」『日本政治研究』第1巻第2号，26-41頁．

Petrocik, J. 1996 Issue Ownership in Presidential Elections, with a 1980 Case Study. *American Journal of Political Science*, 40, 825-850.

Reed, S. 1994 Thinking About the Heiritsu-sei: A Structural-Learning Approach. 『公共選択の研究』24, 46-60.

品田裕 1999 「新選挙制度下の分割投票（一）」『神戸法学雑誌』49巻1号，57-79頁．

Taagepera, R. & Shugart, M. 1989 *Seats and Votes*, New Haven: Yale University Press.

田中愛治 2000 「世論と投票行動」伊藤光利・田中愛治・真渕勝『政治過程論』有斐閣 107-137頁．

谷口将紀 2006 「衆議院議員の政策位置」『日本政治研究』第3巻第1号，90-108頁．

谷口尚子 2005 『現代日本の投票行動』慶應義塾大学出版会．

海野道郎（編） 2000 『公平感と政治意識』東京大学出版会．

Watanuki, J. 1967 Patterns of Politics in Present-Day Japan. In Lipset, S. M. & Rokkan, S. (eds.) *Party Systems and Voter Alignments*, New York: Free Press, pp.447-466.

綿貫譲治　1986　「社会構造と価値対立」綿貫譲治・三宅一郎・猪口孝・蒲島郁夫『日本人の選挙行動』東京大学出版会　17–53頁.

Watanuki, J. 1991 Social Structure and Voting Behavior. In Flanagan, S., Kohei, S., Miyake, I., Richardson, B., and Watanuki, J. *The Japanese Voter*, New Haven: Yale University Press, pp.49-83.

綿貫穣治　1997　「出生コーホートと伝統的価値」綿貫穣治・三宅一郎 1997『環境変動と態度変容』木鐸社　3–29頁.

綿貫譲治・三宅一郎・猪口孝・蒲島郁夫　1986　『日本人の選挙行動』東京大学出版会.

Weisberg, H. & Hasecke, E. 1999 *What is Partisan Strength? A Social Identity Theory Approach*, Paper prepared for delivery at the 1999 Annual Meeting of the American Political Science Association, Atlanta.

あとがき

　本書の書き出しで，この本は「有権者の投票行動を分析した本」ではあるが「投票行動の本」にはしたくないと宣言してしまった。書き終えた今，この目標が達成されたかどうかを「読者諸賢の判断に委ねたい」という心境にはとてもなれない。結局のところ典型的な「投票行動の本」になってしまったのではないかという気持ちを拭えないでいる。それでも，この志自体は間違っていなかったという気持ちはより強くなった。

　選挙とは，誰が議席に就くのかを巡って政党，候補者，有権者，利益団体，マスメディアなどが繰り広げるゲームである。しかしそれは，資源の配分を巡って繰り広げられる「政治」というより大きなゲームの一部でしかない。そうであるならば，投票行動研究は，その知見を通じて政治過程全体に関する理解の深化に貢献しなければ，その意味を半減させてしまう。「政治を通じて，誰が何を決めているのか」を明らかにする営み――言い換えればある種の権力論――の文脈の中に投票行動論（さらには選挙研究全般）を位置付け直すことが必要となろう。具体的には，立法過程・政策過程研究や，政党，官僚，利益集団といった政治的アクター研究と選挙研究とを理論的にどのように結びつけることができるかを差し当たり考えていきたいと思っている。

　政治意識や政治行動の研究を志して大学院に入学してから――もう四半世紀も経ってしまった――本書の完成に到るまでには，実に数多くの方々のお世話になった。それぞれの方から受けたご恩はそれぞれに特別なもので，他の方から頂いたそれとは比べられない。お一人お一人のお名前を記せば膨大なスペースが必要になる。今は心の中で感謝の言葉を捧げさせていただくことでお許しいただきたい。

　本書を，その完成をご覧頂けないまま昨年夏にお別れをすることになった恩師，田中靖政先生に捧げる。

2007年4月

平野　浩

索引（アルファベット順）

B

バッファー・プレーヤー　162
文化政治（cultural politics）　11, 16, 57, 90, 95, 97, 103, 193
分割投票　161-165, 167-171, 173-175, 179-180, 194

C

cultural politics →文化政治

D

大企業労使連合　17, 29, 35, 183
団体加入　10, 45, 48, 50, 54-55, 57, 59, 61-62, 86-90, 106
脱物質志向　50, 53, 57, 60, 62, 91, 94-95, 97
Downs, A.　141

F

Fiorina, M.　64
Flanagan, S.　15

G

現職指向（経済投票）　76
55年連合　16, 26, 28-29, 32, 35, 43, 87, 194
互酬規範　50, 53, 57
Greene, S.　99, 102
業績投票　64, 140

H

平野浩　16, 76-77, 128, 182, 184, 191
保革イデオロギー　16, 86, 90-92, 98, 103
保革自己イメージ　96
方向性モデル　122, 135-137

I

池田謙一　148
イシュー・オーナーシップ　93-94
伊藤光利　17, 29

J

自前意識　17, 31-32
人脈　10, 45, 48, 51, 54-55, 58-59, 61-62, 86, 106, 112

K

蒲島郁夫　93-94, 162
階層帰属意識　10, 45, 48, 53, 56, 59-60, 62, 194
慣性（歴史的）　9, 181, 184, 193
カルチュラル・ポリティクス→文化政治
加藤淳子　183, 186
河村和徳　16
経路依存性　181
経済投票　10, 64-65, 72, 74, 76-77, 80
権威志向　50, 53, 57, 60, 62, 90-91, 94-96
Kinder, D.　114
近接性モデル　122, 135-137
小林良彰　17
小泉連合　17, 195
個人指向（経済投票）　64, 67, 76
候補者評価　11, 85, 105, 115, 117-119, 140, 194
候補者名投票　163, 177, 179
候補者認知　11, 85, 105-106, 110-112, 118
空間モデル　122, 131

L

Laver, M.　183, 186
Lin, N.　51

M

メディア接触　106, 111
ミシガン・モデル　10, 85, 121
三宅一郎　16-17, 31, 114
宮野勝　32

N

認知動員　110

P

パーソナル・ヴォート　114
PID →政党帰属
position generator　51

R

Reed, S.　191
利益政治→利害政治
利害のネットワーク　86, 89-91, 98, 103, 194
利害政治（利益政治）　9, 11, 193

S

再分配依存セクター　16-17, 29, 31, 35, 86, 183, 194
政策領域指向（経済投票）　76, 80
政党帰属（意識）（PID）　11, 15, 86, 98-99, 103, 194
政党再編　192, 195
政党システム　10, 11, 161, 181-182
戦略投票　162-163, 169, 180, 194
社会関係資本　53, 148
社会経済的地位　15, 45
社会指向（経済投票）　64, 67, 76, 80
社会的アイデンティティ（SID）　86, 98-103
社会的亀裂　15, 45, 62, 85-87, 90, 103
信頼感　50, 53
賞罰投票モデル　140
職業代表政党　32, 39, 41
職業利益代表モデル　31
Shugart, M.　183
SID →社会的アイデンティティ
疎外感　50, 53, 57, 61-62
争点投票　11, 121, 130-131, 133, 135-138, 140

T

Taagepera, R.　183
谷口将紀　187
谷口尚子　130, 187
単純接触仮説　113

W

綿貫譲治　15-16, 57, 90

Y

有効感　50, 53, 57, 61, 106, 110-111
有効政党数　191

Z

全国化　9, 194

著者略歴
平野 浩（ひらの　ひろし）
1959年　大阪府生まれ
1988年　学習院大学大学院政治学研究科博士課程修了　学習院大学政治学博士
現　在　学習院大学法学部教授
主要著書　『アクセス日本政治論』（共編著）日本経済評論社，2003年
　　　　　『現代の政党と選挙』（共著）有斐閣，2001年
　　　　　『21世紀を読み解く政治学』（共編著）日本経済評論社，2000年

変容する日本の社会と投票行動
Changes in the Voting Behavior of Japanese Society

2007年5月15日　第1版第1刷印刷発行 ©

著者との了解により検印省略	著　者　平　野　　　浩
	発行者　坂　口　節　子
	発行所　㈲　木　鐸　社
	印　刷　㈱アテネ社　製　本　高地製本所
	〒112-0002　東京都文京区小石川5-11-15-302
	電話（03）3814-4195　ファクス（03）3814-4196
	振替 東京00100-5-126746　http://www.bokutakusha.com/

乱丁・落丁本はお取替え致します

ISBN978-4-8332-2392-8 C3031

〔シリーズ 21世紀初頭・日本人の選挙行動〕全3巻

　JESⅢパネル調査は，21世紀初頭，小泉政権期をほぼカヴァーし，1976年JABISS調査から数えても30年の歴史と継続性を有し，また国際比較の標準（NESやCSES2）調査項目とも一致させて比較できるよう工夫している。
　本シリーズは，これらの普遍性・歴史性を踏まえたうえで，JESⅢのデータを用い，小泉政権の固有性を明確にし，更に視野を拡げ，投票行動の背景をなす日本人の価値観の変容と連続性を様々な手法を用いて検証する。政治意識と選挙行動から捉えた21世紀初頭日本社会と日本人の実像。

〔既刊〕

池田謙一
政治のリアリティと社会心理
― 平成小泉政治のダイナミックス

　選挙制度の変更が定着し，加えて行政改革の結果として首相権限が強化された状況下で，出自の自民党に反旗を翻すようなスタンスを取り，その反響のどよめきにも乗る形で未曾有の支持を獲得し続けた首相による4度の国政選挙では，何が生じていたのか。政治のリアリティの構造，政治参加のあり方，各種メディアとの接触状況，インターネット利用者の増加との関係，社会関係資本たる信頼と安心がどんな役割を果たしているのか等の検証に焦点を置いた。

A5判320頁定価：本体4000円

〔続刊〕

小林良彰
市民社会における選挙過程の動態
― 選挙行動における連続と変化

　本書では，2001年参院選から2005年衆院選に至る，最近の国政選挙における有権者意識の特徴とその変容を解明する。また，最近の国政選挙における政党・候補者側の公約提示と有権者の政治意識や投票行動の間に関連がみられるのかどうかを明らかにすることで，政策争点を軸とする間接代議制が機能しているのかどうかを分析する。
　こうした分析を通して，本書では，中選挙区制で行われた93年衆院選と，並立制で行われた96年以降の衆院選における投票行動を比較することで，並立制導入時に意図したような「政策論争が起きて，きれいな選挙になる」という変化が，実際に生じたのかどうかを実証的に明らかにする。

A5判300頁予価：本体3000円